外交 | 経済 | 文化

歴史の流れが一気にわかる

日本史単語帳

前田秀幸

池田書店

はじめに

時代劇や時代小説には、さまざまな「日本史の単語(用語)」が登場します。専門書でない限り、こうした中にはそれほど難しい用語はあまり使われていません。しかし、ときに「この言葉はどういう意味だろう?」と、戸惑うような言葉が出てくる場合がありますす。例えば、「直参《じきさん》」や「旗本」「御家人」など。なんとなく分かっているようで、実は不確かだったりする、そんな歴史のちょっとした専門用語が分かれば、物語の舞台は鮮やかに目に浮かんでくるはず。そう考えたのがスタートでした。

しかし、ただ単語を並べただけでは、これまでにある暗記するだけの小難しい「単語(用語)集」と変わりがありません。歴史を楽しむとき、単語を正しく知ることはとても大切ですが、「単語の意味」を覚えながら歴史の流れも掴めれば、楽しさはもっと倍増するはずです。そこで、単語をテーマや歴史の順に並べ、さらに、「単語と単語の関連性」を示す矢印を加えました。

例えば、あなたが歴史ドラマを見ていたとします。その中に「北前船《きたまえぶね》」が登場し、さらに「銭屋五兵衛《ぜにやごへい》」という、威張り散らした男が登場してきたとします。もちろんこの二つの関連性が分からなくても物語は楽しく見ることができます。しかし、銭屋五兵衛は金沢の豪商で、北前船で抜荷《ぬけに》などをして大儲けした人物だと分かっていたら、より深くストーリーを堪能することができるはずです。

こうした単語と単語を関連づけた「結びつけ学習」は、知識の広がりに加え、興味の幅を深く掘り下げてくれるため、歴史好きがどんどんハマっていく学習方法であることは、長年、生徒たちを教えてきた経験から断言できます。その結びつけ学習に、関係性を示す矢印は大いに役立つはずです。

そしてもう一つ、この本の大きな特徴として、知識レベルを段階別に把握できる工夫も凝らしました。①「知らなきゃやばいレベル」（上段・超基本＝高校受験基本レベル）／②「一般常識レベル」（中段・標準＝大学受験基本レベル）／③「教養レベル」（下段・上級＝レベルアップ）を設けたことで、自分の歴史知識が、現状どのレベルにあるかを知ることができ、自分が学ぶべき知識が何かを、一目で分かるようにしました。基本を知りたいなら上段を、今ある知識をさらにレベルアップさせたいなら下段だけを、自分のペースに合わせて読みすすめることができるのも、この本の大きなメリットです。

単語、相関関係、そしてレベル分け――。このような思いの中で生まれた、これまでありそうでなかった新しい発想の本書で、みなさまの日本史の興味と知識の幅を広げるお手伝いができれば幸いです。

前田秀幸

気になる言葉があったらここで検索

本書の見方

テーマや時代の流れに沿った「単語（用語）」と、「相関関係」を示す矢印。
さらには、基本・標準・高度の「3段階のレベル」分けで、
日本史の知識と時代背景がすばやく掴める工夫がいっぱい。

単語は3段階にレベル分け

「知らなきゃやばいレベル」（超基本）・歴史に興味がない人でも、知っていて当然の単語。

「一般常識レベル」（標準）・歴史に興味があるなら、このくらいは知っておきたい単語。

「教養レベル」（上級）・ここまで知っていれば、歴史好きの仲間入り単語。

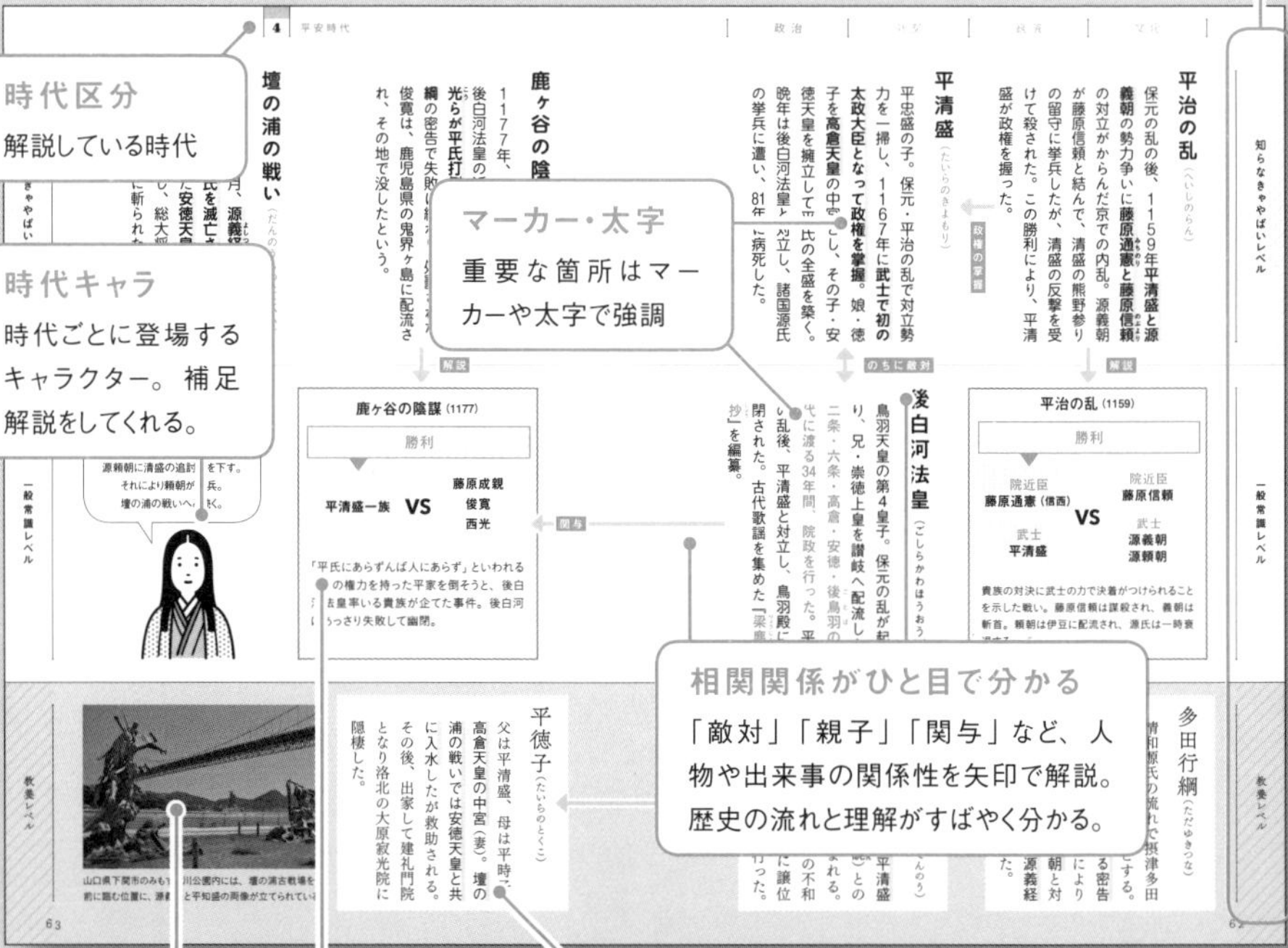

時代区分
解説している時代

時代キャラ
時代ごとに登場するキャラクター。補足解説をしてくれる。

マーカー・太字
重要な箇所はマーカーや太字で強調

相関関係がひと目で分かる
「敵対」「親子」「関与」など、人物や出来事の関係性を矢印で解説。歴史の流れと理解がすばやく分かる。

図・表・イラスト・写真で解説
単語だけでは分かりにくい部分を、図や表、時にはイラストや写真で解説。

単語（用語）と解説
この本の基本。歴史上で重要となる人物や出来事を単語形式で解説。読み方入り。テーマや時代に沿った並べ方だから読みすすめれば歴史が見えてくる仕組み。

テーマ別
時代を「政治」「外交」「経済」「文化」の4項目のテーマで構成。

歴史解説
テーマに沿った時代の解説。ここを読むだけでも歴史の流れが掴める。

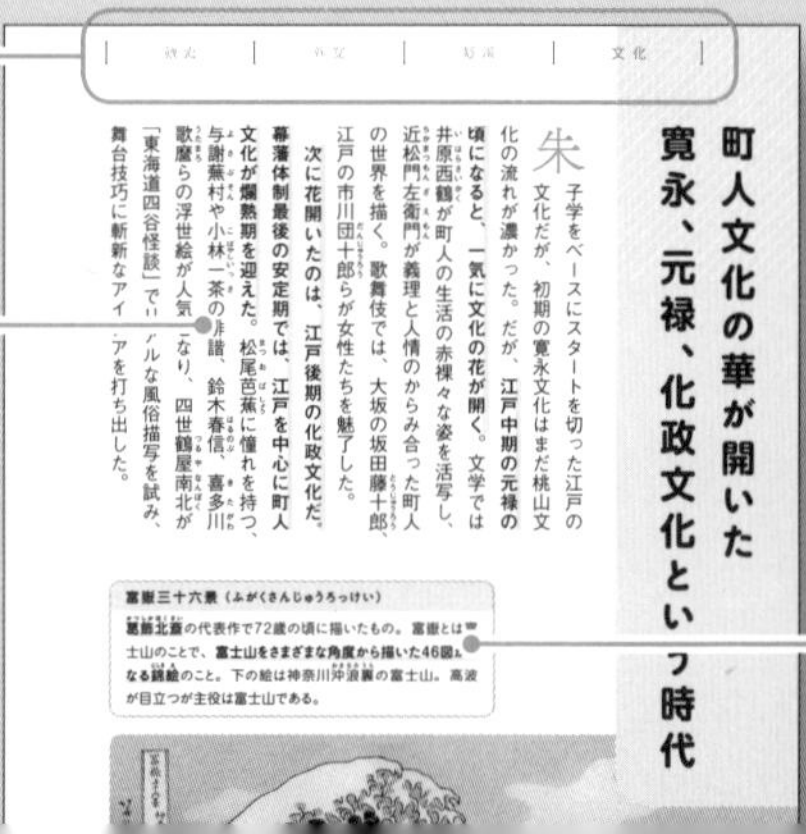

単語の並べ方について
単語は4つのテーマに分けて、右から左へできるだけ時系列に並べています。ただし、単語と単語の関連性を重視している場合はその限りではありません。

1 章

文明の出発点から稲作文化まで

原始時代

200万年前～3世紀頃

質素で平等な暮らしの縄文と稲作が始まり争いが生まれた弥生

氷河期で大陸と陸続きだった旧石器時代に、日本人の祖先が大陸から移住。その後、大陸と分かれて日本列島が誕生する。移動距離が限られた**縄文時代は、石器を使い、共同で狩猟、漁労、木の実などの採集を行ない、得た食料はみんなで分けるという平等な暮らし**をしていた。

弥生時代に入り米づくりが始まると、人々の暮らしは安定。竪穴《たてあな》住居を構えて定住し、大きな集落「むら」が数多くつくられるようになる。しかし一方で、**土地や用水をめぐってむら同士の争いが激化**。同時期、朝鮮半島から希少性の高い青銅器、鉄器がもたらされると、これを所有することが富や権力の象徴となり、強い大きなむらは「くに」をつくり、財力や勢力を持つ豪族が、くにを支配するようになっていく。

弥生時代の遺跡（やよいじだいのいせき）

吉野ヶ里遺跡《よしのがりいせき》は、大規模な**環濠集落《かんごうしゅうらく》跡を残す弥生時代の代表遺跡**。高床倉庫や竪穴住居などが発掘され、再現されている。当時の高床倉庫には、ねずみの侵入を防ぐ工夫（ねずみ返し）が施されており、実際に効果があったという。

知らなきゃやばいレベル

岩宿遺跡(いわじゅくいせき)

群馬県みどり市にある旧石器時代の遺跡。**相沢忠洋**が発見。日本列島に旧石器時代は存在しないという定説を覆し、その後の**旧石器時代研究の出発点**となった。台形状の石器や局部磨製石斧なども発掘され、1979年には国史跡に指定された。また、出土品は重要文化財となっている。

野尻湖遺跡(のじりこいせき)

長野県の遺跡。**湖底からナウマンゾウの化石や旧石器時代の石器が出土**。ナウマンゾウの骨には道具に加工されたものがあり、約4万年前の旧石器時代の人々が狩猟した動物を解体する場所であったと推定されている。

発見者　測定法

一般常識レベル

相沢忠洋(あいざわただひろ)

岩宿遺跡の発見者。1949年、明治大学考古学研究室と共同で発掘調査し、関東ローム層から打製石器を発見した。67年岩宿遺跡の発見により吉川英治文化賞を受賞。

放射性炭素年代測定法(ほうしゃせいたんそねんだいそくていほう)

シカゴ大学のリビー博士が発見した遺跡の年代測定法。動植物が死ぬと体内のC14(質量数14の炭素同位体)が一定の速度で崩壊し、5730年ほどで半減することを利用、史料に付着した有機物などを使って年代まで測定する。これでリビー博士は、1960年ノーベル化学賞を受賞した。

教養レベル

砂原遺跡(すなばらいせき)

島根県出雲市の旧石器時代の遺跡。約12万年前の地層から小石片が発見された国内最古の遺跡。

テント式住居(てんとしきじゅうきょ)

旧石器時代は地面に小穴7カ所と排水用の溝を掘り、動物の皮や木の皮、草などを使い簡単な屋根掛けをしていたと推定。大阪府藤井寺市のはさみ山遺跡が著名。

知らなきゃやばいレベル

打製石器（だせいせっき）

旧石器時代は黒曜石《こくようせき》などの石や、鹿の角や動物の骨などをあてがって砕き、刃物として使用していた。（左・発達順）

●握槌《にぎりづち》……楕円形石器ともいい、**主に打撃用**として使われた。柄をつけずに手で直接握って使うこともある。

←

●石刃《せきじん》……**ナイフ形石器**。石を切ったり削ったりしてつくられた。

←

●尖頭器《せんとうき》……槍の先端につけ、**突き刺す道具**として使われた。先端が鋭いのは、獲物を確実にとらえるため。

←

●細石器《さいせっき》……**小型の刃**の石器で、木や骨の柄にはめこんで使用した。旧石器時代末期や縄文時代初期の遺跡から出土している。

一般常識レベル

旧石器時代の遺跡で出土する
大型動物は
北方➡マンモス
ヘラジカ
南方➡ナウマンゾウ
オオツノジカ

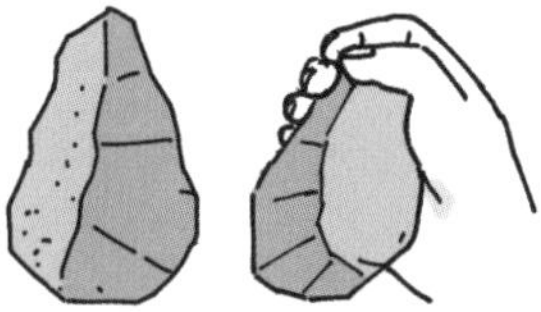

握槌

尖頭器

教養レベル

港川人（みなとがわじん）

沖縄県に存在していたとされる人類。石灰岩地層から約１万８０００年前の全身人骨４体を含む５～９体が発見された。オーストラリア先住民との類似説がある。最近、沖縄県石垣島の白保《しらほ》竿根田原《さおねたばる》洞穴《どうけつ》遺跡から、国内最古となる約２万７０００年前の全身人骨が出土した。

浜北人（はまきたじん）

１９６２年に静岡県浜北市（現・浜松市）の岩水寺採石場で発見された、旧石器時代（１万４０００年前）の化石人骨。浜北原人ともいう。

知らなきゃやばいレベル

縄文土器（じょうもんどき）

縄を転がした模様が特徴の縄文土器。土器の形によって6つの時代に区分されている。

三内丸山遺跡（さんないまるやまいせき）

青森県の縄文前期から中期にかけての大集落遺跡で、**500人が居住したと推定**されている。直径1mのクリの巨木が発見され、クリ・ゴボウ・ヒョウタン・マメなどの植物栽培の痕跡もみられた。従来の縄文時代観を覆す大規模集落として注目される。各地のヒスイ(硬玉)・黒曜石などの出土から遠隔地との交易もあったとみられている。

一般常識レベル

豆粒文土器（とうりゅうもんどき）

長崎県佐世保市泉福寺《せんぷくし》洞穴から出土した草創期《そうそうき》の縄文土器。約1万2000年前の日本最古級土器。

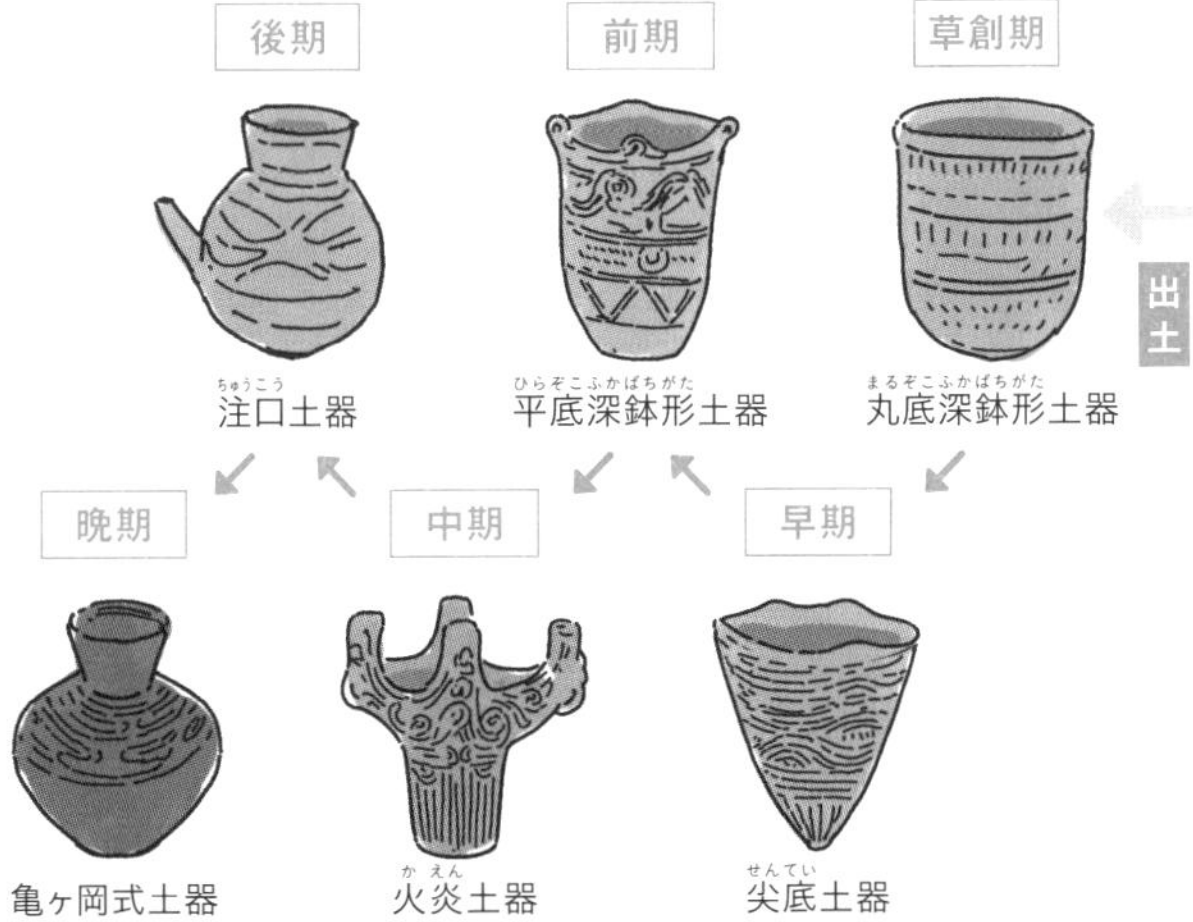

出土
草創期
丸底深鉢形土器《まるぞこふかばちがた》
前期
平底深鉢形土器《ひらぞこふかばちがた》
後期
注口土器《ちゅうこう》
早期
尖底土器《せんてい》
中期
火炎土器《かえん》
晩期
亀ヶ岡式土器

教養レベル

大平山元遺跡（おおだいやまもといせき）

青森県にある縄文草創期の遺跡。約1万6500年前の**世界最古級土器が出土**。石鏃《せきぞく》も発見され、これにより弓矢の使用が推定された。2013年、国の史跡に指定された。

鳥浜貝塚（とりはまかいづか）

福井県にある**縄文草創期〜前期の遺跡**。低湿地にあたるため、保存状態がよく丸木舟や栽培植物の種子、人糞が化石化した糞石が出土している。

知らなきゃやばいレベル

竪穴住居（たてあなじゅうきょ）

縄文から奈良時代にかけての住居。住居地面を数十cm掘り下げて複数の柱を立て、葦などで屋根をつくったもの。囲炉裏で火を焚き、土器を土に埋めて食料を保存していた。寝るときは、むしろや動物の毛皮を使用。

磨製石器（ませいせっき）

縄文時代に使われた石器。**石斧《せきふ》・石《せき》鏃《ぞく》・石匙《せきひ》・石棒**などがある。石匙は、動物の皮をはぐために用いられた。

石斧

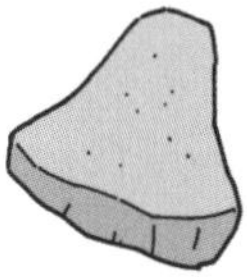

石匙（皮はぎ用）

一般常識レベル

加曽利貝塚（かそりかいづか）

千葉県にある日本最大の貝塚。竪穴住居が円形に配置されている環状集落で、23の竪穴住居と約40体の人骨や犬の埋葬骨が出土。2017年、貝塚として国内初の特別史跡に指定される。なお、1万5000年前頃に犬を、5000年前頃に猫を家畜化していたといわれる。

大森貝塚（おおもりかいづか）

1877年、アメリカの動物学者・モースが発見した日本最初の貝塚。

板付遺跡（いたづけいせき）

福岡県にある遺跡で、大規模集落や水田の遺構が見られる。2500年前の炭化籾《たんかもみ》も発見された。

教養レベル

亀ヶ岡遺跡（かめがおかいせき）

縄文晩期を飾る青森県の遺跡。宇宙人のような形で有名な「遮光器土偶《しゃこうきどぐう》」が出土した。

土偶とは、土でつくった人形のこと。
女性の土偶が多いことから
安産祈願をしたともいわれる。

目の部分が遮光器（スノーゴーグル）のような形をしていることから、遮光器土偶と名付けられた。

知らなきゃやばいレベル

高床倉庫（たかゆかそうこ）

収穫した穀物を収蔵する倉庫。湿気やねずみの侵入を防ぐため高床になっている。弥生文化を象徴する建物。

吉野ヶ里歴史公園にある高床倉庫（再現）。通常の倉庫よりも大きく、当時の吉野ヶ里の繁栄が分かる。

鍬・鋤（くわ・すき）

農具

木製農具の鍬、鋤などが登場。弥生後期には**鉄製**のものも使われた。

一般常識レベル

水稲耕作（すいとうこうさく）

水田で稲を栽培する米づくりが始まる。紀元前300年頃に、中国の南部・中部から朝鮮半島を経て北九州に伝わったとされている。

ジャポニカ種（じゃぽにかしゅ）

日本に伝来した稲で、短粒米。粘りがあり、東南アジアやインドのインディカ種とは異なる。日本に分布しているので日本型と呼ばれている。

穂首刈（ほくびがり）

農具

石包丁で稲の穂をつみとる稲作の初期の方法。のちには鉄鎌で根刈《ねかり》をした。

教養レベル

籾は直播（もみはじかまき）

米の籾を直接まいて稲を育てる方法。しかし岡山県**百《ひゃっ》間川《けんがわ》遺跡**では稲株跡が発見されており、田植えが行われた可能性もあると考えられている。

大足（おおあし）

青草を踏んで、肥料にするための木製農具。弥生時代後期の**登呂《とろ》遺跡**からも大足が出土しており、当時田植えが行われたと考えられている。

邪馬台国が古代日本を統合 卑弥呼による日本の政治がスタート

縄文時代といえば、不安定な狩猟・採集によって移動を繰り返していた、というのが定説だった。しかし、青森県の三内丸山遺跡が発掘されると、この定説は大きく覆された。巨大な遺構からは、当時の人々が集団で定住していたことが分かり、さらにヒスイや黒曜石の装飾品出土により、現在の九州から東北にかけて、モノ・ヒトの交流、往来があったことが証明された。**弥生時代後半には豪族が現れて、政治的・地域的な統合もすすみ、小国の分立から、女王・卑弥呼《ひみこ》が支配する邪馬台国《やまたいこく》という連合組織がつくられた。**卑弥呼は、魏《ぎ》（現在の中国）と交流を持ち、中国の歴史書である『魏志《ぎし》』倭人《わじん》伝《でん》によれば、邪馬台国の女王・卑弥呼に対し「親魏倭王《しんぎわおう》」の称号を贈ったと記されている。

縄文時代は国内交易が盛んだった!

縄文時代の遺跡から、さまざまな交易品が出土されている。例えば、青森の三内丸山遺跡から新潟糸魚川産のヒスイが出土されたり、讃岐のサヌカイトが大阪や大分まで運ばれていたり、他地域との交流や交易が活発に行われていたことが分かる。

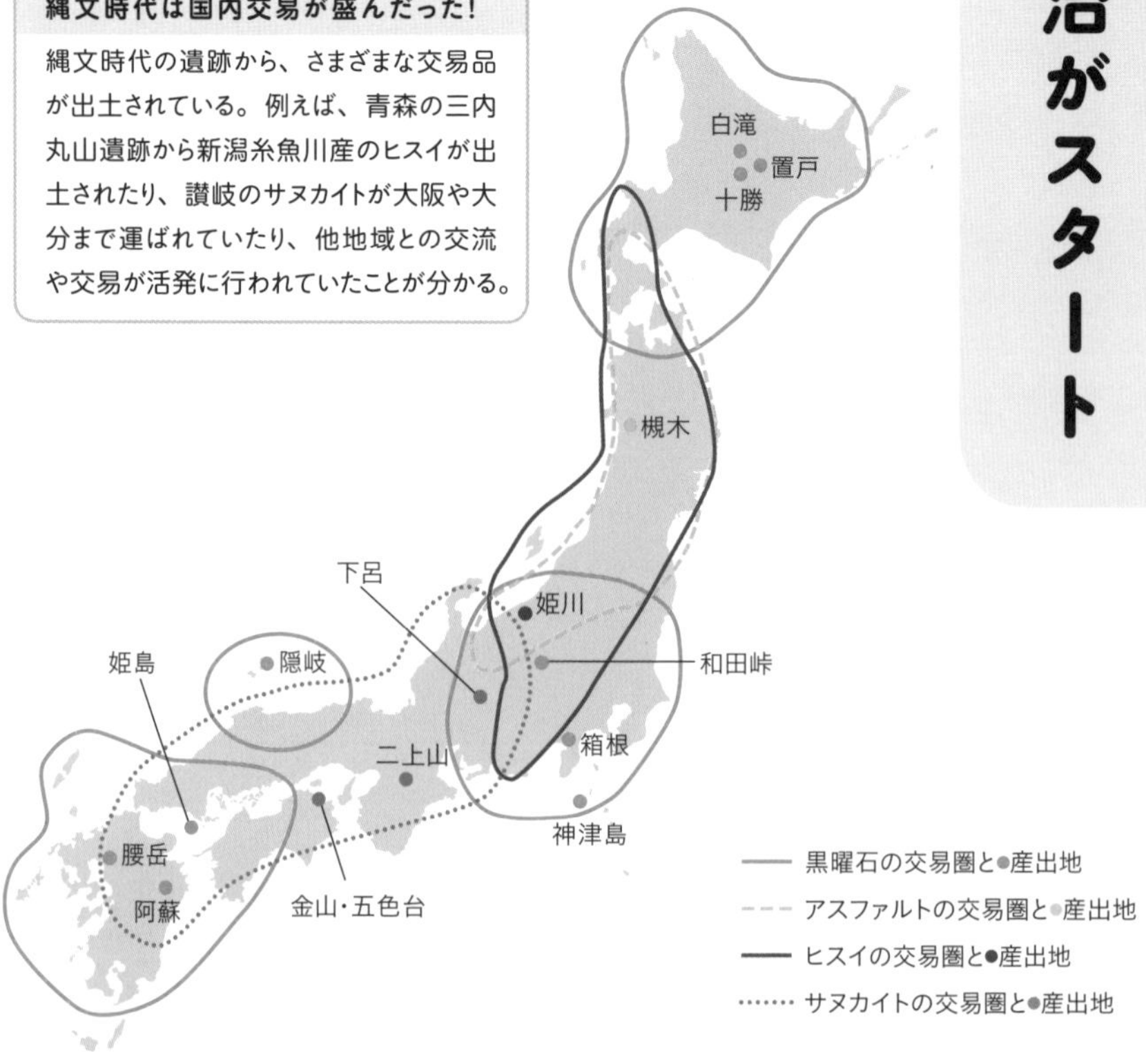
白滝
置戸
十勝
槻木
下呂
姫川
和田峠
隠岐
姫島
箱根
二上山
神津島
腰岳
阿蘇
金山・五色台
黒曜石の交易圏と●産出地
アスファルトの交易圏と●産出地
ヒスイの交易圏と●産出地
サヌカイトの交易圏と●産出地

知らなきゃやばいレベル

縄文から弥生へ

黒曜石（こくようせき）

槍先に固定させて石鏃や刃物として使用。黒曜石の交易範囲は広く、主な産地として、北海道の十勝岳・長野県の和田峠・熊本県の阿蘇山などがある。材質はガラスに近く割れると鋭利になり、加工しやすい。

長野県産の黒曜石がトレンドだった。

青銅器（せいどうき）

弥生時代に、鉄器とほぼ同時に青銅器が大陸から伝わる。青銅器は、主に祭りの道具として使われ、**銅剣《どうけん》・銅鉾《どうほこ》・銅鏡《どうきょう》・銅鐸《どうたく》などがつくられた。**

一般常識レベル

国内で流通した鉱石

ヒスイ

硬玉ともいわれ、勾玉《まがたま》など装身具の材料として使われた。新潟県糸魚川市の姫川支流が産出地として有名。

アスファルト

北海道（道南）から東北、北陸一円で天然アスファルトが産出された。縄文時代に土器の補修や石鏃を矢に固定するために使用され、遠隔地からも出土している。

サヌカイト

讃岐（現在の香川県）で採取できる石。黒く硬さがあり、割れた部分は鋭利になるため石器として好まれた。

教養レベル

吉武高木遺跡（よしたけたかぎいせき）

福岡県の吉武遺跡群の一つで弥生前期末から中期初頭の遺跡。ここから朝鮮大陸製の鏡や剣、青銅器など豪華な副葬品が出土したことで、朝鮮半島との交易が開始されていたと分かる。1993年に国史跡に指定される。

今山産と立岩産（いまやまさんとたていわさん）

弥生時代になると、福岡県今山遺跡で製造されていた石斧や、福岡県立岩遺跡の石包丁などの特定産地の日用品が、広範囲で流通するようになる。

知らなきゃやばいレベル

豪族（ごうぞく）

地方の「くに」に土着して、大きな財力や勢力を持つ一族のこと。地方の有力者。大和政権下になると大王のもとで氏姓《しせい》制度に組み込まれた。

女王

邪馬台国（やまたいこく）

2世紀後半になると、いくつもの「くに」がつくられ、くに同士の大規模な戦乱が起こる。30ほどのくにの連合国家の中心だったのが邪馬台国で、**大人《だいじん》**、**下戸《げこ》**、**奴婢《ぬひ》**などの身分の差があり、租税の仕組みや市場、刑もあったといわれている。邪馬台国の場所については、**北九州説と畿内説**がある。

一般常識レベル

『漢書』地理志（『かんじょ』ちりし）

前漢（前202～後8年中国の王朝）の歴史書。後漢の班固《はんこ》の著。地理志には前1世紀頃の倭国（当時の日本）は「百余国（100余りの国）」に分かれていたと記されている。

参考とする

『魏志』倭人伝（『ぎし』わじんでん）

『魏志』倭人伝という文献があるわけでなく、『三国志《さんごくし》』の中の『魏書』の「烏《う》丸鮮卑東夷伝《がんせんびとういでん》」倭人条を、一般に『魏志』倭人伝という。『三国志』は三国時代の正史で晋《しん》の陳寿《ちんじゅ》が著した。

中国史書

教養レベル

桓霊の間、倭国大乱（かんれいのあいだ、わこくたいらん）

『後漢書』東夷伝の一文。「桓霊の間」とは、後漢の桓帝と霊帝の時代のことで、147～189年を指す。2世紀後半、倭国は内乱が続き、大いに乱れた。小国家統合の争いを示す戦乱があったことが分かる。

弥生時代の様子は中国の史書『漢書』『魏志』で知ることができる。

知らなきゃやばいレベル

卑弥呼（ひみこ）

邪馬台国の女王。占いやまじない（呪術）で政治を行った。239年、魏（当時の中国）に使いを送り、皇帝から**「親《しん》魏倭王《ぎわおう》」**の称号と、**金印《きんいん》**、**銅鏡**などが与えられる。

同族

壱与（いよ）

卑弥呼の死後、邪馬台国の女王となり混乱を収拾させた。

環濠集落（かんごうしゅうらく）

弥生中期から後期の集落遺跡。小国の戦乱に備え、敵を防御するため台地上に造営され、周囲を大きな濠《ごう》で区画していた。佐賀県の**吉野ヶ里《よしのがり》遺跡**、神奈川県の**大塚《おおつか》遺跡**が著名。

一般常識レベル

『後漢書』東夷伝（『ごかんじょ』とういでん）

宋《そう》の范曄《はんよう》が、5世紀に著した中国の正史。建武中元2年（57年）には、倭奴国王が後漢の光武帝《こうぶてい》から、金印を授かったことが記されている。「漢委奴国王《かんのわのなのこくおう》」の金印で、1784年福岡県志賀島から発見された。

高地性集落（こうちせいしゅうらく）

弥生時代の中期から後期に出現した軍事・防衛的集落で、瀬戸内海沿岸に多い。火を焚いた跡や石鏃が多量に出現する。香川県の紫雲出山《しうでやま》遺跡、大阪府高槻市の古曽部《こそべ》・芝谷《しはたに》遺跡、兵庫県芦屋市の会下山《えげのやま》遺跡が知られている。

教養レベル

生口（せいこう）

奴隷のこと。捕虜の意味にも用いられる。また、あえて中国へ献上されていることから単なる捕虜・奴隷ではなく、捕魚者など技能を持った者とする説もある。

安帝（あんてい）

107年、倭の国王帥升《すいしょう》が生口（奴隷）160人を献上した後漢皇帝。

吉野ヶ里遺跡（よしのがりいせき）

佐賀県にある弥生前期から後期の**大環濠集落**。1986年以来3年をかけた発掘調査で、周囲には約2.5㎞に達する外濠がめぐらされ、内濠《うちぼり》や城柵にあたる土塁、墳丘墓《ふんきゅうぼ》、楼観《ろうかん》（物見やぐら）と推定される**掘立柱《ほったてばしら》建物**などが確認された。邪馬台国成立前の、弥生社会の実態を知る貴重な資料。

登呂遺跡（とろいせき）

静岡県の登呂にある、安倍川東岸の低湿地に位置する弥生後期の遺跡。**大規模な水田跡が発見され矢板や杭を並べて、畦畔《けいはん》を築いた**。掘立柱の頂部に板がかけられ、ねずみが入りにくい設計の高床倉庫跡も発見されている。

方形周溝墓（ほうけいしゅうこうぼ）

方形に溝をめぐらした1辺10m前後の弥生時代の墓制。**台地部中央に墓穴を掘って、遺体を埋葬**した。1964年、東京都八王子市の宇津木《うつぎ》遺跡が最初の発見で、その他大阪府の**瓜生堂《うりゅうどう》遺跡**、神奈川県の**歳勝土《さいかちど》遺跡**などが知られる。

纒向遺跡（まきむくいせき）

奈良県桜井市にある弥生時代から、平安時代にかけての集落遺跡。纒向石塚古墳は、前方後円墳の原型となる墳丘墓であり、**邪馬台国・大和政権の中心地の一つとして推定**される。

南島文化（なんとうぶんか）

貝塚時代・グスク時代と呼ばれた漁労主体の文化。貝塚文化ともいう。沖縄県では貝類などを採集する特有の文化が展開し、水稲文化は伝播しなかった。貝符《かいふ》という守り札を用いた。

続縄文文化（ぞくじょうもんぶんか）

縄文文化に続く、北海道の特有な文化。農耕は行われなかった。8世紀頃まで続き、9世紀以降は擦文《さつもん》文化が展開した。

2 章

憲法が定まり、律令国家が始まる

大和時代

3世紀頃～710年

大王と豪族の連合政権から律令による天皇中心の政治へ

大和地方（現在の奈良県）から起こった大和政権が、その支配をほぼ全国に広げたのは5～6世紀にかけてのこと。6世紀に入ると豪族の強大化や世襲的な氏姓制度の矛盾、新羅《しらぎ》の朝鮮半島での勢力拡大などで、大和政権は深刻な動揺期に入る。**この困難な時期に国家体制再編のための国政改革にあたったのが、厩戸皇子《うまやどのみこ》（聖徳太子）と蘇我馬子《そがのうまこ》である。**これまでの氏姓制度に変えて、有能な人材を起用する冠位十二階を設け、十七条憲法を制定。その後日本は、唐・新羅の連合軍によって白村江《はくそんこう》で敗北したが、壬申《じんしん》の乱に勝利して、**実力で皇位についた天武《てんむ》天皇は飛鳥浄御原令《あすかきよみはらりょう》を定め、それは持統《じとう》天皇の代に施行された。**8世紀には、大宝律令が完成し、ここに律令体制が整備されたのである。

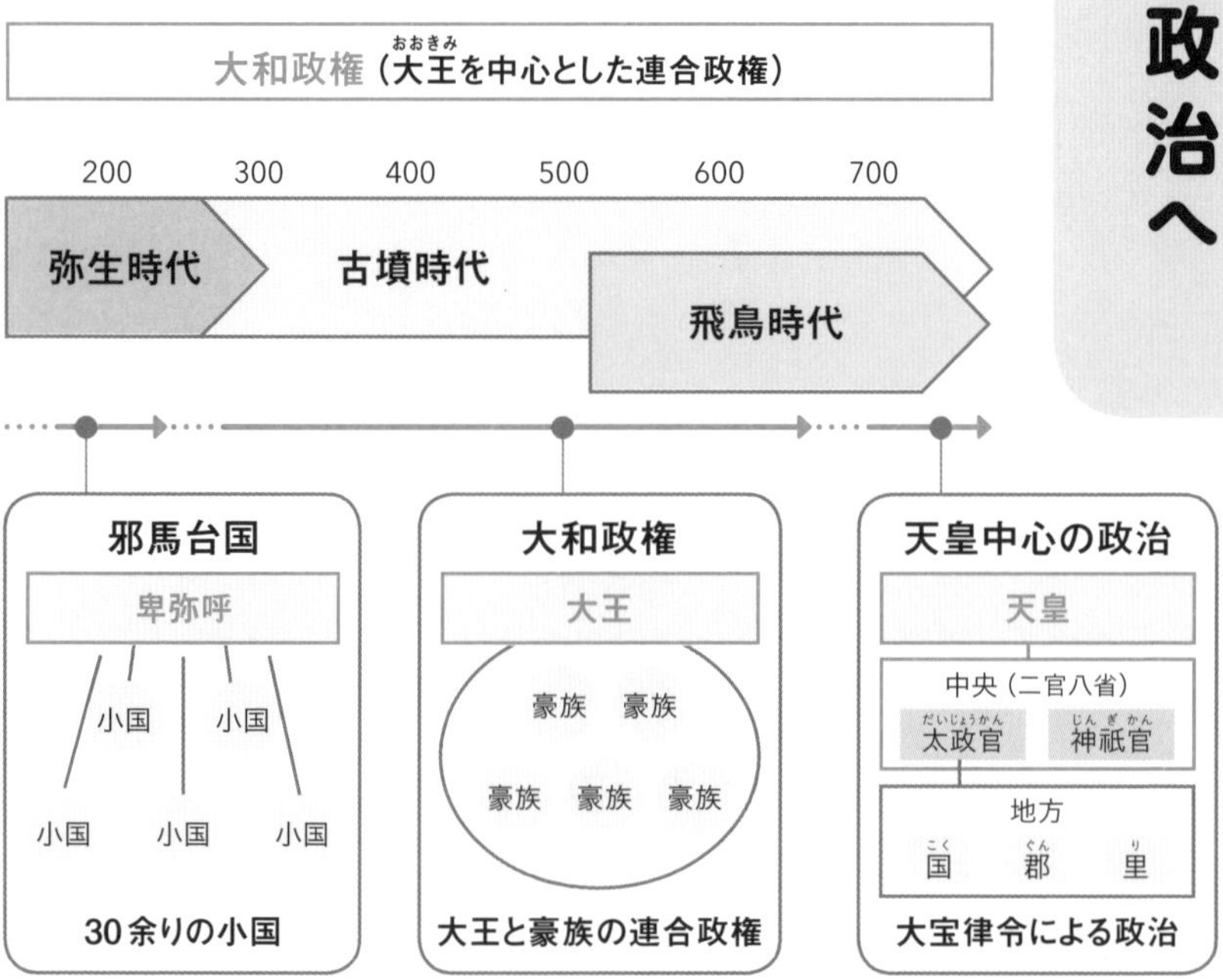

大和政権（大王《おおきみ》を中心とした連合政権）
200
300
400
500
600
700
弥生時代
古墳時代
飛鳥時代
邪馬台国
卑弥呼
小国
小国
小国
小国
小国
30余りの小国
大和政権
大王
豪族
豪族
豪族
豪族
豪族
大王と豪族の連合政権
天皇中心の政治
天皇
中央（二官八省）
太政官《だいじょうかん》
神祇官《じんぎかん》
地方
国《こく》
郡《ぐん》
里《り》
大宝律令による政治

飛鳥時代《あすかじだい》
推古天皇から持統天皇の頃まで、奈良県の飛鳥地方に皇居を置いたことからこう呼ばれる。

知らなきゃやばいレベル

大和政権（やまとせいけん）

4世紀の中頃、大和（奈良県）の豪族が連合して大きな国になり、5世紀頃には九州地方北部から東北地方南部までを統一。**大王を中心とした政治**が行われた。

蝦夷《えみし》
大和
熊襲《くまそ》・隼人《はやと》

古墳時代初期は各地で豪族が独立していたが、次第に中心部となる奈良盆地（大和）付近へと権力が集約されていった。

氏姓制度（しせいせいど）

大王（のちの天皇）が血縁で結ばれた**豪族（氏《うじ》）**に**地位（姓《かばね》）**を与えて中央や地方を管理する制度。政権の中枢を担うのは**「大臣《おおおみ》」「大連《おおむらじ》」**で、臣・連の姓を持つ豪族が任命された。大王が任命。

解説

一般常識レベル

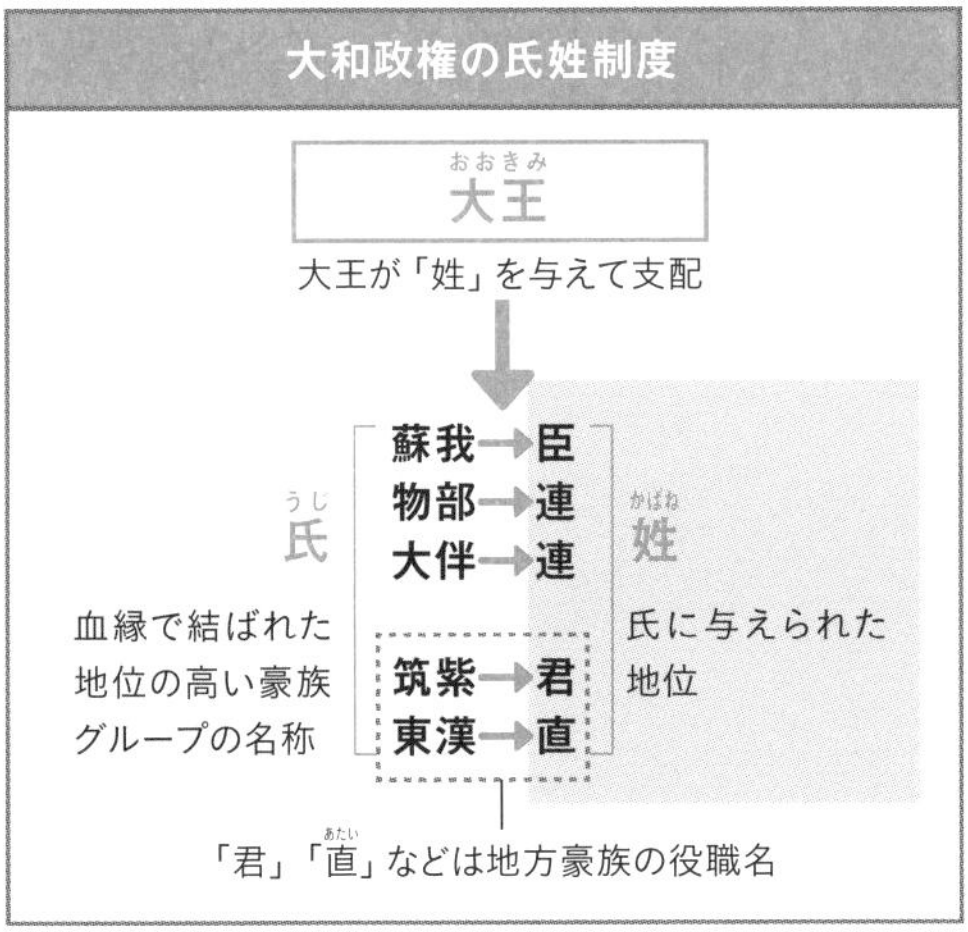
大和政権の氏姓制度
大王《おおきみ》
大王が「姓」を与えて支配
蘇我→臣
物部→連
大伴→連
筑紫→君
東漢→直
氏《うじ》
血縁で結ばれた地位の高い豪族グループの名称
姓《かばね》
氏に与えられた地位
「君」「直《あたい》」などは地方豪族の役職名

巨大化した国をまとめるためのシステム。これにより大王の権力がアップ。

教養レベル

田荘・部曲・奴婢（たどころ・かきべ・ぬひ）

豪族の私有地、私有民のこと。大和時代の豪族は、私有地（田荘）を持ち、その土地を耕作する私有民（部曲）や奴隷（奴婢）を支配していた。

伴造（とものみやつこ）

大伴氏や物部氏のように、軍事護衛やものの生産という特定の職業で朝廷に仕える豪族は、それぞれ職業に従事する集団（伴）を持っていた。その集団のリーダーを伴造という。

知らなきゃやばいレベル

大王と天皇（おおきみとてんのう）

「大王」とは大和政権の首長、君主の称号で、「天皇」号成立以前の尊称。「大王」が「天皇」になったのがいつかは定かではない。608年、**厩戸皇子《うまやどのみこ》**（**聖徳太子**）が、**煬帝《ようだい》**（中国の隋の皇帝）に送った国書に「天皇」の称号が記されており、それが最初の例とされている。

直属民

名代・子代（なしろ・こしろ）

大王やその皇子の世話をする直属民。名代には**長谷部《はせべ》**（雄略《ゆうりゃく》天皇の名）・**穴穂部《あなほべ》**（安康《あんこう》天皇の名）・**春日部《かすかべ》**（安閑《あんかん》天皇の皇后）などがある。子代には**舎人部《とねりべ》**・**壬生部《みぶべ》**・**膳部《かしわでべ》**などがある。

直轄領　貢進

一般常識レベル

屯倉（みやけ）

大和政権の直轄領。稲を基本とした経済基盤としての重要な財源となった。大王家の開発地と豪族から摂取した土地からなり、**田部《たべ》**がその地を耕作した。大化の改新で廃止された。

采女（うねめ）

国造・県主《あがたぬし》などの地方豪族が、**朝廷に貢進した女性**。大王のそばに仕え、祭祀にかかわり、身のまわりの雑務を行う女官。服属のあかしとされているが、政治に関与し、宮廷では大きな位置を占めた。

教養レベル

大伴金村（おおとものかなむら）

大連として政治を主導。金村は、512年、任那《みまな》4県の支配権を百済に割譲したことがきっかけで、40年、**物部尾輿《もののべのおこし》**により弾圧され失脚。日本で初の賄賂政治を行った人物ともいわれる。奈良県葛城市には、金村を祀る金村神社がある。

物部麁鹿火（もののべのあらかび）

528年、大和政権に反抗した地方豪族の**磐井《いわい》**を鎮圧し、**磐井の乱を平定**した人物。

古墳の大きさは権力の象徴だった！

3～7世紀、大王や豪族の力が大きくなると、競い合うように大きな墓がさかんにつくられるようになる。形は**前方後円墳**が主流。他にも円墳・方墳などがある。古墳時代後期になると、小規模な古墳（円墳、稀に方墳）が群集している**群集墳《ぐんしゅうふん》**が増え、有力な農民でも墓をつくれるようになったと考えられる。

前方後円墳《せんほうこうえんふん》

後ろが円になっているカギ穴形の古墳。

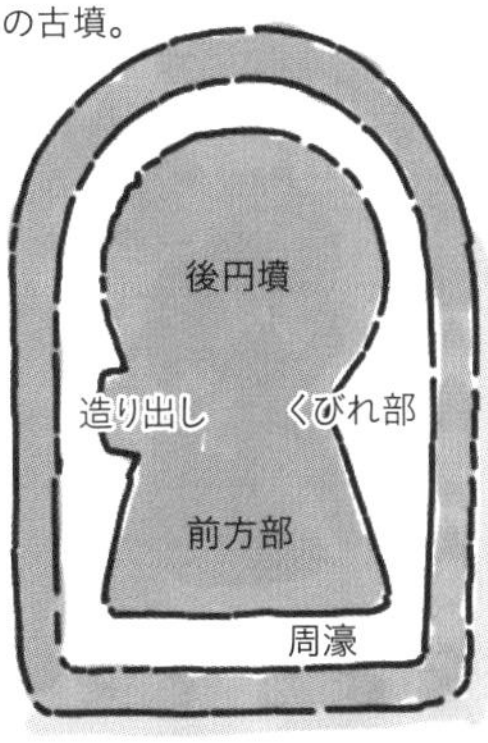

埴輪《はにわ》

古墳に人を葬るとき、家来も一緒に生き埋めにする風習の代わりに、古墳の上やまわりに素焼きの土器を並べるようになったのが埴輪の始まり。シンプルな人形の他に、動物、家、船などの形をした埴輪もある。

箸墓古墳《はしはかこふん》	奈良県桜井市にある最古級の前方後円墳。**卑弥呼の墓ともいわれる。**全長278m。特殊器台や円筒埴輪が出土している。
江田船山古墳《えたふなやまこふん》	熊本県玉名郡和水町（旧菊水町）にある前方後円墳。出土品の鉄刀銘文中にある「獲加多支鹵大王《わかたけるおおきみ》」は、雄略《ゆうりゃく》天皇と推定される。
稲荷山古墳《いなりやまこふん》	埼玉県行田市にある前方後円墳。その鉄剣銘文中の「辛亥《しんがい》年」は471年で、「獲加多支鹵大王」は雄略天皇と推定される。
大仙陵古墳《たいせんりょうこふん》	大阪府堺市の百舌鳥《もず》古墳群にある**日本最大の前方後円墳**。3重の堀をめぐらす。最近の調査では全長525mもあった。
造山古墳《つくりやまこふん》	岡山県岡山市にある全国第4位の前方後円墳。**全長360mで吉備地方最大**規模。
誉田山古墳《こんだやまこふん》	大阪府羽曳野市にある古市古墳群の一つ。全長425mで**全国第2位の規模**を持つ。
岩戸山古墳《いわとやまこふん》	**筑紫国造磐井《つくしのくにのみやつこいわい》の墓と推定される。**石人、石馬の出土。福岡県八女市にある北九州最大の前方後円墳。
石舞台古墳《いしぶたいこふん》	奈良県明日香村にある7世紀前半の上円下方墳といわれる。**蘇我馬子の墓という。**現在は土がとれて横穴式石室が露出している。
黒塚古墳《くろつかこふん》	奈良県天理市にある前方後円墳。1998年三角縁神獣鏡《さんかくぶちしんじゅうきょう》33面と画《が》文帯神獣鏡《もんたいしんじゅうきょう》1面が出土した。
竹原古墳《たけはらこふん》	福岡県若宮町（現宮若市）にある6世紀後半の円墳。**高句麗壁画古墳との関係が論じられる**装飾古墳である。

知らなきゃやばいレベル

推古天皇（すいこてんのう）

舒明《じょめい》天皇と堅塩媛《きたしひめ》の娘で豊御食炊屋姫《とよみけかしきやひめ》という。**最初の女帝**。厩戸皇子が622年に死去し、さらに626年には蘇我馬子も死去した。そして推古天皇も、後継者を明確に定めないまま、628年3月7日、飛鳥小墾田宮にて75歳で崩御した。

甥と叔母

厩戸皇子（聖徳太子）（うまやどのみこ・しょうとくたいし）

用明《ようめい》天皇の皇子。広く学問に通じ、推古天皇のもと、蘇我馬子と協調して政治を行う。**遣隋使の派遣**、**冠位十二階**、**十七条憲法を定める**など天皇や王族を中心とした中央集権国家体制の確立をはかる。仏教信仰に尽くし、法隆寺、四天王寺などの興隆に努めた。

制定

制定

擁立

一般常識レベル

蘇我馬子（そがのうまこ）

仏教の受け入れをめぐり、蘇我氏と物部氏が対立。渡来人《とらいじん》との関係が深い蘇我氏は崇仏派。軍事担当の物部氏は排仏派。**587年、馬子が排仏派の物部守屋を倒し、国政を握る**。592年には崇峻《すしゅん》天皇を暗殺し、推古天皇を即位させた。

十七条憲法（じゅうしちじょうけんぽう）

604年に制定された最初の成文法。仏教・儒教・法家の影響がみられ、天皇への服従を強調し、官吏や豪族の守るべき道徳や、従うべき規律を求めている。しかし、**第十二条**に「国司」の文字が見え、国司は律令制下以降の言葉であるという理由から、津田左右吉《そうきち》などから虚作説が問われている。

解説

教養レベル

第十二条（だいじゅうにじょう）

国司・国造、百姓に斂《おさ》めとることなかれ。国に二君なし。民に両主なし。率土《そっと》の兆民は王をもって主となす。所任の官司はみなこれ王臣なり。何ぞあえて公と、百姓に賦斂《おさめと》らん。

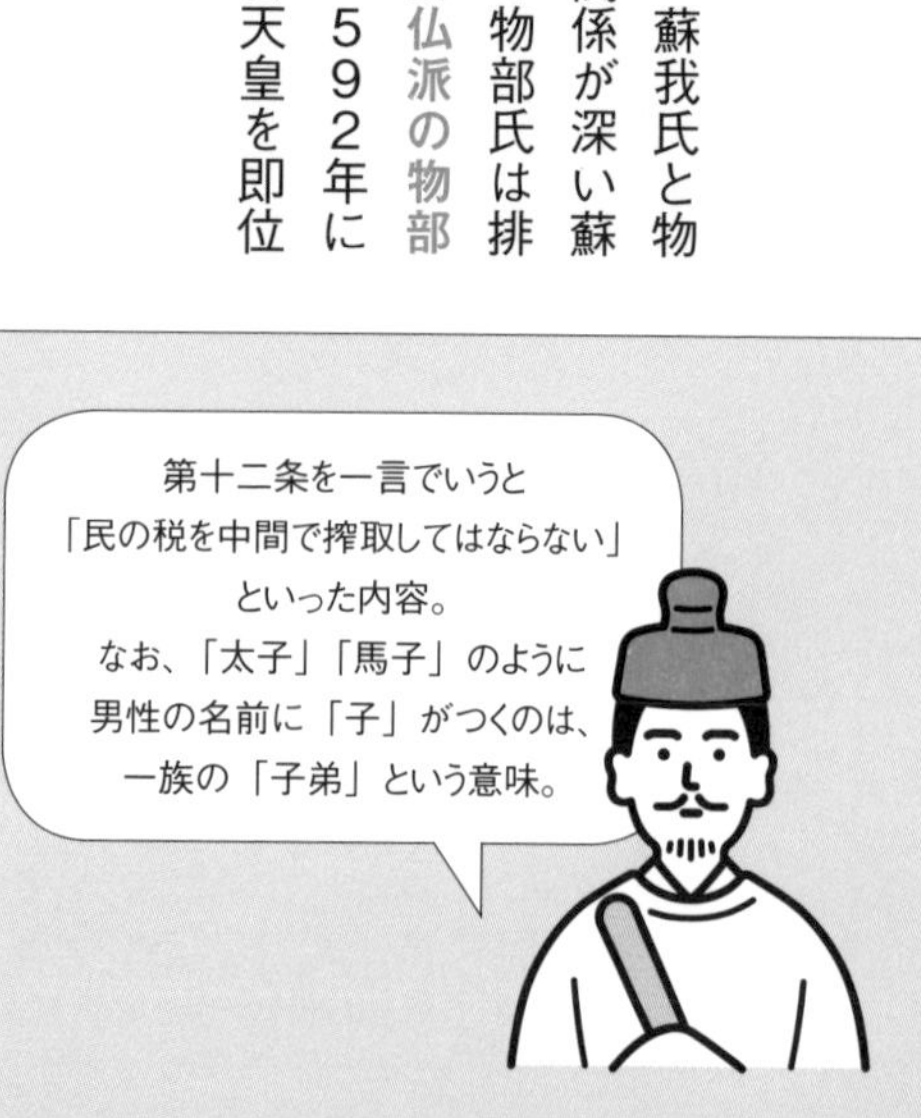
第十二条を一言でいうと
「民の税を中間で搾取してはならない」
といった内容。
なお、「太子」「馬子」のように
男性の名前に「子」がつくのは、
一族の「子弟」という意味。

知らなきゃやばいレベル

冠位十二階（かんいじゅうにかい）

人材登用・閥族打破が目的。儒教の徳目（徳・仁・礼・信・義・智）を大小に分けて12階とし、等級を規定した。色は紫・青・赤・黄・白・黒で、これを濃淡で12に分けた。のちの律令三十位階制につながる。**大徳**《だいとく》（**小野妹子**《おののいもこ》）、**小徳**《しょうとく》（**秦河勝**《はたのかわかつ》・**高向玄理**《たかむこのくろまろ》）、**大仁**《だいじん》（**鞍作鳥**《くらつくりのとり》・**犬**《いぬ》**上御田鍬**《がみのみたすき》）などが有名である。

どんな身分でも才能に応じて「冠位」を与え、
冠位ごとに色で上下関係をはっきりさせることで
秩序ある政治を可能にした。

一般常識レベル

乙巳の変（いっしのへん）

蘇我入鹿《いるか》が、厩戸皇子（聖徳太子）の子である山背大兄王《やましろのおおえのおう》を滅ぼしたのをきっかけとして、蘇我氏打倒のクーデターを敢行。中大兄皇子《なかのおおえのおうじ》（天智天皇）や中臣《なかとみの》鎌足《かまたり》らが645年、蘇我蝦夷《えみし》と入鹿を滅した。

結果

大化の改新（たいかのかいしん）

乙巳の変で実権を握った中大兄皇子と中臣鎌足らは、初めて年号を定め「大化」とした。孝徳《こうとく》天皇を即位させ、中大兄皇子は皇太子となり、都を飛鳥から難波に移して、天皇中心の国家をつくろうとした。

勝利

実施

天智天皇（てんぢてんのう）

即位前は中大兄皇子。大化の改新後、白村江《はくそんこう》の戦いで敗れ、667年に朝廷を近江の大津に移し、翌年即位。近江令《おおみりょう》の制定・庚午年籍《こうごねんじゃく》（戸籍）作成などに尽くしたが、子の大友《おおとも》皇子を後継者に定めたことが、壬申《じんしん》の乱の原因となった。

中臣鎌足（なかとみのかまたり）

のちの藤原鎌足。藤原氏の祖。近江令制定の中心。天智天皇より藤原の姓と大織《たいしょく》冠《かん》を授与された。大阪府高槻市の阿武山古墳が鎌足の墓と推定されている。

改新の詔（かいしんのみことのり）

646（大化2）年1月1日、孝徳天皇が宣言した4つの政治方針。

第一条　公地公民制の導入
王族や豪族の持つ私有地と私有民はすべて天皇（国）のものとする。代わりに上級豪族には食封（俸禄の一つ）を与える。

第二条　国郡里制の制定
全国を国・郡・里に分け、国司・郡司・里長の役人をおき、地域の問題は地方にも分担させる。

第三条　班田収授の法
戸籍をつくり、6歳以上の人民には口分田《くぶんでん》を与え、広さに応じで年貢を納めること。男子（良民）は2反、女子（良民）はその3分の2。

第四条　租庸調《そようちょう》制
租（米）・庸（労働）・調（地方の特産品）などの新しい税を収めること。

郡評論争《ぐんぴょうろんそう》
646年の改新の詔第二条に記載される「郡」は、『常陸《ひたち》風土記』によると当時の表現は「評」となっており、議論が起こっていた。1967年藤原宮跡から発見された木簡は、699年の時点で「評」を用いており、大宝律令以前は「評」であったことが分かり、一通りの決着がついた。

一般常識レベル

壬申の乱（じんしんのらん）

天智天皇の死後、弟の大海人皇子《おおあまのみこ》と子の大友皇子の間で、古代最大の内乱といわれる王位継承をめぐっての争いが起こる。672年、大海人皇子が大友皇子を敗り、天武天皇となって都を近江から飛鳥に移す。

「改新の詔」に記された内容がきちんと達成されるまで、ここから実に50年以上の歳月を費すことになる。

大化の薄葬令（たいかのはくそうれい）

646年3月発布。古い習俗を禁止したもので、厚葬および殉死を禁止した。これにより古墳は衰退した。

教養レベル

一般常識レベル

持統天皇（じとうてんのう）

天智天皇の皇女で天武天皇の皇后。天武天皇の跡を継いだ。飛鳥浄御原令《あすかきよみはらりょう》の施行・藤原京遷都《ふじわらきょうせんと》・庚寅年籍の作成などがある。子の草壁皇子《くさかべのみこ》に皇位を伝えようと、その異母弟である大津皇子を除く陰謀をはかった。天皇として初めて火葬された。

作成

庚寅年籍（こういんねんじゃく）

最初の班田台帳。690年の持統天皇のときに作成されたが、現存せず。以後、原則として6年ごとに戸籍が作成され、班田が実施されるようになった。

近江令（おうみりょう）

668年に制定された令（民法・行政法など）。全22巻とされるが、現存せず。存在自体を否定する説もある。

庚午年籍（こうごねんじゃく）

670年に天智天皇のもとで作成された最初の全国的戸籍。氏姓をただす根本台帳として永久保存とされたが、現存せず。通常戸籍は30年で廃棄された。

八色の姓（やくさのかばね）

684年、天武天皇が豪族統制目的で制定した。真人《まひと》・朝臣《あそみ》・宿禰《すくね》・忌寸《いみき》・道師《みちのし》・臣《おみ》・連《むらじ》・稲置《いなぎ》の8姓に分け、身分秩序を再編成した。

教養レベル

富本銭（ふほんせん）

最古の銭貨とされる。1999年奈良県飛鳥池遺跡から33点近く発掘された。それ以前は5枚しか発掘されていなかった。奈良時代の和同開珎《わどうかいちん》（45ページ）よりも古く、683年天武天皇のときに鋳造された貨幣といわれる。

富本銭が流通用の貨幣か、厭《えん》勝銭《しょうせん》（まじない用）だったのかは学説が分かれている。

飛鳥時代の社会に大きく影響した遣隋使の派遣と交流

5

～6世紀のころには、**中国や朝鮮から、新しい技術や品物と共に、文学・儒教・仏教などの文化が伝来した。**渡来人によってもたらされたこの新文化は、古代の政治・経済・文化の発展に大きな役割を果たした。百済《くだら》から伝来した仏教は、**聖明王《せいめいおう》のときに隆盛をきわめ、厩戸皇子（聖徳太子）は、隋との国交を開いてその政治体制や文化の導入に努めた。**7世紀初頭には小野妹子《おののいもこ》が遣隋使《けんずいし》として派遣され、中国大陸との交流は飛鳥文化の形成や、大化の改新に大きな影響を与えた。ちなみに、遣唐使《けんとうし》として活躍した最も有名な人物には、のちに活躍する吉備真備《きびのまきび》がいる。学者でありながら、右大臣まで務めた。学者で右大臣までのぼりつめた人物は、吉備真備と菅原道真《みちざね》の二人だけであった。

大和政権と朝鮮半島（やまとせいけんとちょうせんはんとう）

5世紀後半頃の大和政権は、九州地方から関東まで、日本列島のほぼ半分を支配していたとみられている。その頃朝鮮半島は4つの国に分かれており、その中の百済との関係を深めていた。

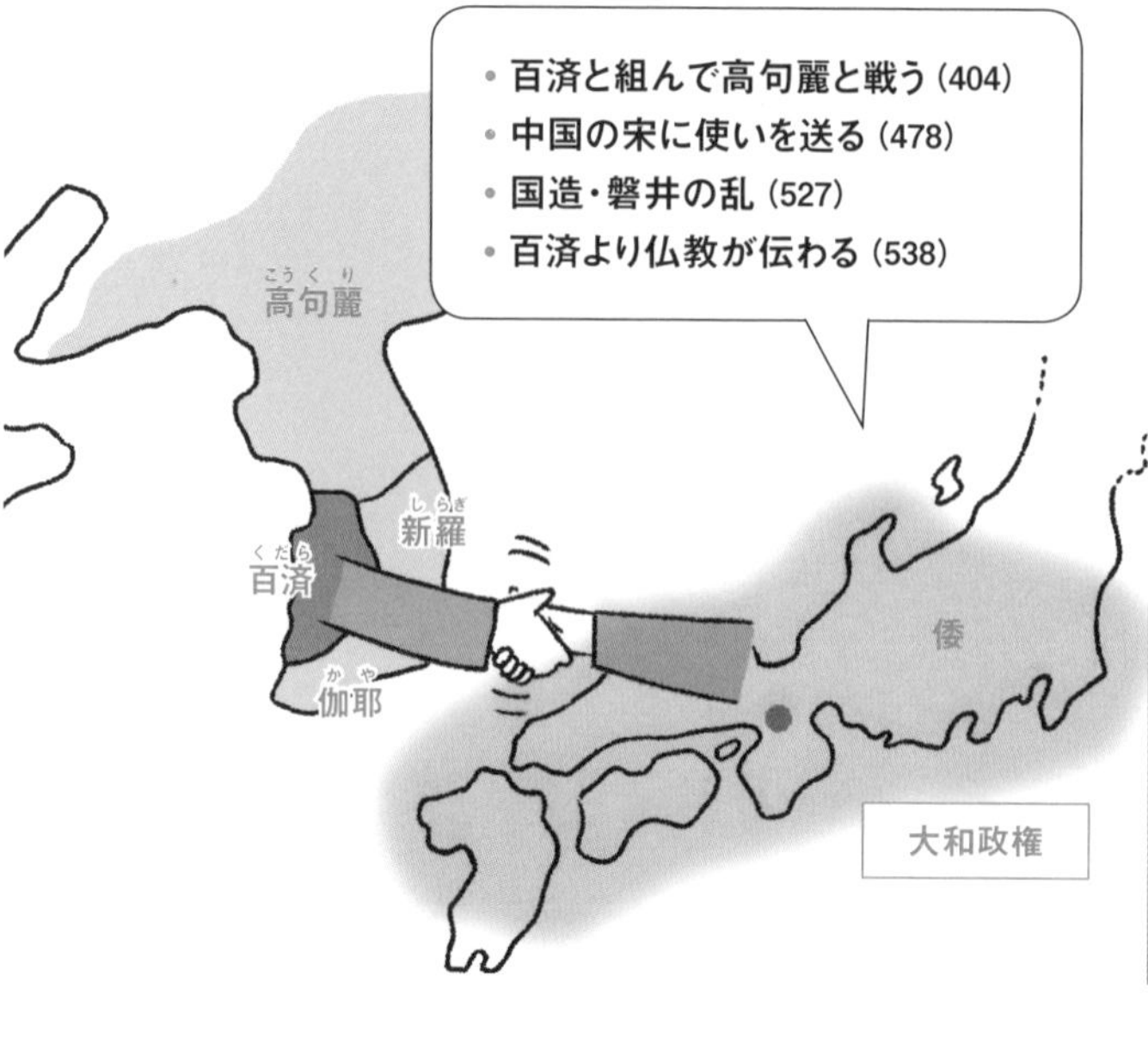

・百済と組んで高句麗と戦う（404）
・中国の宋に使いを送る（478）
・国造・磐井の乱（527）
・百済より仏教が伝わる（538）
高句麗《こうくり》
新羅《しらぎ》
百済《くだら》
伽耶《かや》
倭
大和政権

倭《わ》

倭とは、当時の中国や朝鮮が日本を指す際に用いた名称。日本もまた、7世紀末頃に「日本」と変更するまで、倭国と自称していた。

百済（くだら）

四世紀半ば、朝鮮半島南西部に成立。日本に**仏教など大陸文化を伝え、日本古代文化の形成に大きな影響を与えた。**

新羅（しらぎ）

4世紀中頃に辰韓を統一して建国された。**562年には伽耶を併合し、ついで唐と結んで百済を滅ぼし、663年白村江の戦いで日本軍を破った。**その後、高句麗を滅ぼして朝鮮半島を統一。935年に高麗によって滅ぼされる。

磐井の乱（いわいのらん）

朝鮮に出征しようとする**近江毛野《おうみのけぬ》**の軍勢を、筑紫国造《つくしのくにのみやつこ》磐井《いわい》が阻止し、各所で衝突した事件。

知らなきゃやばいレベル

朝鮮半島

伽耶（かや）

大和政権は当初、朝鮮半島の南端の「伽耶」という小国連合と密接につながり、朝鮮半島から鉄資源を手に入れていた。

広開土王碑（好太王碑）（こうかいどおうひ・こうたいおうひ）

高句麗《こうくり》の19代王。倭軍と高句麗軍が戦い倭軍を敗北させた業績を称え、414年に、子の長寿王《ちょうじゅおう》が高句麗の都の丸都《がんと》（中国吉林省集安市）につくった現存する石碑。高さ6・34mの自然石で、4面に約1800字が刻まれている。

一般常識レベル

聖明王（せいめいおう）

日本に仏教を伝えた百済の王。日本と結んで、新羅と対抗する外交的意図があった。554年、新羅に進攻して戦死した。

泉蓋蘇文（せんがいそぶん）

高句麗の権力者。対外的には、百済と結んで新羅を圧迫した。唐と対立し、唐の太宗《たいそう》の攻撃を受けた。蘇我氏による権力集中のモデルとなったという。

教養レベル

知らなきゃやばいレベル

倭の五王の遣使（わのごおうのけんし）

古代中国の歴史書**『宋書《そうじょ》』倭国伝《わこくでん》に登場する、倭国の5人の王**（**讃《さん》・珍《ちん》・済《せい》・興《こう》・武《ぶ》**）をいう。5世紀に南朝の宋に朝貢。『宋書』倭国伝には、478年、**雄略天皇《ゆうりゃく》**が南宋の順帝に遣使。朝鮮半島南部の軍事指揮権を示す称号を求めたと記されている。

遣隋使（けんずいし）

607年、厩戸皇子は隋のすすんだ政治や文化を取り入れるため、隋と対等な国交を開こうとして、**小野妹子**を派遣。遣隋使でもあり遣唐使には、**高向《たかむこの》玄理《くろまろ》**や**犬上御田鍬《いぬがみのみたすき》**などがいる。

継続

一般常識レベル

冊封体制（さくほうたいせい）

中国皇帝が、周辺諸国（日本・朝鮮・琉球・ベトナムなど）の王に爵位・称号を与えることにより結んだ君臣関係。漢からは倭奴国王《わのなのこくおう》へ「金印」が、卑弥呼には「親魏倭王」の称号が、倭王武《わおうぶ》には「安《あん》東《とう》大将軍」の称号が、足利義満《よしみつ》には「日本国王」の称号が与えられた。

白村江の戦い（はくそんこうのたたかい）

663年に起こった日本初の対外戦争。日本と660年に滅亡した百済の遺臣による連合軍と、唐と新羅の連合軍の戦い。日本は敗戦し、百済は完全に滅亡。朝鮮半島は新羅によって統一される。

防衛体制

教養レベル

水城（みずき）

白村江の戦いで敗れた日本が、防備体制を固めるために築いた全長1kmにおよぶ堤。大宰府の北に位置する。敵の南下を防ぐための施設といわれている。

基肄城（きいじょう）

白村江の戦の後、大宰府南方佐賀県に築かれた朝鮮式山城。665年に百済の遺亡命貴族・憶礼福留《おくらいふくる》らの指導で築城した。同一の石垣面に四つ以上の排水施設を持つ。

知らなきゃやばいレベル

遣唐使（けんとうし）

遣隋使を3～6回派遣をしたが、618年に隋が滅び、唐が建ったため、名称を遣唐使に変える。**目的は中国の技術や文化の輸入。**約300年続き、19回任命され、15回渡海し、多くの若者が海を渡った。

渡来人（とらいじん）

4～7世紀に、中国大陸や朝鮮半島から日本に渡ってきた人々。**製陶、農業、工業、土木などの技術や、漢字、仏教、医学などを広める。**

一般常識レベル

国宝　和歌山県隅田八幡宮人物画像鏡（こくほう　わかやまけんすだはちまんぐうじんぶつがぞうきょう）

中国の画像鏡を模倣したもので、鏡のまわりに銘文48字があり、日本最古級の金石文（漢字使用例）とされる。銘文は〈癸未《みずのとひつじ》年八月日十大王年男《お》弟王《おとのおう》在意《お》柴《し》沙《さ》加宮《かのみや》時斯麻《しま》念長寿遣開《か》中《わ》費直《ちのあたい》穢人《あやひと》今《い》州《ます》利《り》二人等取白上同二百早作此竟《かがみ》〉

銘文48文字冒頭に書かれている
「癸未年」については
503年とする説が有力。

教養レベル

5～6世紀頃の主な渡来人		
渡来人名	伝えたもの	子孫の氏名（うじな）
王仁《わに》	論語や千字文《せんじもん》を伝えた	西文氏《かわちのふみうじ》
阿知使主《あちのおみ》	応神天皇のときに17県の民を率いて渡来。文章に優れ、朝廷で文章などの作成する史部《ふひとべ》を統括した	東漢氏《やまとのあやうじ》
五経博士《ごきょうはかせ》	経典である五経（詩経・書経・礼記・易経・春秋）を講じ、儒教を伝えた。主な人物に段楊爾《だんように》・漢高安茂《あやのこうあんも》がいる	
司馬達等《しばたっと》	蘇我馬子と協力して、仏教の興隆に努めた	鞍作氏《くらつくりうじ》

大陸からの仏教伝来で花開いた仏教文化

推古天皇の時代を中心に、当時の都があった奈良盆地南部の飛鳥地方に文化の花が開いた。これを飛鳥文化という。**その特色は、我が国最初の仏教文化を基調とし、朝鮮半島や中国で発達した文化の他に、遠くササン朝ペルシア・ギリシア・東ローマなどの文化の影響も受けて国際性を持っていることだ**。また、その文化の担い手として、朝鮮半島から渡来した人々（渡来人）と、その後継者たちが活躍したことが注目される。仏師としては、鞍作鳥《くらつくりのとり》の活躍があり、飛鳥寺釈迦如来像や法隆寺金堂釈迦三尊像を制作した。渡来人における文化の影響は大きく、602年には百済の観勒《かんろく》が暦・天文・地理などを伝え、610年には高句麗の曇徴《どんちょう》が来日し、彩色、紙、墨の技法を伝えた。

四天王寺（してんのうじ）

593年、**推古天皇**のときに建立。**厩戸皇子**建立七大寺の一つ。**伽藍《がらん》は金堂と塔が南北に一直線に並んだ四天王寺式**で、飛鳥寺式と並び古い伽藍配置（35ページ）となる。

知らなきゃやばいレベル

飛鳥寺（法興寺）

（あすかでら・ほうこうじ）

蘇我馬子が飛鳥の地に建立。のちに平城京に移り**元興寺**《がんごうじ》となる。寺の西側には蘇我入鹿《いるか》の首塚と呼ばれる五輪塔が残っている。

法隆寺（斑鳩寺）

（ほうりゅうじ・いかるがでら）

奈良県生駒郡斑鳩町にある寺院で、607年に**厩戸皇子**によって創建されたと伝えられる。金堂・五重塔・中門などの建造物をはじめ**「金堂釈迦三尊像」「夢殿救世**《くぜ》**観音像」「百済観音像」**など、飛鳥文化の貴重な国宝や重文が残されており、世界遺産にも登録されている。『日本書紀』に、670年に法隆寺焼失の記事がある。

最古

寺院の特徴

一般常識レベル

伽藍配置

（がらんはいち）

552年、朝鮮半島の百済の聖明王により、欽明《きんめい》天皇へ仏像や経典が伝えられたのが仏教の始まり。飛鳥文化の寺院の特徴は、伽藍の配置にある。当初は、仏舎利を安置する「塔」を信仰の対象としたため、塔が寺院の中心に位置していたが、時代と共にその流れは変わっていく。

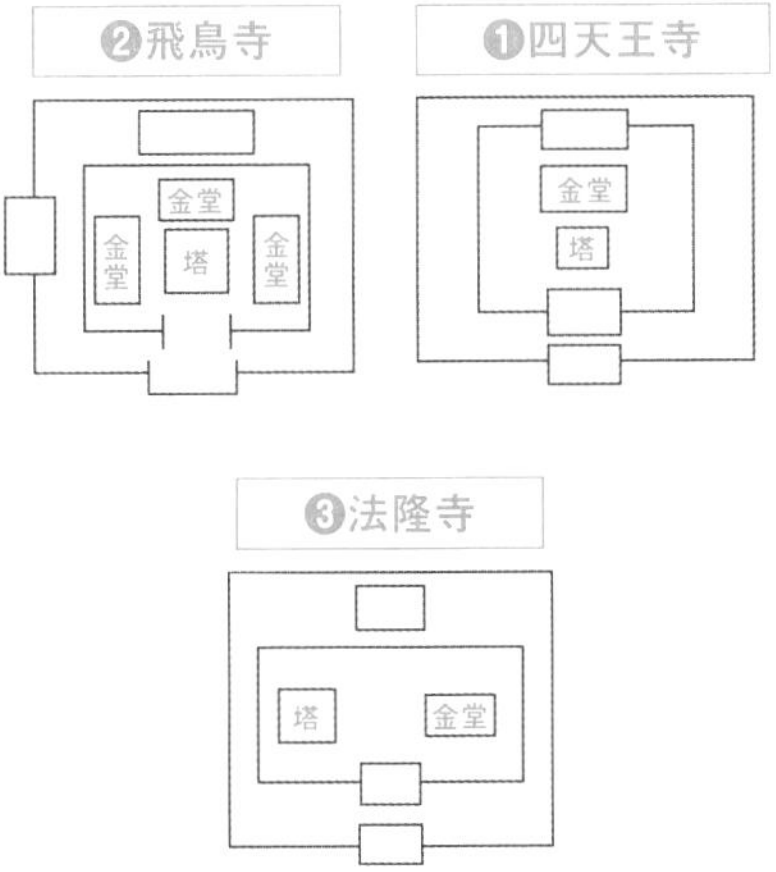
①四天王寺
金堂
塔
②飛鳥寺
金堂
金堂
塔
金堂
③法隆寺
塔
金堂

教養レベル

エンタシス

寺院の円柱に膨らみを持たせる技法のこと。ギリシャのパルテノン神殿に用いられている技法だが、法隆寺にも使われている。

1939年に法隆寺創建当時のものとされる伽藍跡が発掘され、それが現在の法隆寺よりも古式に属する四天王寺式であることから、法隆寺再建説が証明された。

知らなきゃやばいレベル

北魏様式と南朝（梁）様式

（ほくぎようしきとなんちょう（りょう）ようしき）

飛鳥文化の二つの仏像の様式。

●北魏様式……硬い作風で男性的。北魏様式の主な作者は**鞍作鳥**《くらつくりのとり》。**飛鳥寺釈迦如来像、法隆寺夢殿救世観音像、法隆寺金堂釈迦三尊像**などが有名。

●南朝様式……丸みを帯びた感じで女性的。**中宮寺の半跏思惟**《はんかしゆい》**像や広隆寺の半跏思惟像、法隆寺百済観音像**などが有名。

広隆寺半跏思惟像は、
韓国の博物館の金銅仏に似ており、
赤松材を用いていることから朝鮮から
伝わったと推定されている。
この時代、国産の仏像に
赤松を使用することはなかった。

一般常識レベル

中宮寺天寿国繡帳

（ちゅうぐうじてんじゅこくしゅうちょう）

622年、厩戸皇子の妃・橘大郎女《たちばなのおおいらつめ》が、皇子をしのんでつくらせた刺繡。もとは大きな2帳で仏堂に掛けられたらしいが、残片のみ現存している。残片中に銘文があり厩戸皇子（聖徳太子）の言葉「世間虚仮唯仏是真《せけんこけゆいぶつぜしん》（世間は虚仮にして、唯仏のみ是真なり）」が残る。国宝。

玉虫厨子

（たまむしのずし）

法隆寺が所蔵する飛鳥時代（7世紀）の仏教工芸品。厨子とは、仏像、仏画、舎利、経典などを安置する屋根付きの入れ物のことで、装飾に玉虫の羽を使用している。国宝に指定されている。

教養レベル

さまざまな技術の伝来

来日した僧の名前	出身地	来日年	伝えたものと功績
恵慈《えじ》	高句麗	595	厩戸皇子（聖徳太子）の仏教の師
観勒《かんろく》	百済	602	元嘉暦《げんかれき》・天文地理書を伝えた。僧尼を統制する僧正に任命された
曇徴《どんちょう》	高句麗	610	絵具・紙・墨の製法を伝えた

3 章

仏教による鎮護国家を目指して

奈良時代

710～794年

律令支配を確立しながら、続いた藤原氏と皇族の勢力争い

平城京遷都で幕を開けた奈良時代。政権は、中央には二官（神祇官《じんぎかん》・太政官《だいじょうかん》）八省を設け、地方には国司《こくし》・郡司《ぐんじ》などを任命して、律令支配の政治機構を整備した。一方で、**皇族勢力と藤原氏との争い、さらに貴族相互の争いが激化**。729年に、皇族の実力者の長屋王《ながやおう》を倒した藤原氏は、藤原不比等《ふひと》の娘・光明子《こうみょうし》を皇后とし、藤原四子が勢力を誇った。だがその後、天然痘により4人とも病死してしまったことから、長屋王を自殺に追い込んだ祟りではないかとうわさされたという。さらに740年の藤原広嗣《ひろつぐ》の乱、757年の橘《たちばなの》奈良麻呂《ならまろ》の乱、764年の藤原仲麻呂《なかまろ》の乱と、**藤原氏と他氏族との抗争はますます深刻となり、天皇擁立にからんで皇権の深部まで動揺が波及した。**

平城京（へいじょうきょう）

710～784年、奈良の都・平城京は唐の長安を倣ってつくられ、**条坊制**に基づき東西南北の道路は碁盤の目のように区画されていた。

奈良市内にある平城京跡は、現在「国営平城宮跡歴史公園」として保存整備がすすめられている。写真は中心的施設の**「第一次大極殿院」**（再現）で、当時は天皇の即位など重要儀式が行われていた。

大宝律令（たいほうりつりょう）

解説

701年文武天皇のとき、刑部親王《おさかべしんのう》・藤原不比等らによって編纂《へんさん》された法典。757年の養老律令施行まで律令政治の基本法となった。現存しないが、『令集解《りょうのしゅうげ》』などにより、その一部を復元できる。

藤原不比等（ふじわらのふひと）

編纂

藤原鎌足の第2子。700年に刑部親王らと律令の撰修に参加し、翌701年に大宝律令を完成。死後、太政大臣・正一位・淡海公《たんかいこう》を追贈された。

永徽律令（えいきりつりょう）

参考

大宝律令が模範とした、651年に制定の唐の律令。

大宝律令の主な内容

律＝刑法（「律」の刑法は唐の制度をそのまま導入する形で制定。刑罰は次の5つ）

笞罪《ちざい》	杖罪《じょうざい》	徒罪《ずざい》	流罪《るざい》	死罪《しざい》
鞭で叩く	杖で叩く	強制労働	島流し	死刑

令＝行政法（組織編成に関する規定や手続、税制、財政など多岐にわたる法律）

1. 中央と地方政治の官僚組織図

中央（都）の役職	地方の役職
二官・八省・一台・五衛府	国（国司《こくし》）・郡（郡司《ぐんじ》）・里（里長《りちょう》）
重要ポストは神祇官《じんぎかん》と太政官《だいじょうかん》の二官	各国トップの国司は中央から貴族を派遣

2. 全国を畿内と七道の行政分けで統治

畿内は五畿（天皇のいる奈良周辺）	畿内以外は七道
大和国・山背国（のち山城国）・摂津国・河内国・和泉国	東山道・東海道・北陸道・山陰道・山陽道・南海道・西海道に分ける

3. 人民の行政と税制

戸籍の登録	貴族以外の公民に課せられる税	貴族以外の公民に課せられる義務
人民を良民と賤民に分け、戸籍登録させて身分を掌握	米や布、特産品などの「租《そ》」「庸《よう》」「調《ちょう》」を納める	労役の義務・兵役の義務

一般常識レベル

知らなきゃやばいレベル

藤原四子（ふじわらしし）

藤原不比等の子。南家《なんけ》の**武智麻呂**《むちまろ》、北家《ほっけ》の**房前**《ふささき》、式家《しきけ》の**宇合**《うまかい》、京家《きょうけ》の**麻呂**《まろ》の**4人**。729年、**長屋王**を自害に追い込み、政権を奪還。不比等の娘の**光明**《こうみょう》**子**《し》を**聖武**《しょうむ》**天皇**の皇后に仕立てるも、疫病（天然痘）で全員死亡。

対立

長屋王（ながやおう）

天武天皇の孫で高市《たけち》皇子の子。妻は草壁皇子・元明天皇の娘で吉備内親王。**三世一身の法**《さんぜいっしんのほう》などを制定。720年の不比等の死後、政権を握るも、**藤原四子の策謀によって自害**。1988年、邸宅跡（左京3条2坊）から、当時を知る3万5000点余りの木簡《もっかん》などが発掘された。

施行

一般常識レベル

養老律令（ようろうりつりょう）

718年**藤原不比等**が編纂。律10巻・令10巻から成る。757年**藤原仲麻呂**によって施行された。『**令義解**《りょうのぎげ》』に養老令の大部分が残存する。

橘諸兄（たちばなのもろえ）

藤原四子の死後、左大臣として政権を得る。実力者優遇政治で、遣唐使として帰国した**玄昉**《げんぼう》と地方豪族の**吉備真備**《きびのまきび》を要職につける。

恨み

藤原広嗣の乱（ふじわらのひろつぐのらん）

橘諸兄より大宰少弐《だざいしょうに》（大宰府の次官）に左遷させられた広嗣は、740年、優遇される吉備真備・玄昉の排斥を求め**大宰府で挙兵**。鎮圧され処刑される。

教養レベル

光明子（こうみょうし）

藤原不比等の娘。聖武天皇の皇后。東大寺内に貧民者や孤児の救済施設として、悲田院や施薬院《せやくいん》をつくる。

金光明経（こんこうみょうきょう）

護国三部経（仁王経・法華経・金光明経）の一つ。金光明最勝王経。聖武天皇はこのお経の中の「王が仏教を信仰し、布教に努めれば国を守れる」の鎮護国家《ちんごこっか》の思想を信じた。

百万町歩開墾計画
（ひゃくまんちょうぶかいこんけいかく）

722年、口分田《くぶんでん》不足と税徴収を目的として、長屋王政権のもと出された計画。農民に食料と道具を支給して10日間開墾に従事させ、百万町歩を開こうとした。だが百万町歩（当時、全国の田んぼの合計面積が約88万町）は途方も無い数字。開墾の厳しさから逃げ出すものが増え、失敗に終わる。翌年、三世一身の法が出される。

聖武天皇の命

国分寺・国分尼寺建立の詔
（こくぶんじ・こくぶにじこんりゅうのみことのり）

741年、全国に国分寺・国分尼寺の建立の命。国分寺には金光明経《こんこうみょうきょう》を安置。国分尼寺には妙法蓮華経《みょうほうれんげきょう》が置かれた。

大仏造立の詔
（たいぶつぞうりゅうのみことのり）

743年、大仏造立の命。現在、奈良の大仏は東大寺に造立されているが、当初は近江の紫香楽宮《しがらきのみや》が造立予定だった。

長屋王の自害後、藤原四子、
橘諸兄が疫病で死に、広嗣の乱まで起こった。
さらに地震や飢饉も重なったことで、
長屋王の祟りと恐れた**聖武天皇**は、
神仏に祈りを捧げ、遷都を繰り返す。
＝
鎮護国家の思想

奈良時代の天皇
（　）は即位年号

元明天皇《げんめい》（707年・慶雲）
草壁皇子の妃。平城京遷都。古事記完成。和同開珎発行。

元正天皇《げんしょう》（715年・霊亀）
草壁皇子・元明天皇の娘。718年に養老律令を制定。日本書紀、722年に百万町歩の良田開墾計画、翌年には三世一身の法を発布。

聖武天皇《しょうむ》（724年・神亀）
文武天皇の皇子。皇后は藤原一族の光明子。都を山背の恭仁京に遷都。国分寺、東大寺建立。

孝謙天皇《こうけん》（749年・天平勝宝）
聖武天皇の皇女。淳仁天皇の即位後も政治の実権を握る。

淳仁天皇《じゅんにん》（758年・天平宝字）
舎人親王の子で、実名は大炊《おおい》王《おう》。藤原仲麻呂を重用し、官名を中国風に改めた。のち孝謙上皇と対立し、淡路島に流されて没した。淡路廃帝という。

称徳天皇《しょうとく》（764年・天平宝字）
淳仁天皇を淡路に送り、孝謙上皇が再び皇位について称徳天皇を名乗った。道鏡を寵愛し、太政大臣禅師、さらに法王とした。

光仁天皇《こうにん》（770年・宝亀）
天智天皇の孫。藤原百川《ももかわ》・藤原永《なが》手《て》らに擁立され、62歳で即位した。道鏡を左遷し、和気清《わけのきよ》麻呂《まろ》を召還して、桓武天皇の政治改革の先駆となった。

知らなきゃやばいレベル

三世一身の法（さんぜいっしんのほう）

723年、長屋王の政権下に出された**百万町歩開墾計画の改良版**。新たに溝池を開墾した者は3代まで私有を認め、旧溝池を開墾した者は1代のみの私有を認めた。この法令で公地公民制の原則は崩れ、田地の期限付私有が公認された。

発展

墾田永年私財法（こんでんえいねんしざいほう）

743年、**一定の条件付きで墾田の永久私有を認めた法令**。大仏造立のため東大寺に経済的基礎を与えることを目的としたもの。ただし、東大寺4000町、法隆寺500町、貴族は1位で500町までとするなど、開墾の面積には一定の制限があり、また3年以内に開墾し終えるなどの条件もあった。

一般常識レベル

恵美押勝（えみのおしかつ）

藤原四兄弟長男・藤原武智麻呂の次男・藤原仲麻呂のこと。橘奈良麻呂の乱を未然に抑えて淳仁天皇を擁立し、恵美押勝の名を受ける。大師（太政大臣）となって権勢を振るうも、孝謙上皇が道鏡を寵愛したため、これを除こうとして失敗し処刑される。

予防

橘奈良麻呂の乱（たちばなのならまろのらん）

橘奈良麻呂は橘諸兄の長男。757年、伴氏、佐伯氏などと結び、天皇の廃立を企てるも、密告により失敗。

道鏡（どうきょう）

孝謙上皇に寵愛され、僧でありながら政治に深く関与する。

教養レベル

蝦夷征討（えみしせいとう）

奈良時代末、朝廷の支配力がおよばない東北で「蝦夷」の乱が多発。征夷大将軍（朝廷軍の最高指揮官）の坂上田村麻呂《さかのうえのたむらまろ》が蝦夷討伐に向かい、阿弖流為《あてるい》を降伏させる。

阿弖流為（あてるい）

蝦夷（東北）の首長。坂上田村麻呂に敗れ、田村麻呂の助命懇願にもかかわらず、河内（大阪府枚方市付近と推定）で斬首された。京都清水寺境内に副将の母礼《もれ》と共に顕彰碑がある。

奈良時代の主な6つの政権闘争

1. 長屋王の変（729年）

勝利

藤原四子 VS 長屋王

光明子立后問題をめぐり藤原四子（不比等の四人の子）と長屋王が対立。長屋王は邸を囲まれ、妻の吉備内親王と共に自害させられる。

2. 藤原広嗣の乱（740年）

勝利

朝廷
橘諸兄 VS 藤原広嗣

橘諸兄が政権を握り、玄昉や吉備真備が活躍した時期、彼らの排除を求めて広嗣が大宰府で挙兵するも、朝廷側に鎮圧され、広嗣は処刑される。

3. 橘奈良麻呂の乱（757）

勝利

藤原仲麻呂 VS 橘奈良麻呂

孝謙天皇時代、当時実権を握っていた藤原仲麻呂と光明子を、橘諸兄の子の奈良麻呂が倒そうと策略するが、密告により逆に滅ぼされる。

4. 恵美押勝の乱（764）

勝利

恵美押勝
淳仁天皇 VS 孝謙上皇
道鏡

道鏡を寵愛する孝謙上皇と、恵美押勝（藤原仲麻呂）が擁立する淳仁天皇との対立。恵美押勝は滅ぼされ、淳仁天皇は淡路島に流される。

5. 宇佐八幡宮神託事件（769）

妨害成功

称徳《しょうとく》天皇
（孝謙上皇）
道鏡 VS 和気清麻呂《わけのきよまろ》

神託により道鏡が天皇になろうとしたとき、「お告げは間違いだ」と和気清麻呂が妨害。和気清麻呂は道鏡に憎まれ、鹿児島県（大隅国）に流される。

6. 伊治呰麻呂《いじのあざまろ》の乱（780）

38年続く泥沼戦争に突入

朝廷 VS 蝦夷

780年の光仁天皇のとき、朝廷に不満を高めた東北の蝦夷族長、伊治呰麻呂が起こした大規模反乱。多賀城を焼き討ちにした。朝廷と蝦夷の長い争いのきっかけとなる。

律令は農民の負担を重くし貧富の差を押し広げた

平城遷都を断行した律令政府は、**国家体制充実のため、国家的プロジェクトの帝都・東大寺の土木工事をはじめ、養老律令の制定など、積極的に動いた。**７０８年には、日本初の流通貨幣、和同開珎《わどうかいちん》を鋳造するも、貨幣は都城経営や律令の編修など、唐制模倣の形態を整えるのには役立ったが、地方ではまだまだ稲や布など、物どうしの交換が主流だった。

また、律令により口分田《くぶんでん》の支給と租・庸・調の徴税が行われると、生産力は向上したものの、農民の負担は重く、生活は貧しく不安定だった。

さらに土地不足解消のため、**墾田永年私財法で永久私有地が認められると、私有地を持つ裕福な貴族や大寺院は農民を雇い、土地を拡大。**貧富の差は、ますます大きくなっていった。

農民の負担

賤民《せんみん》以外の良民（一般の民）は口分田を支給される代わりに、租・庸・調の税や、労役や兵役などの義務が課せられていた。

口分田をもらっている全員
租《そ》（税）
収穫した米の3%
国府役人の食料

良民の成人男子
庸《よう》（税）
各地の特産品
都へ

良民の成人男子
調《ちょう》（税）
絹・糸・布製品
都へ

他に「出挙」（45ページ）もある

良民の成人男子
労役《ろうえき》（義務）
運脚
調庸を都へ運ぶ
雑徭
国府で年間60日以上の労役義務
歳役
都で年間10日間の労役

良民の成人男子3人に1人
兵役《へいえき》（義務）
北九州で防人
3年間
都で衛士
1年間
諸国の軍団に配置

知らなきゃやばいレベル

和同開珎（わどうかいちん）

708年8月29日に、日本で鋳造・発行された銭貨。日本で最初の硬貨は富本銭だが、和同開珎は**日本で最初の流通貨幣**といわれている。皇朝十二銭の1番目にあたる。

初期荘園（しょきしょうえん）

荘園とは、貴族や寺社の持つ私有地のこと。初期荘園は、貴族や寺社が、国司や郡司という律令制支配機構を利用して開墾する**自墾《じこん》地系荘園**と、農民から買い集めた開墾地などからなる**既墾地系荘園**に区別される。後に、**寄進《きしん》地系荘園**との対比で**墾田地系荘園**と呼ばれることがある。

一般常識レベル

その後

皇朝十二銭（こうちょうじゅうにせん）

708年鋳造された和同開珎《わどうかいちん》を最初として、これ以降の万年通宝《まんねんつうほう》・神功開宝《じんぐうかいほう》・隆平永宝《りゅうへいえいほう》・富寿神宝《ふじゅしんぽう》・承和昌宝《じょうわしょうほう》・長年大宝《ちゅうねんたいほう》・饒益神宝《じょうえきしんぽう》・貞観永宝《じょうがんえいほう》・寛平大宝《かんぴょうたいほう》・延喜通宝《えんぎつうほう》・乾元大宝《けんげんたいほう》の十二銭を指す。天武朝の富本銭を入れると、十三銭となる。

流通のための政策

蓄銭叙位令（ちくせんじょいれい）

711年に貨幣流通促進のために出されたもの。貯蓄した銭の額に応じて位階を与えたものであったが、畿内での流通にすぎなかった。銭を蓄えて、政府に献納したが、銭の死蔵を招き、800年廃止となった。

教養レベル

布施屋（ふせや）

税の調と庸を運ぶ際の、往復の食料は自弁であったため、帰国の途中餓死する者もいた。大仏造立に尽力し、大僧正となった行基《ぎょうき》が、その現状を憂い、お救い小屋や布施屋を設けて救済にあたった。

出挙（すいこ）

利子付き貸借の用語。稲を春に戸ごとに貸付け、それを利息と共に秋に回収する制度。「出《しゅつ》」は貸出、「挙《こ》」は利息を挙げるという意味。

期せずして国際性に富んだ華やかな天平の仏教文化

遣唐使たちがおもむいた唐の都、長安《ちょうあん》は、世界各地から人や文化・モノが集まる地。そのため、日本に持ち込まれたものは、期せずして世界性を持つことになる。

特に、貴族が集まる都（平城京）を中心に文化は展開。中でも、**「仏教によって国の安定をはかる「鎮護国家思想」の広まりにより、寺院や大仏など、仏教に関係する文化財が多数つくられた時期**でもある。

さらには、文字の普及により、日本の古代の歴史を知る上では欠かせない『日本書紀』や『古事記』『風土記』などの古史の編纂をはじめ、『万葉集』といった和歌集も誕生した。

また、大学、国学など、教育分野でも発展を遂げた時代であったともいえる。

東大寺盧舎那仏像（とうだいじるしゃなぶつぞう）

752年、7年がかりで完成。奈良の大仏として有名な東大寺の大仏。高さ14.98m（創建当時は、15.8m）、重さ約250t（台座は約130t）。創建時は金メッキが施され、まばゆいばかりに光り輝いていた。

知らなきゃやばいレベル

行基（ぎょうき）

法相宗の祖の道昭のもとで学ぶ。**民間布教をすすめ、社会事業や743年からの大仏造立に尽力**し、大僧正に就く。墓は奈良県生駒《いこま》市の竹林寺に所在。最古の日本地図は、行基がつくったといわれる。

鑑真（がんじん）

754年、唐から来日し、戒律の実践を重視した律宗を伝えた僧。鑑真が伝えた律宗を含め、平城京を中心に6つの仏教研究の学派があった（**南都六《なんとろく》宗《しゅう》**）。**唐招提寺《とうしょうだいじ》を建立《こんりゅう》**。唐招提寺の国宝「**鑑真和上像《がんじんわじょうぞう》**」は、日本最古の肖像である。

一般常識レベル

渤海（ぼっかい）

698年に首長の大祚栄《だいそえい》が、現中国の東北地方に建国。高句麗の後継国家ともいわれる。唐・新羅に対抗するため、727年に日本へ朝貢《ちょうこう》してきた。926年、契丹《きったん》に滅ぼされる。

南都六宗（なんとろくしゅう）	
華厳宗《けごんしゅう》	唐僧の道璿《どうせん》が伝え良弁《ろうべん》が広める。
三論宗《さんろんしゅう》	大安寺の道慈《どうじ》が入唐して広める。
倶舎宗《くしゃしゅう》	法相宗に付属。玄昉《げんぼう》が広める。
律宗《りつしゅう》	鑑真の来日で広まる。
法相宗《ほっそうしゅう》	道昭《どうしょう》が唐の玄奘《げんじょう》に学んで伝来。義淵《ぎえん》・道慈・行基などが出て栄えた。
成実宗《じょうじつしゅう》	三論宗に付属して伝来。

教養レベル

迎賓施設

松原客院（まつばらきゃくいん）

渤海の日本における迎賓施設。越前（福井県敦賀辺り）にあり、渤海からは貢物として薬用人参・毛皮・蜂蜜などがもたらされた。

僧尼令（そうにりょう）

養老律令の編目の一つ。**私的な出家や民衆に対する布教を禁ずる法律**。法相宗の行基はこの僧尼令を破り、地方民衆に布教をした。

知らなきゃやばいレベル

南都七大寺（なんとしちだいじ）

天武朝以来、仏教による国家の安泰を求め、仏教は国家の保護と統制下に置かれた。**国が経営・管理する官大寺**を南都七大寺という。

南都七大寺	
法隆寺《ほうりゅうじ》	厩戸皇子（聖徳太子）が大和斑鳩《いかるが》（奈良県）に建立。別名を斑鳩寺と呼ぶ。
西大寺《さいだいじ》	765年、称徳天皇の創建。
薬師寺《やくしじ》	平城京に移転後、旧寺を本薬師寺と呼ぶ。
大安寺《だいあんじ》	百済大寺、高市大寺、大官大寺を経て、大安寺と称される。
元興寺《がんごうじ》	飛鳥寺（法興寺）を移築した寺。
東大寺《とうだいじ》	金鐘寺《こんしゅじ》が前身。
興福寺《こうふくじ》	藤原鎌足夫人の私寺・山階寺《やましなでら》が前身。藤原氏の氏寺。

一般常識レベル

天平文化の伽藍配置（てんぴょうぶんかのがらんはいち）

奈良時代につくられた薬師寺や東大寺は、四天王寺や法隆寺（35ページ）に比べると、塔の数が二つに増え、装飾的な傾向が強まった。理由は、一つの寺に塔が複数あってよいと唐から伝わった、左右対照を美しいとする道教の考えによる、などの説がある。

❹薬師寺

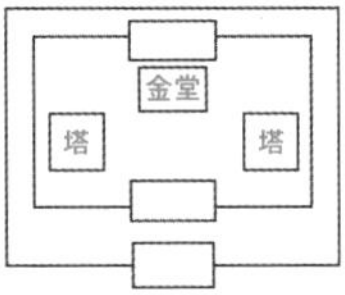
金堂
塔
塔

❺東大寺

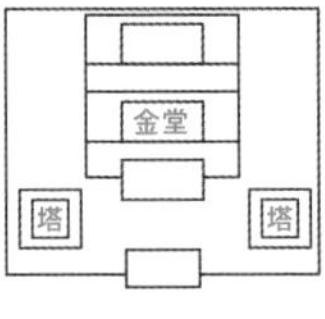
金堂
塔
塔

教養レベル

悲田院（ひでんいん）

730年、光明皇后（藤原不比等の娘。聖武天皇の皇后）が、平城京の中に貧民者や孤児の救済施設の悲田院をつくり、孤児や病人を収容。施薬院《せやくいん》にて治療を施した。

薬師寺の三重の塔は
それまでの塔と異なり、
屋根の下にもう一重屋根をかける
「裳階《もこし》」がつけられ、
六重に見える。

知らなきゃやばいレベル

東大寺（とうだいじ）

聖武天皇が国力を尽くして建立した寺で、金光明四天王護国之寺《きんこうみょうしてんのうごこくのてら》が正式名称。**盧舎那仏**（奈良の大仏）を本尊とし、開山（初代別当）は良弁《ろうべん》。華厳《けごん》宗の大本山であり**全国国分寺の中心**でもある。

天平文化の仏像彫刻（てんぴょうぶんかのぶつぞうちょうこく）

奈良時代の仏像彫刻には、従来の金銅像や木造に加えて、**乾漆像《かんしつぞう》**と**塑像《そぞう》**といった技法が発達。乾漆像とは粘土や木でつくった型の上に、麻布や和紙を漆で張り重ねたり、漆と木粉を練り合わせて形作る方法。塑像は、粘土や石膏で形作る方法。

一般常識レベル

「乾漆像」の主な仏像彫刻	
東大寺法華堂	不空羂索観音像《ふくうけんじゃくかんのん》
興福寺	阿修羅《あしゅら》像
興福寺	十大弟子《じゅうだいでし》像
唐招提寺	金堂盧舎那《るしゃな》仏像
聖林寺《しょうりんじ》	十一面観音像
唐招提寺	鑑真和上像　など

「塑像」の主な仏像彫刻	
東大寺法華堂	日光・月光菩薩像
東大寺法華堂	執金剛神《しつこんごうしん》像
東大寺戒壇院	四天王像
当麻寺金堂	弥勒仏像
法隆寺中門	金剛力士像
新薬師寺	十二神将像　など

教養レベル

天平文化の絵画（てんびょうぶんかのかいが）

唐文化の影響が強く、正倉院鳥毛立女屛風《とりげだちおんなびょうぶ》像や薬師寺吉祥天《きちじょうてん》などが現存している。

螺鈿紫檀五絃琵琶（らでんしたんのごげんびわ）

聖武天皇の遺品といわれている楽器で、現存する唯一の五絃琵琶。表面には、貝殻を使った螺鈿で、ラクダに乗る楽人や熱帯樹が描かれている。正倉院宝物。

古事記（こじき）

現存する最古の歴史書。**天武天皇**の命で『帝紀《ていき》』と『旧辞《きゅうじ》』（古事記、日本書紀以前に存在したと考えられる日本の歴史書）の誤りを正して、**稗田阿礼《ひえだのあれ》**が誦習《しょうしゅう》。これを**元明天皇**の命で**太安万侶《おおのやすまろ》**が筆録して712年に完成。諸家《しょか》の所伝《しょでん》を正し、皇統を明らかにするという目的を持ち、神代から推古《すいこ》天皇までの歴史が記されている。

日本書紀（にほんしょき）

『古事記』とともに現存する最古の歴史書。日本の正史で六国史の一番目。**舎人親王《とねりしんのう》**らの編纂で720年に完成。**神代から持統《じとう》天皇までの歴史を記し、天皇の地位などが漢文体で叙述**されている。

合わせて「記紀《きき》」という

風土記（ふどき）

713年、元明天皇の命により各国で編纂された地誌。地名の由来、産物、伝承などを記載したもの。現存は出雲《いずも》・常陸《ひたち》・播磨《はりま》・肥前《ひぜん》・豊後《ぶんご》の5国の風土記で、ほぼ完本は出雲風土記のみ。

万葉集（まんようしゅう）

8世紀後半につくられた、現存する最古の和歌集。全20巻に4500首以上の歌が収められている。大伴家持《おおとものやかもち》が歌人として著名。

懐風藻（かいふうそう）

751年成立の、現存最古の漢詩集。大津皇子《おおつのみこ》・文武天皇・藤原不比等・長屋王ら64人の作品が収められている。

大学（だいがく）

官吏養成の教育機関として、中央には式部省管轄の「大学」、地方には「国学」が置かれた。儒教の学科は「明経道」、律令の学科は「明法道」が中心だった。

大学では貴族や史部《ふひとべ》の子弟が学び、
国学では郡司の子弟が学んだ。
史部とは文筆を持って
奉仕した氏族のこと。

武士の台頭と新しい文化の誕生

平安時代

794～1185年

政治の舞台は奈良から京都へ 貴族から武士へと移行した

７８１年に即位した桓武天皇は、天武系の影響の強い旧勢力からの絶縁と、政教混同の弊害をもたらした奈良仏教からの脱却をはかろうとして遷都を計画した。**この都**（平安京）**は一時的な福原遷都と吉野朝廷を除き、東京遷都までの約１０００年間、帝都として栄えた。**

また政治勢力としては、藤原氏の全盛期であったが、藤原道長《みちなが》・藤原頼通《よりみち》の時代を過ぎると摂関政治は次第に衰退した。地方では有力な武士団の形成が盛んに行われ、中央では上皇による院政という政治形態が現われた。しかし、院政は新しい力とはなりがたく、まもなく**武士団を掌握した源氏・平氏の２氏が中央に進出。**保元・平治の乱を決定的な契機として、平氏政権の成立をみることになる。

桓武天皇（かんむてんのう）

第50代天皇。光仁《こうにん》天皇の子。仏教勢力をさけて、平城京から784年に長岡京へ、ついで794年に平安京へ遷都した。

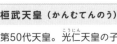

知らなきゃやばいレベル

長岡京と平安京（ながおかきょうとへいあんきょう）

781年、**桓武天皇**が即位すると、奈良時代の仏教政治とのしがらみを断ち、天皇の権力を強化するため、784年に**京都長岡京に遷都**。しかし、**藤原《ふじわらの》種《たね》継《つぐ》**が暗殺されるなど不穏なことが続いたため、794年には長岡京を離れて**平安京に遷都**した。

令外官

勘解由使（かげゆし）

桓武天皇が出した**令外官《りょうげのかん》**（正規の規定ではない新設の官職）。国司などの官吏が交代するとき、新任者が無事に事務を引き継いだことを証明する**解由状**（**引き継ぎ文書**）**の審査をする職**。平安末には有名無実化した。

兵制

一般常識レベル

胆沢城（いさわじょう）

東北の蝦夷討伐の征夷大将軍・坂上《さかのうえの》田《た》村麻呂《むらまろ》が802年に胆沢城（岩手県奥州市）を築き、鎮守府を多賀城《たがじょう》からこの地に移して、東北経営の拠点とした。さらに翌年には志波《しわ》城（岩手県盛岡市）が築かれた。

健児の制（こんでいのせい）

792年、奥羽・佐渡・大宰府管内の諸国を除く軍団の廃止に伴って正規の兵制となる制をしいた。民衆からの兵役を廃止し、代わりに郡司の子弟を兵にする兵制。その数は国により20〜200人で、1年60日交替で国府の警備や国内の治安維持にあたった。

桓武天皇の実績

教養レベル

徳政論争（とくせいろんそう）

805年に起こった「軍事と造作」の論争。軍事は蝦夷征討のことで、造作は平安京の造営のこと。当時、国の財政は厳しく、菅野《すがのの》真《ま》道《みち》は軍事と造作の継続を主張したが、藤原緒嗣《おつぐ》は停止を主張。桓武天皇は藤原緒嗣の主張を取り入れ、「軍事と造作」を停止した。

「勘解由使」で
政治の健全化をはかり、
班田制の励行を促した。
さらに、「健児の制」で
農民を疲弊救済するなどして、
律令制の立て直しをはかった。

平城太上天皇の変（へいぜいだいじょうてんのうのへん）

薬子《くすこ》の変《へん》ともいう。810年、藤原薬子と兄・仲成《なかなり》が、平城上皇の重祚《じゅうそ》（退いた位に再びつくこと）と平城京遷都をはかったが、未然に発覚して失敗。この結果、**藤原式家は没落し、北家が台頭**することとなる。

活躍

蔵人所（くろうどどころ）

天皇の機密文書保持や、天皇の詔勅《しょうちょく》を伝える機関。嵯峨《さが》天皇が平城上皇側に秘密がもれないように設置。天皇の命令を確実に太政官組織に伝える役職を、蔵人頭と呼び、**藤原冬嗣《ふゆつぐ》・巨勢野《こせの》足《たり》**を任じた。

令外官

図解

検非違使（けびいし）

816年、律令制定後に嵯峨天皇が新設した官職（令外官）の一つ。治安維持を目的として、京中の非違（不法、違法）を検察する役職のこと。

平城太上天皇の変の構図

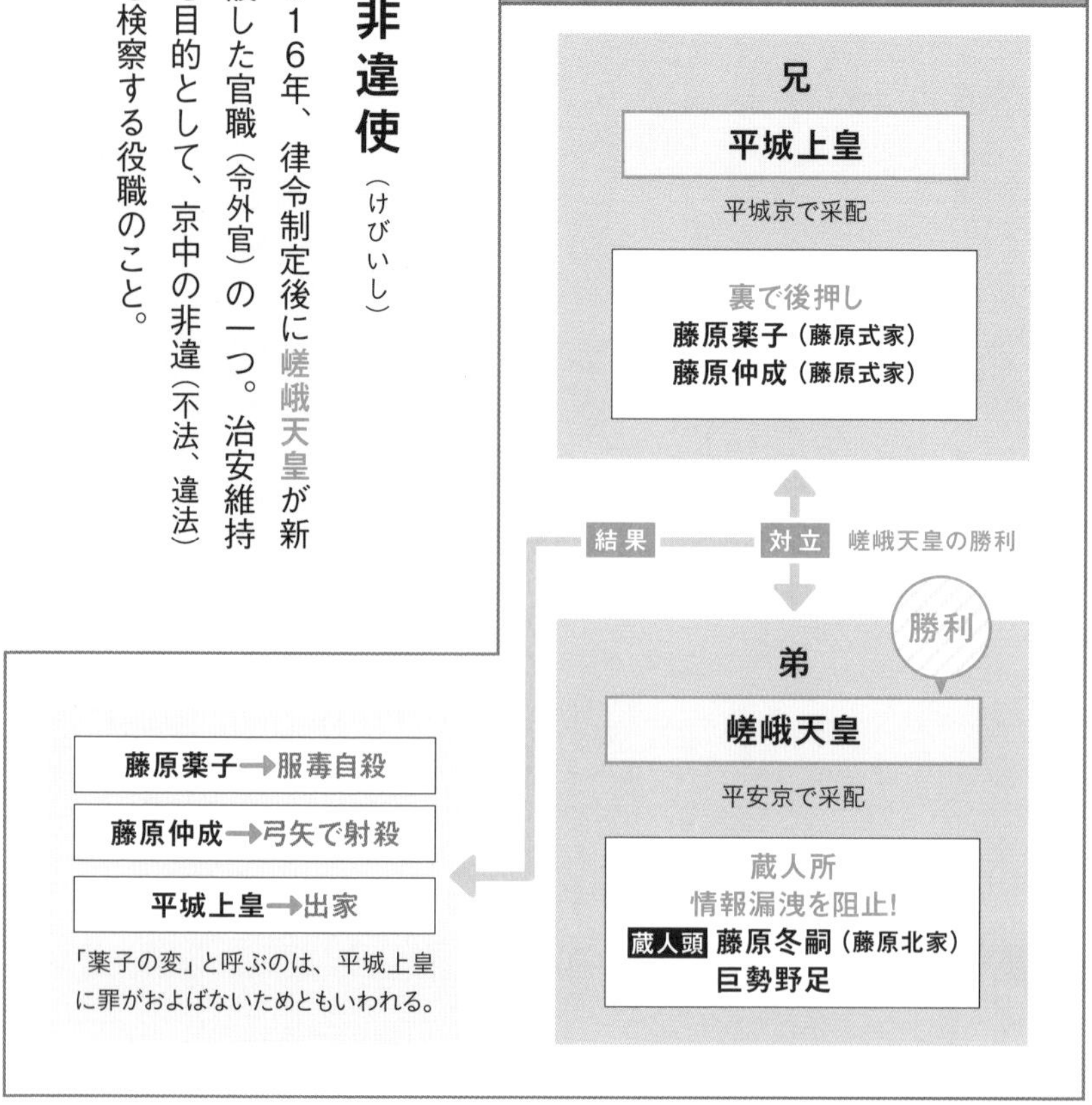
兄
平城上皇
平城京で采配
裏で後押し
藤原薬子（藤原式家）
藤原仲成（藤原式家）
対立
嵯峨天皇の勝利
結果
勝利
弟
嵯峨天皇
平安京で采配
蔵人所
情報漏洩を阻止!
蔵人頭 藤原冬嗣（藤原北家）
巨勢野足
藤原薬子→服毒自殺
藤原仲成→弓矢で射殺
平城上皇→出家

「薬子の変」と呼ぶのは、平城上皇に罪がおよばないためともいわれる。

知らなきゃやばいレベル

藤原北家の躍進
（ふじわらほっけのやくしん）

北家の台頭は**藤原冬嗣**から始まる。嵯峨天皇の秘書官である蔵人頭として平城太上天皇の変（薬子の変）で活躍。**嵯峨天皇**の子に娘を嫁がせて**仁明《にんみょう》天皇妃**とし、**外戚の地位を獲得**。そこから北家の娘たちを次々に天皇家へ嫁がせて、天皇家との結びつきを強める。一方でライバルの有力氏族を排除する**他《た》氏《し》排斥《はいせき》を繰り返し、摂関政治で不動の権力を築く**。

古代の貴族社会では、
母方で子を育てるため、
娘を嫁がせて「外戚」となることで、
嫡子の外祖父として、
強い発言力を持つことができた。

解説

一般常識レベル

平安の貴族文化をつくった藤原四家の栄枯盛衰

台頭

藤原北家《ほっけ》

不比等の次男・藤原房前の家系

次男で控え目な存在だったが、薬子の変以降、栄華が始まる。平安時代の活躍はほぼこの北家の人々。のちの摂関政治の最盛期や、鎌倉時代の五摂家は北家の出身。

藤原南家《なんけ》

不比等の長男・藤原武智麻呂の家系

藤原仲麻呂（恵美押勝）が皇族以外で初の太政大臣になるなど、藤原家最初の黄金期をつくる。しかし、恵美押勝の乱で道鏡に負け、藤原南家は没落。

藤原京家《きょうけ》

不比等の四男・藤原麻呂の家系

唯一出世した藤原浜成《はまなり》であったが、天武天皇の曾孫で娘婿の氷上川継《ひがみのかわつぐ》が事件を起こすと（782年）、浜成も連座して参議を解任。氷上川継は妻とともに伊豆へ配流となった。

藤原式家《しきけ》

不比等の三男・藤原宇合の家系

南家に次ぐ家柄だったが、藤原広嗣が九州で反乱を起こし低迷期に。なんとか権力中枢に居座り続け、天皇擁立に成功。しかし、薬子の変で式家は没落する。

知らなきゃやばいレベル

摂関政治（せっかんせいじ）

藤原氏が摂政《せっしょう》・関白として政治の実権を独占した政治形態。**道長《みちなが》・頼通《よりみち》が最盛期。**

元祖

藤原良房（ふじわらのよしふさ）

冬嗣の子。良房も娘を天皇に嫁がせて**外戚政権を進めて摂政となる。**承和の変で橘氏、伴氏を排斥。応天門の変で**伴善男《とものよしお》**を排斥する。

関与

承和の変（じょうわのへん）

842年、**藤原良房**が皇太子**恒貞《つねさだ》親王**（淳和天皇の子）を廃太子とする陰謀で、**橘逸勢《たちばなのはやなり》**・**伴健岑《とものこわみね》**らを謀反の疑いで流罪とした事件。この結果、甥の**道康《みちやす》親王**（のちの文徳《もんとく》天皇）が皇太子となり、**良房は政界へと進出した。**

関与

一般常識レベル

応天門の変（おうてんもんのへん）

866年、平安京朝堂院の正門・応天門が炎上した事件。大納言伴善男は左大臣源信を放火の犯人とした。しかし、真犯人は**伴善男・伴中庸《とものなかつね》父子**とされ、それぞれ伊豆・隠岐へ流罪となった。伴（大伴）氏は没落。その後、**藤原良房**は最初の摂政となる。「**伴大納言絵巻**」は、応天門の変を描いた絵巻物。

藤原氏の積極的外戚政権

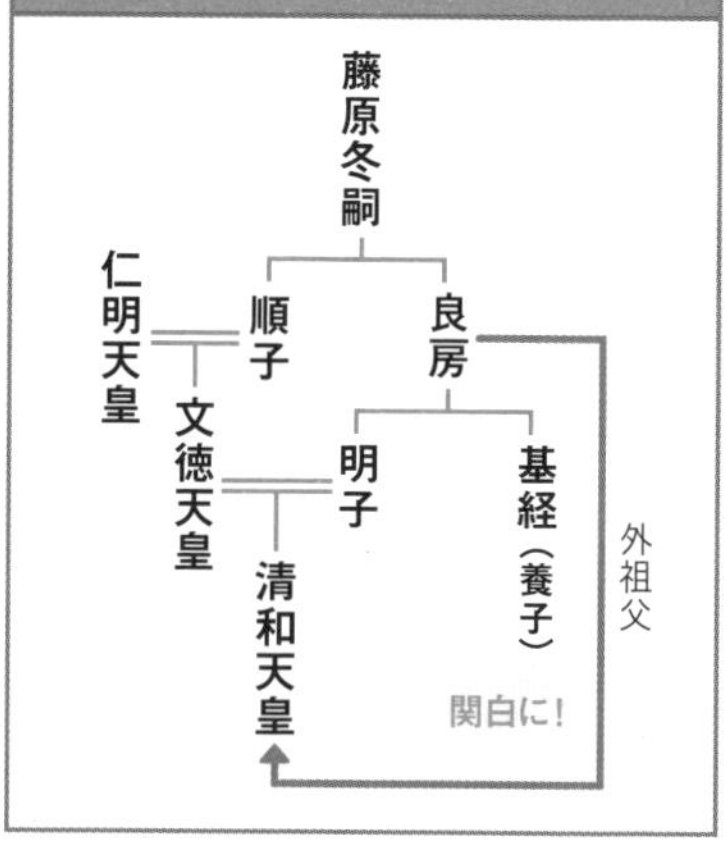
藤原冬嗣
順子
良房
仁明天皇
文徳天皇
明子
基経（養子）
清和天皇
外祖父
関白に!

藤原氏の他氏排斥すすむ

教養レベル

政治紛争

「この世を動かしているのは天皇ではなく藤原氏だ!」ということが露呈した事件。

阿衡事件（あこうじけん）

良房の養子、**藤原基経《もとつね》と宇多天皇の間で起こった政治紛争。**887年、基経の関白任命の際、天皇が「阿《あ》衡《こう》」という職名をつけたことに「地位は高いが役職を持たない名誉職」と基経が激怒。草案を書いた**橘広《たちばなのひろ》相《み》を排除**することで落着させた。基経はのちに、関白に正式任命された。

宇多天皇（うだてんのう）

光孝天皇の皇子。**阿衡《あこう》事件**を経験した宇多天皇は、**藤原基経の死後、関白を置かず、天皇親政を行い**藤原氏の抑制に努めた。右大臣に**菅原道真**を登用し、遣唐使の廃止など政治の刷新に努め、その治世は後世「寛平《かんぴょう》の治」と称された。

信頼

菅原道真（すがわらのみちざね）

阿衡事件で基経を諫《いさ》めたことで、宇多天皇の信頼を獲得して右大臣となる。しかし、醍醐天皇の時代になると、**藤原時平《ときひら》**の讒言《ざんげん》により失脚。**大宰府に左遷され、現地で没した（昌泰《しょうたい》の変《へん》）**。死後、怨霊化したとされ、太宰府天満宮に祀られて、学問の神様として信仰の対象となる。

延喜・天暦の治（えんぎ・てんりゃくのち）

醍醐天皇と村上天皇の治世。宇多天皇同様、摂政・関白を置かずに天皇自身が政治をする天皇親政を行った。

醍醐天皇と村上天皇の間の朱雀《すざく》天皇の時代は、藤原忠平《ただひら》が摂政・関白に就任している。

安和の変（あんなのへん）

969年、源満仲《みつなか》密告で発覚。左大臣源高明《たかあきら》が為平《ためひら》親王（村上天皇の子）擁立の陰謀により、大宰府に左遷された事件。関白藤原実頼《さねより》の主導といわれ、以後摂政・関白が常置された。これにより藤原北家、（とくに基経の子）忠平の子孫が摂政・関白となる。

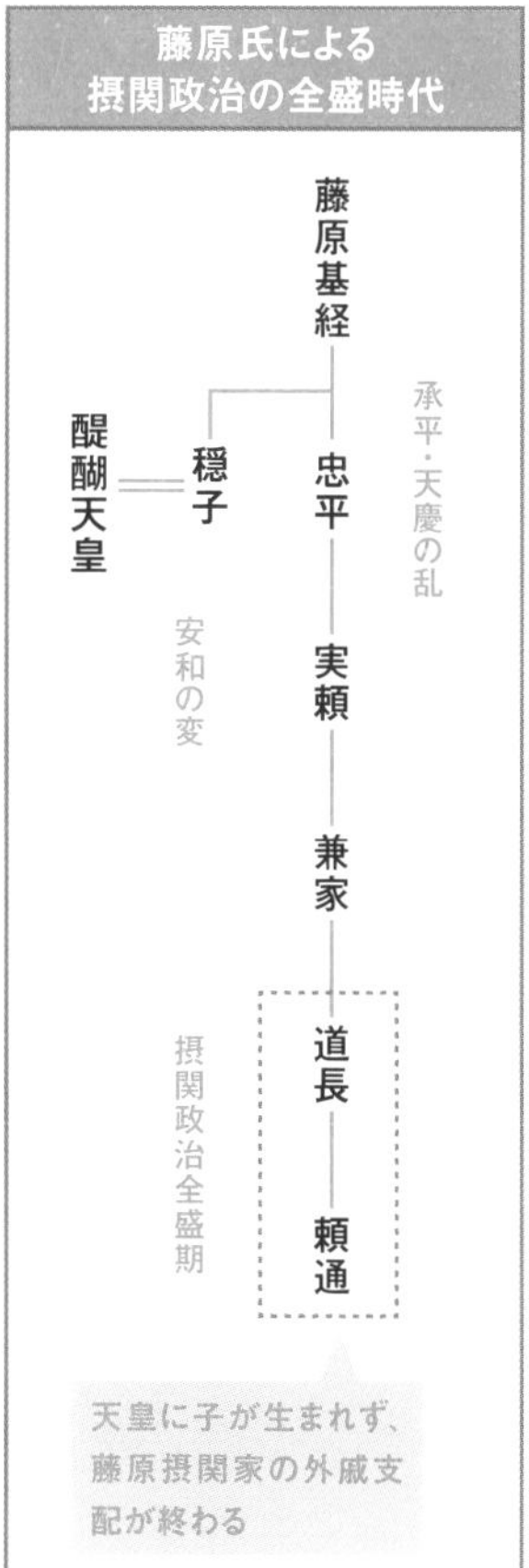
藤原氏による摂関政治の全盛時代
藤原基経
忠平
実頼
兼家
道長
頼通
穏子
醍醐天皇
承平・天慶の乱
安和の変
摂関政治全盛期
天皇に子が生まれず、藤原摂関家の外戚支配が終わる

知らなきゃやばいレベル

武士の登場（ぶしのとうじょう）

班田収授や律令制の行きづまりで地方の支配が困難になると、地方豪族や有力農民が権力を持ち始めた。それら民衆の抵抗を抑圧することを任務としていたのが武士の集団の武士団で、**武士団の最高指揮官を棟梁**と呼んだ。

平将門（たいらのまさかど）

平高望《たかもち》の孫。鎮守府将軍、平良将《よしまさ》の子。東国の開発領主間の争いで、**自らを「新皇」と称した将門が、常陸《ひたち》・下野《しもつけ》・上野《こうずけ》の国府《こくふ》を襲撃**。940年に、下野押領使・**藤原秀郷《ひでさと》**らに討たれて戦死した（**平将門の乱**）。乱後、平将門の首は恨みのあまり、京から東京の大手町まで飛んだという。将門の首塚は今でも、大手町に存在する。

合わせて「承平・天慶の乱」

統率者

一般常識レベル

棟梁（とうりょう）

武士団の統率者。特に清和源氏《せいわげんじ》と桓武《かんむ》平氏《へいし》が有名。棟梁は家子（血縁あり）・郎党（血縁なし）と主従関係を結んだ。安土桃山時代から江戸時代にかけては、職人仲間の指導者の意味に多く用いられ、特に大工の「かしら」を、棟梁と呼ぶようになった。

藤原純友（ふじわらのすみとも）

藤原良範《よしのり》の子。伊予の治安を守る国司であったが任期が終わっても帰京せず、瀬戸内海の海賊と結び、日振島を根拠として、939年に乱を起こした（藤原純友の乱）。伊予《いよ》・讃岐《さぬき》の国府を攻略し、大宰府を襲撃したが、941年に小野好古《よしふる》・源経基《つねもと》らによって鎮定された。

解説

教養レベル

武士団の構造

棟梁《とうりょう》（最高指揮官）→ 家子《いえのこ》（棟梁の一族）→ 郎党《ろうとう》（従者（家来））→ 下人《げにん》 → 所従《しょじゅう》

下人・所従＝下層農民《かそうのうみん》

武士団をまとめる大武士団の棟梁

清和源氏＝清和天皇の孫の源経基（経基王）が祖

桓武平氏＝桓武天皇の曾孫の平高望（高望王）が祖

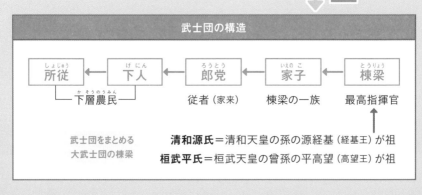

一般常識レベル

地方が舞台の主な4つの乱

1. 平将門《たいらのまさかど》の乱《らん》（939～940年）

勝利

平将門 VS 藤原秀郷・平貞盛《さだもり》（勝利）

下総の猿島を本拠地としていた将門が、開発領地争いをきっかけに、自分こそが新しい天皇（新皇）だと、常陸・下野・上野国府を襲ったが、秀郷に討たれ戦死。将門は死後、怨霊と化したという。

2. 藤原純友《ふじわらすみとも》の乱《らん》（939～941年）

勝利

藤原純友 VS 小野好古・源経基（勝利）

海賊を平定した恩賞を政府に求めた純友だが、交渉は決裂。瀬戸内の海賊を率いて伊予、讃岐、大宰府を攻撃するも、小野好古・源経基により鎮定。

3. 前九年合戦《ぜんくねんかっせん》（1051～1062年）

勝利

安倍頼時 VS 源頼義《よりよし》・源義家（父子）（勝利）

陸奥《むつ》国（東北）の土豪・安倍頼時が、娘婿の藤原経清らと国司に反抗。朝廷の命を受けた源頼義・義家父子がこれを鎮圧。源氏が東国に勢力を確立する基盤となった。

4. 後三年合戦《ごさんねんかっせん》（1083～1087年）

勝利

清原家衡《いえひら》 VS 藤原清衡《きよひら》・源義家（勝利）

奥羽《おうう》（東北）の清原家衡と清原清衡の内紛に源義家が介入。清衡を支援して家衡を滅ぼした。以後、清衡が奥羽を支配。藤原氏に戻り、藤原清衡となって奥羽で約100年の栄華をもたらす。

関与　関与　関与

教養レベル

源義家（みなもとのよしいえ）

源頼義の長男。前九年合戦・後三年合戦で活躍。八幡太郎と呼ばれた。なお、1063年、源頼義が前九年合戦の後鎌倉由比ヶ浜に石清水八幡宮を勧請《かんじょう》したのが、今日の鶴岡八幡宮の起源である。

奥州藤原氏（おうしゅうふじわらし）

平安時代末期の東北・奥州の豪族。後三年合戦の後、藤原清衡・基衡《もとひら》・秀衡《ひでひら》の3代に渡って栄えた。1189年、藤原泰衡《やすひら》が源頼朝《よりとも》に討たれ、4代で滅んだ。

後三条天皇（ごさんじょうてんのう）

父は後朱雀天皇、母は三条天皇の娘の禎子内親王。藤原氏と外戚関係がなく、荘園整理など積極的に推進した。能力に応じた人事を行い、**大江匡房**《おおえのまさふさ》などを登用。**公定枡**《こうています》**の宣旨**《せんじ》**枡（1升は約1ℓ）・大田文**《おおたぶみ》**（土地台帳）の作成・沽価**《こか》**法（売買価格）の制定**などで知られる。

父子

白河上皇（しらかわじょうこう）

後三条天皇の皇子。1086年、子の**堀河天皇**に譲位。白河上皇は、天皇の実父（あるいは実祖父）として、天皇の政務を代行する**「院政」を開始**。堀河天皇の死後は、**鳥羽天皇**を即位させて孫の皇位継承を続け、以降、**院政は朝廷政治の基本形態になる**。

支援

元祖

院政（いんせい）

天皇の位を譲位した後、上皇・法皇となり、父方の親権を行使して、天皇の国務を代行する政治形態。1086年に白河天皇が上皇となって始めた。国政に関しては院の意志を太政官に伝え、太政官の命令で政治が行われた。その後、鳥羽、後白河と約100年にも渡り、院政が続いていく。

北面の武士（ほくめんのぶし）

白河上皇は荘園整理を支持する国司を取り込み、武士たちに警護を担当させた。院庁（上皇直属の政務機関）の警護は北面の武士といわれる院の直属軍が担当し、源平の武士たちも側近として加えられることとなった。

解説

院政の仕組みと命令系統

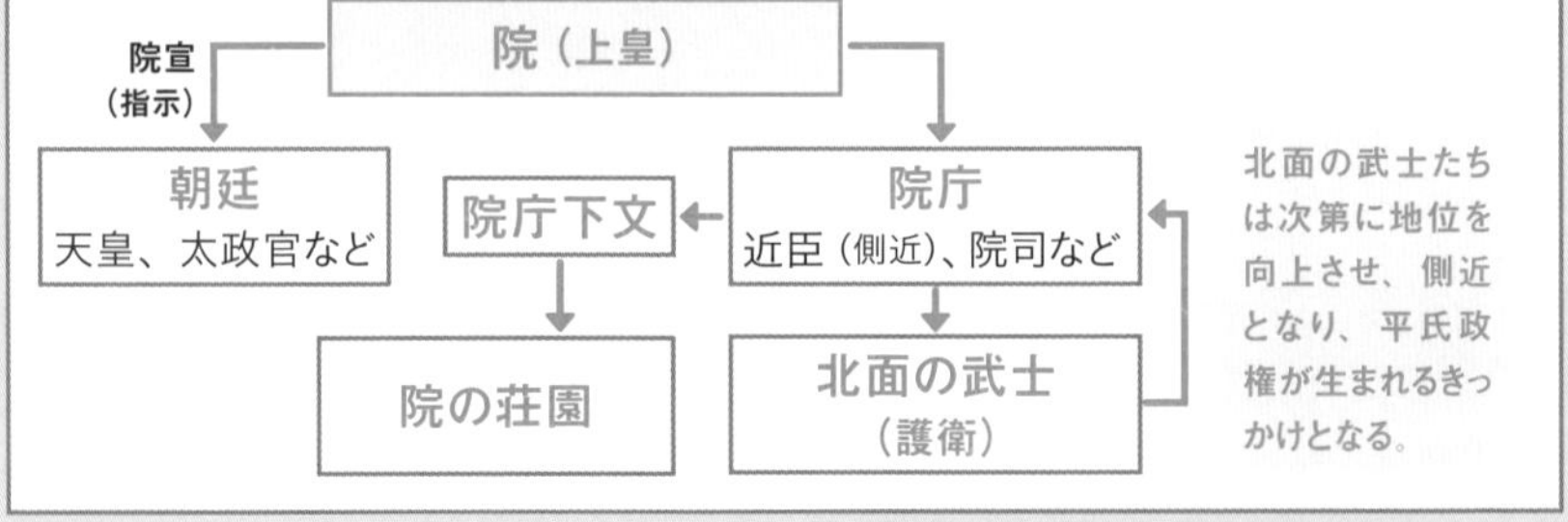

院（上皇）
院宣（指示）
朝廷
天皇、太政官など
院庁下文
院庁
近臣（側近）、院司など
院の荘園
北面の武士
（護衛）
北面の武士たちは次第に地位を向上させ、側近となり、平氏政権が生まれるきっかけとなる。

知らなきゃやばいレベル

天下の三不如意（てんかのさんふにょい）

白河上皇が『**源平盛衰記**』で、思い通りにならないと嘆いた三つの事柄のこと。「**賀茂川の水、双六の賽《さい》、山法師**」は、当時の社会情勢を表す言葉としてあまりにも有名である。三つは、洪水、賭博、延暦寺の僧兵のこと。

保元の乱（ほうげんのらん）

1156年、**崇徳《すとく》上皇**と弟の**後白河天皇**の対立に、**藤原忠通《ただみち》**と弟の**藤原頼長《よりなが》**の争いがからんだ京都での内乱。崇徳上皇や藤原頼長が**源為義《ためよし》**らの武士を味方にして後白河天皇・藤原忠通方を攻めたが、**源義朝《よしとも》・平清盛《たいらのきよもり》**らを味方にした後白河天皇方に敗れた。これは、武士が中央への進出を示す出来事となった。

一般常識レベル

平安時代の主な天皇と重要項目	
桓武《かんむ》天皇	794年 平安京に遷都。797年に坂上田村麻呂が征夷大将軍就任。
嵯峨《さが》天皇	810年 平城太上天皇の変を収拾。律令制修正。
仁明《にんみょう》天皇	842年 承和の変が起こる。
清和《せいわ》天皇	866年 応天門の変の功績で外戚の藤原良房が初の摂政となる。
宇多《うだ》天皇	藤原基経の死後、天皇親政を行う。894年に遣唐使を中止。
醍醐《だいご》天皇	902年 延喜の荘園整理令発布。天皇親政を継続。
朱雀《すざく》天皇	承平・天慶の乱など争乱が相次ぐ。藤原忠平が摂政関白に就任。
村上《むらかみ》天皇	外戚の影響下、天皇親政を行う。958年に乾元大宝の鋳造。
冷泉《れいぜい》天皇	969年 安和の変以後、藤原実頼が摂政関白となり政界を独占。
後一条《ごいちじょう》天皇	藤原道長が摂政となり、藤原氏の摂関政治全盛期。
後冷泉《ごれいぜい》天皇	1051年 前九年合戦が起こる。藤原の外戚勢力が弱まる。
後三条《ごさんじょう》天皇	1069年 延久の荘園整理令発布。親政と能力人事を行う。
白河《しらかわ》天皇	1083年 後三年合戦。藤原氏に代わり源氏が台頭。
鳥羽《とば》天皇	藤原忠実《ただざね》を摂政関白にする。
崇徳《すとく》天皇	1156年 保元の乱で敗れ、讃岐へ配流される。
後白河《ごしらかわ》天皇	1156年 保元の乱で勝利。二条天皇に譲位後も院政をしき君臨。
二条《にじょう》天皇	1159年 平治の乱。源義経《よしつね》が誕生。
高倉《たかくら》天皇	1177年 鹿ヶ谷の陰謀事件で後白河法皇の近臣の俊寛《しゅんかん》が処罰。
安徳《あんとく》天皇	1181年 清盛死す。85年、源氏に追われ平家一門と共に入水。

知らなきゃやばいレベル

平治の乱（へいじのらん）

保元の乱の後、1159年**平清盛と源義朝**の勢力争いに**藤原通憲《みちのり》と藤原信頼《のぶより》**の対立がからんだ京での内乱。源義朝が藤原信頼と結んで、清盛の熊野参りの留守に挙兵したが、清盛の反撃を受けて殺された。この勝利により、平清盛が政権を握った。

政権の掌握

平清盛（たいらのきよもり）

平忠盛の子。保元・平治の乱で対立勢力を一掃し、1167年に**武士で初の太政大臣となって政権を掌握**。娘・徳子を**高倉天皇**の中宮とし、その子・安徳天皇を擁立して平氏の全盛を築く。晩年は後白河法皇と対立し、諸国源氏の挙兵に遭い、81年に病死した。

のちに敵対

解説

一般常識レベル

平治の乱（1159）

勝利

院近臣		院近臣
藤原通憲（信西）	VS	藤原信頼
武士		武士
平清盛		源義朝 源頼朝

貴族の対決に武士の力で決着がつけられることを示した戦い。藤原信頼は謀殺され、義朝は斬首。頼朝は伊豆に配流され、源氏は一時衰退する。

後白河法皇（ごしらかわほうおう）

鳥羽天皇の第4皇子。保元の乱が起こり、兄・崇徳上皇を讃岐へ配流した。二条・六条・高倉・安徳・後鳥羽《ごとば》の5代に渡る34年間、院政を行った。平治の乱後、平清盛と対立し、鳥羽殿に幽閉された。古代歌謡を集めた『梁塵秘抄《りょうじんひしょう》』を編纂。

子

教養レベル

多田行綱（ただゆきつな）

清和源氏の流れで摂津多田荘（兵庫県）を本拠とする。鹿ヶ谷の陰謀における密告者。平氏打倒はこれにより失敗した。のち源頼朝と対立して西海へ逃れる源義経を摂津河尻で攻撃した。

高倉天皇（たかくらてんのう）

後白河法皇の皇子。平清盛の娘・徳子（建礼門院《けんれいもんいん》）との間に安徳天皇が生まれる。後白河法皇と平清盛の不和を憂いて安徳天皇に譲位し、形式的な院政を行った。

中宮

知らなきゃやばいレベル

鹿ヶ谷の陰謀（ししがたにのいんぼう）

1177年、平氏の貴族化に反発し、後白河法皇の近臣**藤原成親《なりちか》・俊寛《しゅんかん》・西《さい》光《こう》らが平氏打倒を企てた事件**。多田行綱の密告で失敗に終わり、処罰された。俊寛は、鹿児島県の鬼界ヶ島に配流され、その地で没したという。

壇の浦の戦い（だんのうらのたたかい）

1185年3月、**源義経《よしつね》**が長門国壇の浦において**平氏を滅亡させた戦い**。平氏に奉じられた**安徳天皇**や総司令官の**平知盛《とももり》**は入水し、総大将**平宗盛《むねもり》**は生け捕られ、のちに斬られた。

解説

一般常識レベル

鹿ヶ谷の陰謀（1177）

勝利

平清盛一族 VS **藤原成親**
俊寛
西光

関与

「平氏にあらずんば人にあらず」といわれるほどの権力を持った平家を倒そうと、後白河法皇率いる貴族が企てた事件。後白河はあっさり失敗して幽閉。

鹿ヶ谷の失敗で後白河法皇は
「武力には武力を」と、
源頼朝に清盛の追討令を下す。
それにより頼朝が挙兵。
壇の浦の戦いへと続く。

教養レベル

平徳子（たいらのとくこ）

父は平清盛、母は平時子。高倉天皇の中宮（妻）。壇の浦の戦いでは安徳天皇と共に入水したが救助される。その後、出家して建礼門院となり洛北の大原寂光院に隠棲した。

山口県下関市のみもすそ川公園内には、壇の浦古戦場を眼前に臨む位置に、源義経と平知盛の両像が立てられている。

荘園の発達が平安時代の経済を支えた

平安時代の経済は、貴族や寺社の私有地である荘園に代表される。**荘園は、奈良時代に律令制の下で始まり、豊臣秀吉による太閤検地によって終わりを告げる。**

743年、墾田永年私財法が公布されて以後、墾田の開発が盛んに行われた。貴族・寺社などの有力者が墾田開発を行う場合、郊外の山林原野などに建てられていた**「荘」と呼ばれる別荘を足がかりに、その周辺を開発していく傾向が強かった。**この荘が墾田経営の事務所や倉庫などの機能を果たすための重要な拠点となり、荘を中心としてくり広げられた墾田を「荘園」と呼んだ。富山県の高瀬遺跡の荘園跡からは、土器類や漆器、「和同開珎」や「万年通宝」などの銅銭や木簡《もっかん》（荷札）が次々と発見された。

荘園（しょうえん）
古代・中世の貴族・大寺社等が私的に所有した土地。8～9世紀の**初期荘園**（**墾田地系荘園**）（45ページ）と10世紀以降の**寄進地系荘園**に大別できる。

上の写真は大分県豊後高田市の田染荘《たしぶのしょう》。平安時代の荘園の姿がそのまま残されているとして、国の重要文化的景観に選定された。

一般常識レベル

荘園整理令（しょうえんせいりれい）

902年、醍醐天皇が律令体制の復興を目指して出した法令の一つ。全国の荘園の実態把握、違法な土地所有の禁止、班田収授の励行を命じた。

意見封事十二箇条（いけんふうじじゅうにかじょう）

三善清行《みよしきよゆき》が醍醐天皇に提出した意見書。律令政治の衰退理由と対策を述べ、備中国（岡山県）邇磨《にま》郷の女性人口急増を、偽籍が行われたと指摘している。

重税から逃れるため、
男を女として登録する
戸籍偽籍が急増。
税の取り立ても、
国家財政の維持も
困難な状態に。

負名体制（ふみょうたいせい）

領内の有力農民である田堵に負名という請負人の名をつけた名田を設定し、地方役人の国司が徴税できる体制へと移行。

解説

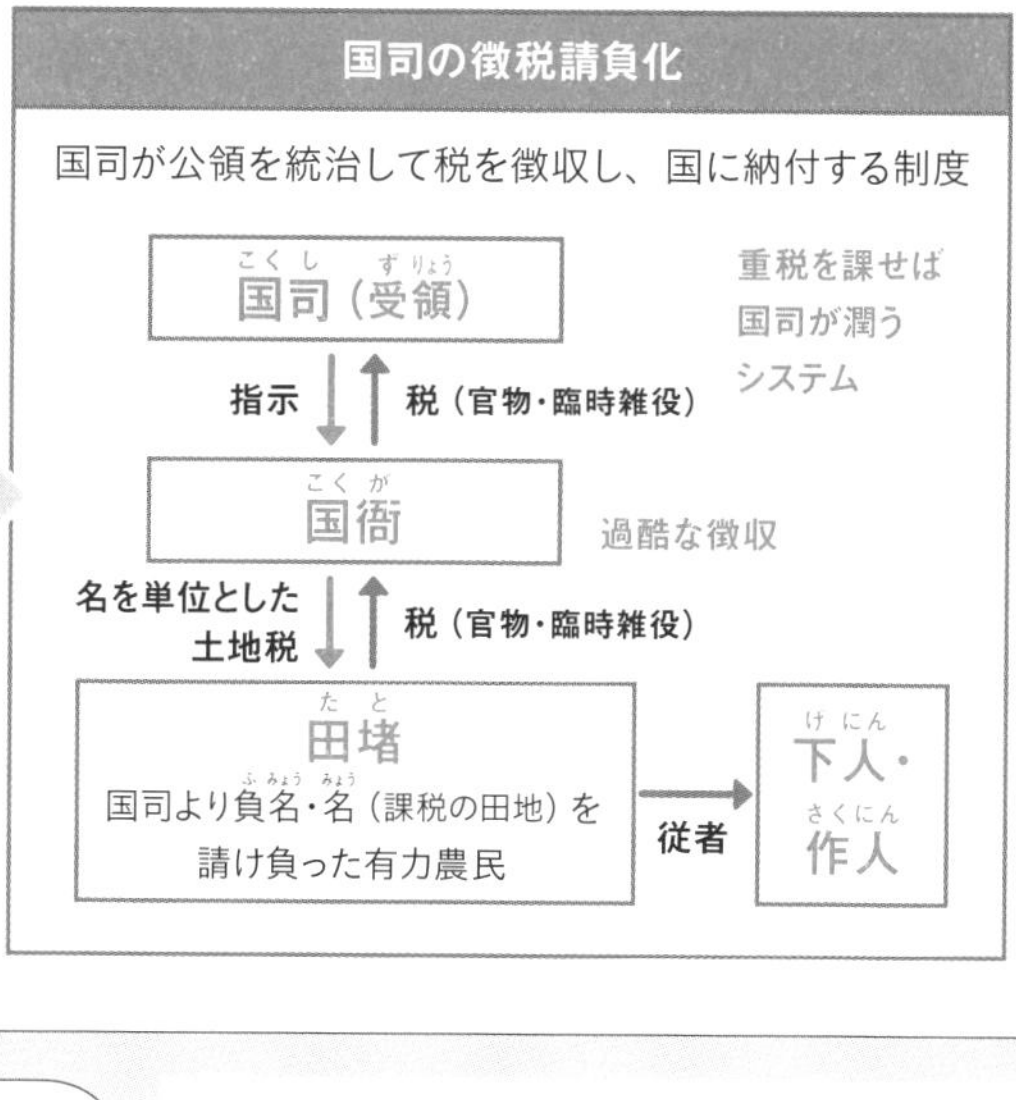
国司の徴税請負化
国司が公領を統治して税を徴収し、国に納付する制度
国司《こくし》（受領《ずりょう》）
重税を課せば国司が潤うシステム
指示
税（官物・臨時雑役）
国衙《こくが》
過酷な徴収
名を単位とした土地税
税（官物・臨時雑役）
田堵《たと》
国司より負名《ふみょう》・名《みょう》（課税の田地）を請け負った有力農民
従者
下人《けにん》・作人《さくにん》

教養レベル

藤原元命（ふじわらのもとなが）

尾張国守（受領）。官物を押領して農民から過重税を徴収したため、988年、郡司や農民から暴挙を訴えられた（尾張国《おわりのくに》郡《ぐん》司《じ》百姓《ひゃくしょう》等《ら》解《げ》）。なお遙任《ようにん》国司とは、赴任せずに目代《もくだい》を派遣し収入を得る国司のことである。

私領を持つ大名田堵は開発領主となるも、
厳しい徴税から逃れるため、
土地を有力貴族や寺社に寄進。
自ら荘官（現地管理人）となり
納税を逃れるようになる。
＝
寄進地系荘園《きしんちけいしょうえん》の増加

荘園公領制（しょうえんこうりょうせい）

11～12世紀に成立した、荘園と公領（国衙領）の土地制度と徴税の体系。荘園では**荘官**《しょうかん》が、公領では**目代**《もくだい》が年貢・公事を徴収し、貴族・寺社・武家によって構成される中世国家の基盤となった。

不輸・不入の権（ふゆ・ふにゅうのけん）

「不輸の権」は租税を納めないでよい権利。「不入の権」は国司が派遣する**検田使**《けんでんし》**の介入を拒否する権利**のこと。開発領主は有力な貴族や寺社に土地を寄進《きしん》し、荘官となれば権利を得られるとあって、寄進地系荘園は拡大。**有力貴族の藤原氏に財力や権力荘園が集中することとなる。**

代表例

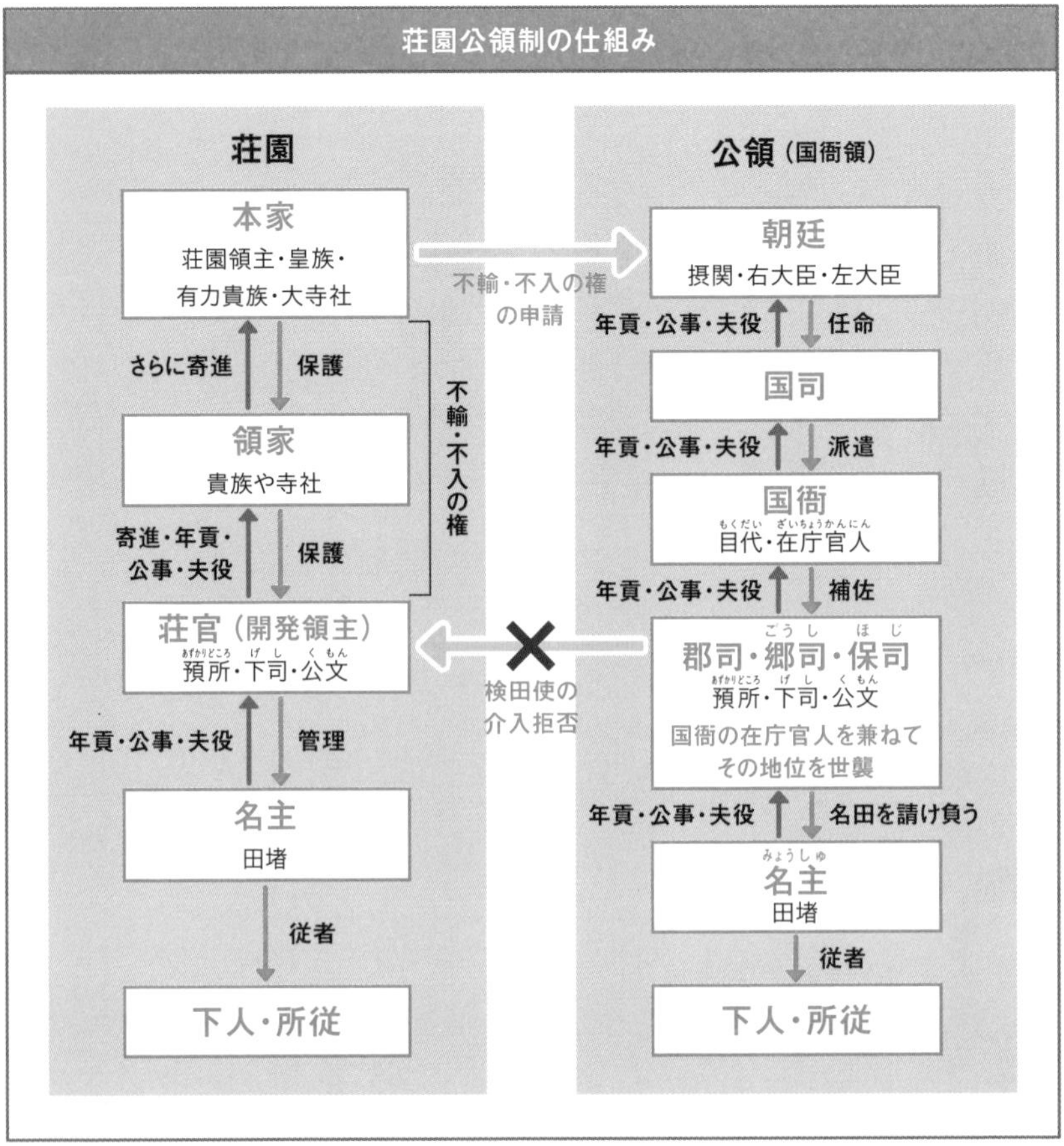

荘園公領制の仕組み
荘園
本家
荘園領主・皇族・有力貴族・大寺社
さらに寄進
保護
領家
貴族や寺社
寄進・年貢・公事・夫役
保護
不輸・不入の権
荘官（開発領主）
預所《あずかりどころ》・下司《げし》・公文《くもん》
年貢・公事・夫役
管理
名主
田堵
従者
下人・所従
不輸・不入の権の申請
検田使の介入拒否
公領（国衙領）
朝廷
摂関・右大臣・左大臣
年貢・公事・夫役
任命
国司
年貢・公事・夫役
派遣
国衙
目代《もくだい》・在庁官人《ざいちょうかんにん》
年貢・公事・夫役
補佐
郡司・郷司《ごうし》・保司《ほじ》
預所《あずかりどころ》・下司《げし》・公文《くもん》
国衙の在庁官人を兼ねてその地位を世襲
年貢・公事・夫役
名田を請け負う
名主《みょうしゅ》
田堵
従者
下人・所従

一般常識レベル

鹿子木荘（東寺）
（かのこぎのしょう・とうじ）

肥後国（熊本県）飽田《あきた》郡の荘園。熊本市には鹿子木の地名が残る。寄進地系荘園の例。預所⬇領家⬇本家の関係が成立した記録が残る。1086年、沙弥《しゃみ》寿妙《じゅみょう》の私領の収公を恐れた孫・中原高方《たかかた》が、地頭預所職を留保して、大宰《だざいの》大弐《だいに》・藤原実政《さねまさ》に寄進したのに始まる。

宋銭
（そうせん）

乾元大宝《けんげんたいほう》を最後に、流通は再び米や絹の物品貨幣の時代に戻ってしまう。しかし11世紀末頃から、北九州の博多を中心に、日宋貿易で宋銭（宋のお金）が広まり、貨幣経済が発展していく。

平氏政権の経済基盤

荘園	知行国	日宋貿易
全国に500余カ所	全国に30余カ国	大輪田泊《おおわだのとまり》（兵庫県） 【輸出品】砂金、水銀 【輸入品】宋銭、陶磁器

遣唐使の廃止以来、中国（宋）との交流は九州の民間貿易船が担っていた。これに目をつけた清盛の父忠盛は、宋の商人と直接貿易を行う。その父の基盤を受け継ぎ、大きくしたのが清盛である。貿易で得た唐物は、朝廷に献上したり売りさばいたり、その収益は莫大なものといわれている。

教養レベル

乾元大宝
（けんげんたいほう）

皇朝（本朝）十二銭の最後の銅銭。村上天皇の時代、958年に鋳造した。

知行国の制
（ちぎょうこくのせい）

1108年、貴族の俸禄制度が崩壊したので、その代償としてつくられた制度。1国の行政・支配の実権を与えられた知行国主は、子弟・近臣を国司に推薦し、別に目代を送って現地の国務にあたらせて収入の大部分を収得した。平氏は全盛期には30カ国の知行国を保有した。

教育機関の設置と充実仏教を含む新しい文化の波

平安時代初期には、律令政治再建の気風を反映し、奈良時代に続いて唐風文化が栄えた。漢文学が盛んで、儒学的色彩が強く現れ、学問・教育が発達した。**貴族は一族の子弟のために大学別曹《べっそう》（寄宿舎兼研究室）を設立し、空海《くうかい》（弘法大師《こうぼうだいし》）も庶民教育のための学校として、綜芸種智院を創立した。**一方、仏教は従来の南都六宗にかわり、天台・真言の2宗が成立して新しい波が起こった。仏像でも、1本の木から丸彫りする一木造が行われ、衣のひだを重ねる翻《ほん》波《ば》式が流行した。その代表的な例として、大阪府河内長野市の観心寺如意輪《にょいりん》観音像や奈良県の室生寺《むろうじ》弥勒堂《みろくどう》釈迦如来坐像などがある。また平安中期になると、**かな文字の発明と和歌・物語が発達。我が国独自の国風文化が完成した。**

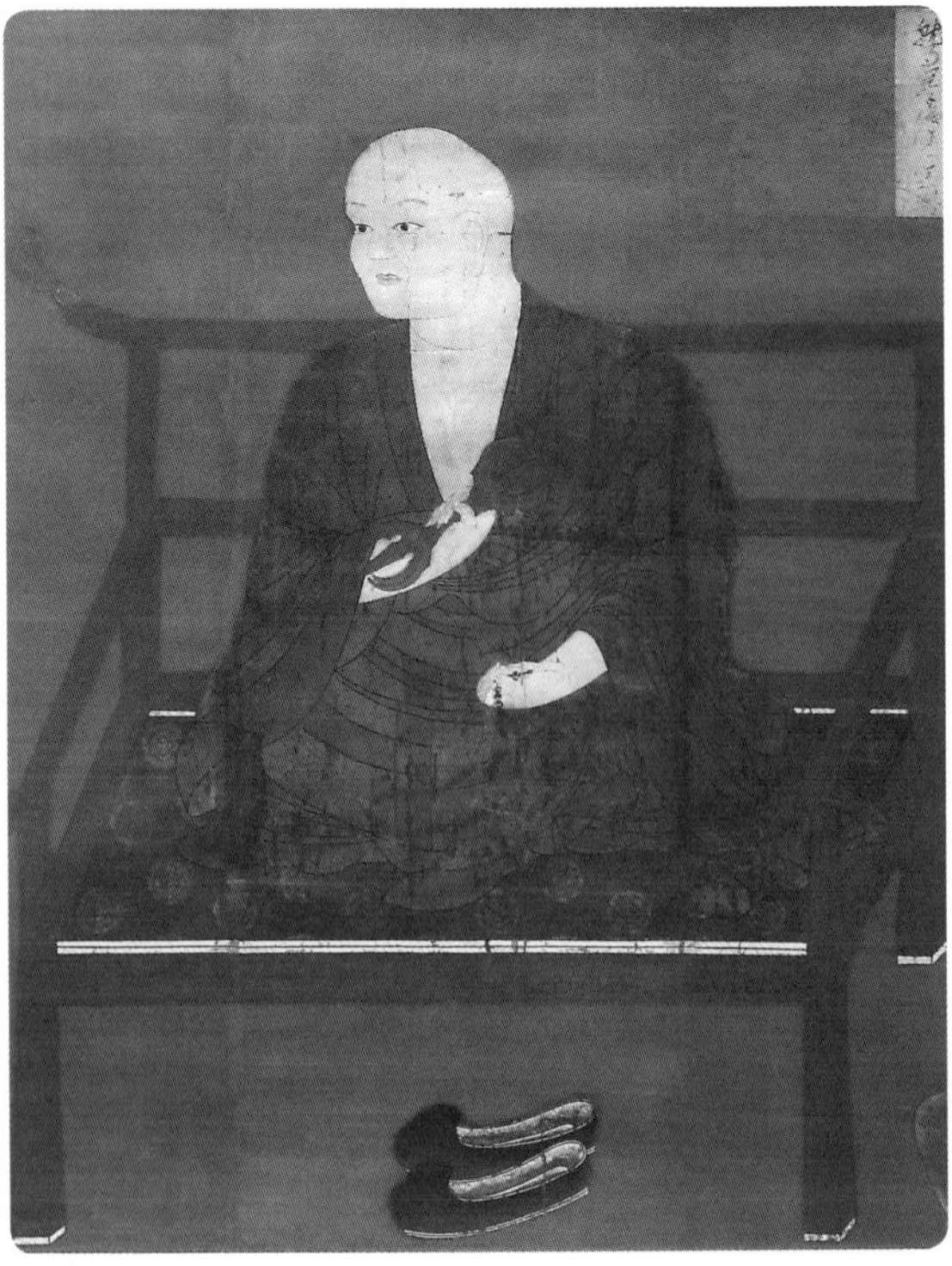

綜芸種智院（しゅげいしゅちいん）

828年頃、庶民のための私立学校。当時、一般民衆が学問を志すことは困難であった。そこで**空海**が、人々のために学校を設立。「綜芸」とは、顕教、密教、儒教をいい、「種智」とは、仏の教えを広く世の中に伝えることを意味する。空海死後、廃止された。左の写真は「絹本著色《けんぽんちゃくしょく》弘法大師像」（資料所蔵：松山市教育委員会）。

知らなきゃやばいレベル

弘仁・貞観文化（こうにん・じょうがんぶんか）

平安前期の文化。唐文化の影響が強く、宮廷では漢文学が発展、学問が盛んになり儒学が重んじられた。密教芸術が興隆。

最澄（さいちょう）

天台宗の開祖。785年、比叡山に草堂を構え修行。804年に**空海**とともに入唐し、翌年帰国後、**天台宗を開く**。

入唐

空海（くうかい）

弘法大師《こうぼうだいし》ともいう。真言宗の開祖。高野山に金剛峯寺《こんごうぶじ》を開き、**真言宗の布教**を行った。庶民の学校「**綜芸種智院**《しゅげいしゅちいん》」を開き、仏教の著書も多数。書道では三筆（空海・嵯峨天皇・橘逸勢）の1人。

布教　布教

一般常識レベル

天台宗（てんだいしゅう）

中国隋代の天台大師・智顗《ちぎ》が開いた法華経を中心経典とした仏教宗派。最澄が、805年に比叡山延暦寺で開宗した。その弟子の円仁《えんにん》・円珍《えんちん》は山門派・寺門派に分裂した。天台宗は次第に密教化し、台密と呼ばれた。

真言宗（しんごんしゅう）

入唐した空海が恵果《けいか》から受伝して、帰国後に開いた宗派。根本経典の大日経・金剛頂経《こんごうちょうきょう》は、釈迦の最高の悟りの境地が表現されている真実の言説であるところから、真言宗と称した。金剛峯寺や東寺が本山である。

発展

教養レベル

台密（たいみつ）

天台宗に伝わる密教。密教化するのは、円仁・円珍以後のこと。最澄に始まり、円仁流の山門流（延暦寺《えんりゃくじ》）と円珍流の寺門派（園城寺《おんじょうじ》）の二派となって発展した。

密教とは、悟りのための教義と儀礼を、
師匠から弟子へ秘密裏に伝える仏教のことで、
天台宗の密教は「**台密**」、
真言宗の密教は「**東密**《とうみつ》」と呼ばれた。

金剛峯寺（こんごうぶじ）

和歌山県伊都郡高野町にある**真言宗総本山**の一つ。816年、空海が高野山に開く。真言宗の根本道場として発展し、**密教芸術の宝庫**でもある。

↔ 真言宗総本山

教王護国寺（きょうおうごこくじ）

京都東寺のこと。823年に、空海が**嵯峨天皇**から賜った寺院で**真言宗の総本山**の一つ。平安京南端、羅城門の東に左京・東国鎮護の寺として建てられたもので、西の西寺と並んで東寺と呼ばれている。

↕ 真言密教

延暦寺（えんりゃくじ）

滋賀県大津市。天台宗総本山。785年に最澄が比叡山に草堂を建てたのに始まり、最澄の死の翌年に延暦寺と称した。日本の仏教界の中心として、法然《ほうねん》・栄西《えいさい》・道元《どうげん》・親鸞《しんらん》らの名僧を輩出した。また、多くの僧兵を擁して、大きな政治勢力となった。

曼荼羅（まんだら）

仏の悟りの境地や、その功徳など密教を教えの世界観を示す絵画。真言密教では、金剛界と胎蔵界の両界曼荼羅がある。金剛界は大日如来の智徳を表し、胎蔵界は悟りを表す。平安初期の「神護寺両界曼荼羅」と「教王護国寺両界曼荼羅」が特に有名である。

↕ 密教芸術

神護寺薬師如来像（じんごじやくしにょらいぞう）

弘仁《こうにん》・貞観《じょうがん》文化に見られる一木造の立像。力強く厳しい表情と厚みのある大腿部、翻波式のひだが特徴。

一本の大木から仏像を彫り出す「一木造」は弘仁・貞観文化の特徴。

知らなきゃやばいレベル

国風文化（こくふうぶんか）

遣唐使の廃止により中国文化の影響が薄れ、日本独自の文化が興隆した平安時代中・後期の文化をいう。**かな文字が発展**。藤原文化とも呼ばれる。

紫式部（むらさきしきぶ）

越前守・藤原為時の娘。同族に歌人や文人が多く、紫式部もまた文筆に優れ、学問をよくした。**藤原宣孝《のぶたか》**に嫁して一女**賢子《かたいこ》**（けんしとも読む）を生んだが、2年後に夫と死別した。召されて、一条天皇の中宮彰子（藤原道長の娘）に仕え、『**源氏物語**』を著す。紫式部の呼び名は、初め藤式部だったが、『源氏物語』の主人公・光源氏の最愛の妻・紫の上にちなんで、「紫式部」と呼ばれるようになった。

著述

一般常識レベル

かな物語（かなものがたり）

漢字を基にしたかな文字（ひらがな）は、物語や日記で広く使われるようになる。物語の代表的な作品は次の3つ。

- 竹取物語……かぐや姫をめぐり、貴族の求婚の失敗などを描いた最古のかな物語。日本の物語文化の祖。
- 源氏物語……11世紀初めに紫式部が著した物語。古典文学の最高峰といわれる。光源氏を主人公とする前編44帖と、その子、薫大将を主人公とする後編宇治十帖の54帖からなる。
- 伊勢物語…在原業平《ありわらのなりひら》をモデルにした、和歌中心の120余編の短編歌物語集。

教養レベル

栄華物語（えいがものがたり）

藤原道長の栄華を中心に、宇多天皇から堀河天皇まで約200年を、40巻仮名・編年体で描く歴史物語。作者は赤染衛門《あかぞめえもん》といわれる。『大鏡《おおかがみ》』と共に別名を『世継《よつぎ》物語《ものがたり》』ともいう。

漢字（真名）は真の文字で
男性が使うもの、
ひらがなは仮の文字で
女性が使うものとされていた。

知らなきゃやばいレベル

清少納言（せいしょうなごん）

清原元輔《もとすけ》の娘。学者の家系に生まれ、和漢の学に通じ、993年ごろ一条天皇の皇后定子（藤原道隆の娘）に仕えた。随筆集『**枕草子**』を書き、紫式部と並び称された。関白道隆の没後、不遇であった定子に最後まで仕え、1000年、定子の死と共に宮廷を退いた。

実は、紫式部や女流歌人の和泉式部も日記を残している。
紫式部➡『紫式部日記』
和泉式部➡『和泉式部日記』

著述

一般常識レベル

随筆・日記・和歌（ずいひつ・にっき・わか）

- 枕草子《まくらのそうし》……11世紀初め。清少納言が著した宮廷生活の随筆。
- 古今和歌集《こきんわかしゅう》…醍醐天皇の勅命で紀貫之《きのつらゆき》らが編纂した勅撰和歌集。
- 土佐日記《とさにっき》……紀貫之が土佐国から京に帰るときの出来事を綴った、最初のかな日記。
- 更級日記《さらしなにっき》……夫の死を悲しむ回想録。菅原孝標女《たかすえのむすめ》の作。
- 蜻蛉日記《かげろうにっき》……上中下3巻からなる女流日記。作者は藤原道綱母。
- 御堂関白記《みどうかんぱくき》…藤原道長が著した日記。現存する世界最古の直筆日記。
- 小右記《しょうゆうき》……藤原実資《さねすけ》が残した日記。

教養レベル

六歌仙（ろっかせん）

平安時代の和歌の名人であり、『古今和歌集』の序文に記された代表的な六人のこと。在原業平《ありわらのなりひら》、遍昭《へんじょう》、喜撰《きせん》法師、小野小町《おののこまち》、文屋康秀《ふんやのやすひで》、大友黒主《おおとものくろぬし》の六人を指す。

陸奥話記（むつわき）

前九年合戦について、追討者・源頼義の立場から記した軍記物で、漢文体で書かれている。軍記物の先駆。

院政期の文化（いんせいきのぶんか）

平安時代末期の文化。貴族文化はこの時期に入ると、新たに台頭してきた武士や庶民の活動と共に、新鮮で豊かなものを生み出した。

鳥獣人物戯画（ちょうじゅうじんぶつぎが）

猿・兎・蛙などの**動物を擬人化して描かれた絵巻物で、日本最古の漫画**といわれる。甲・乙・丙・丁の4巻からなる、京都市右京区の高山寺に伝わる宝物。国宝。天台僧・鳥羽《とば》僧正《そうじょう》の筆ともいわれている。

四大絵巻物

源氏物語絵巻（げんじものがたりえまき）

藤原隆能《たかよし》の筆といわれ、現存する最古の絵巻物。家屋には吹抜屋台、人物には引目鉤鼻《ひきめかぎばな》などの技法を用いた。

伴大納言絵巻（ばんだいなごんえまき）

応天門の変を描いた絵巻物。後白河法皇の宮廷で活躍した絵師・常盤光長《ときわみつなが》によって、1170年前後に描かれたと推定される。

信貴山縁起絵巻（しぎさんえんぎえまき）

奈良県信貴山朝護孫子寺《ちょうごそんしじ》に伝わる絵巻物。高僧の命蓮《みょうれん》にまつわる伝奇を集めたもの。とくに〝飛倉《とびくら》の巻〟が著名。東大寺大仏の初期の姿を描いている部分がある。

今様（いまよう）

現代風の歌謡の意。七五調四句が多く、貴族の間で盛んとなった。白拍子《しらびょうし》（歌舞または舞女のこと）などによって歌われ、後白河法皇はその歌詞を『梁塵秘抄』に採録している。

遊びをせんとや生れけむ
戯れせんとや生れけん
遊ぶ子どもの声きけば
我が身さえこそ動がるれ
『梁塵秘抄』の
有名な「今様」の一つ。

知らなきゃやばいレベル

寝殿造（しんでんづくり）

平安時代の貴族の邸宅形式。寝殿と呼ばれる主屋を中心に、東西と北に対屋を置き、前方の中庭に池を配す。屋根は檜皮葺《ひわだぶき》で、屋内は板敷き、御簾《みす》や几帳《きちょう》、衝立《ついたて》などで区切り、随所に畳や円座を用いて座った。

北対
西対
渡殿
寝殿
渡殿
東対
築地
透渡殿
西門
西中門
東中門
東門
西釣殿
中島
東釣殿

平安から室町時代に見られる貴族住宅の形式。中央の寝殿が主人の屋敷。畳の上で生活をし、鴨居には御簾と呼ばれるすだれを下げ、日よけと仕切りにしていた。

貴族が建てた阿弥陀堂の建築

一般常識レベル

法成寺（ほうじょうじ）

1020年に藤原道長が、京都市上京区に建立した寺院で、22年に法成寺と改称した。火災で焼失し現存せず。

平等院鳳凰堂（びょうどういんほうおうどう）

1053年に藤原頼通が宇治（京都府）に建てた別荘を阿弥陀堂にしたもの。阿弥陀堂の代表的な建物で、寝殿造をしのぶことができる。本尊の阿弥陀如来像、扉や壁に描かれた大和絵が有名。

中尊寺金色堂（ちゅうそんじこんじきどう）

1124年、藤原清衡が岩手県平泉町に建立した阿弥陀堂。金箔を貼り、光堂と呼ばれた。堂内には、清衡・基衡・秀衡のミイラが安置されている。

教養レベル

厳島神社（いつくしまじんじゃ）

広島県廿日市市宮島町にある神社。平清盛が安芸守在任中に崇敬し、平氏一門の支援により現在の規模となった。一門が奉納した「平家納経《へいけのうきょう》」は有名で、1996年に世界文化遺産に登録された。

「平家納経」は平家一門の繁栄を願い、厳島神社に奉納した経典類のこと。現在、国宝として厳島神社が所有。複写が公開されている。

5章

執権が支配した本格的な武家社会

鎌倉時代

1185〜1333年

苛烈な権力闘争と粛清から生まれた北条家による執権政治の確立

平氏政権の滅亡後、源頼朝《みなもとのよりとも》が鎌倉に幕府を開き、守護《しゅご》・地頭《じとう》の設置によってその権力は全国におよんだ。1199年に頼朝が没した後、頼朝の妻・**北条政子《ほうじょうまさこ》とその父・北条時政《ときまさ》は、将軍を有名無実化し、北条氏による執権政治を確立**。その後3代執権の北条泰時《やすとき》が、我が国最初の武家法である御成敗式目《ごせいばいしきもく》五十一箇条を制定して幕政の規準を明確化するなど、幕府執《しっ》権《けん》政治の基礎を固めた。さらに、二度に渡るモンゴル襲来の後、有力御家人の安達泰盛《あだちやすもり》（執権・北条貞時《さだとき》の外祖父）と、内管領（北条一門の家来・御内人の長官）・平頼綱《たいらのよりつな》が対立。霜月騒動《しもつきそうどう》で安達泰盛が滅ぼされると、**幕府の実権は執権・北条貞《さだ》時《とき》と嫡流《ちゃくりゅう》（得宗）の手に握られ、常に権力は得宗家にあるという「得宗専制政治《とくそうせんせい》」が確立した。**

いざ鎌倉（いざかまくら）

鎌倉時代、大事件が起こると諸侯の武士たちが「いざ鎌倉へ」とかけつけた。戯曲「鉢木《はちのき》」から来た言葉。

将軍から執権に権力が移る

将軍

- **初代** 源頼朝（1192）
- ↓
- **2代** 源頼家（1202）
- ↓
- **3代** 源実朝（1203）

源氏の将軍はここで途絶え、執権が権力を握るようになる。以後の将軍は実権のない「象徴将軍」となる

- ↓
- **4代** 藤原頼経（1226）
- ↓
- **5代** 藤原頼嗣（1244）
- ↓ **続く**

執権

- **初代** 北条時政（1203）
- ↓
- **2代** 北条義時（1205）
- ↓
- **3代** 北条泰時（1224）
- ↓
- **4代** 北条経時（1242）
- ↓
- **5代** 北条時頼（1246）
- ↓ **続く**

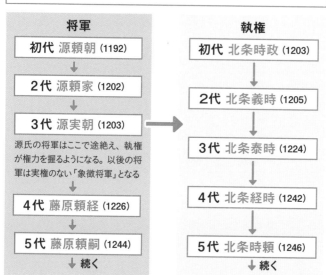

安徳天皇（あんとくてんのう）

高倉《たかくら》天皇の皇子。母は平清盛の娘建礼《けんれい》門院徳子《もんいんとくし》。1185年に、**壇の浦で入水**。清盛の妻時子に抱かれた安徳天皇は、「波の下にも都がございます」と慰められ、壇の浦の急流に身を投じた。わずか8歳であった。

対立

以仁王（もちひとおう）

後白河天皇の第3皇子。1180年に、**源頼政《よりまさ》のすすめにより、平氏打倒の令旨《りょうじ》を発して挙兵**。**興福寺**を頼って奈良へ逃れる途中、**宇治平等院**近くで流れ矢に当たり、30歳で敗死した。

知らなきゃやばいレベル

南都焼き打ち（なんとやきうち）

1180年、平清盛の命をうけた平重衡らが、東大寺・興福寺など南都の寺院を焼き打ちした事件。背景には、平氏政権に反抗的な態度をとる、寺社勢力への討伐がある。治承《じしょう》・寿永《じゅえい》の乱《らん》と呼ばれる一連の戦役の一つ。

焼討

平重衡（たいらのしげひら）

平清盛の五男で、母は清盛の妻時子。平氏の大将として各地で戦い、1180年以仁王を討ち、以仁王についた興福寺や東大寺を焼き打ちにした。

一般常識レベル

養和の大飢饉（ようわのだいききん）

1181年から西日本を中心に2～3年続いた大飢饉。平氏政権の崩壊の一因となった。

令旨（りょうじ）

皇太子や皇后・皇太后・太皇太后の命を伝える文書。

1180年、各地の源氏に打倒平氏の蜂起《ほうき》を呼びかけた**以仁王の令旨**が有名。

教養レベル

知らなきゃやばいレベル

右大将家・源頼朝（うだいしょうけ・みなもとのよりとも）

源義朝の三男。1180年**以仁王の令旨に応じて挙兵し、鎌倉に拠点を置いて東国政権を樹立**した。源義仲《よしなか》および**平氏を滅ぼして天下を平定**。その後、権大納言・右近衛大将《うこんのえのたいしょう》（右大将《うたいしょう》ともいう）に就任。1192年、征夷《せいい》大将軍となり、名実共に武家政権として幕府を開いた。鎌倉時代の右大将家とは源頼朝を指す。

東国支配権獲得

寿永二年十月の宣旨（じゅえいにねんじゅうがつのせんじ）

1183年10月、**源頼朝は、後白河法皇の宣旨により、東国**（東海道・東山道）**の支配権を獲得**。ただし、北陸道は源義仲の支配であり、これは認められなかった。

幕府開設

一般常識レベル

侍所（さむらいどころ）

鎌倉・室町幕府の政治機関で、1180年に源頼朝が設置。和田義盛《よしもり》を初代別当（最高位・長官）として御家人《ごけにん》の取り締まりや軍事・警察に任じた。和田義盛の滅亡後は、執権が別当を兼ねた。

公文所（くもんじょ）

源頼朝が1184年に設置した、鎌倉幕府の行政を担当する機関。大江広元を初代別当として一般政務をつかさどらせた。91年に政所《まんどころ》と改称した。

中央の機関

教養レベル

大犯三箇条（たいぼんさんかじょう）

守護の職務。守護が行使を許された権限のすべて。御所の警備を担う京都大番役に、御家人を任命（指揮）できる大番催促《おおばんさいそく》や、謀叛人の逮捕、殺害人の逮捕を指す。

別当

大江広元（おおえのひろもと）

公文所の初代別当（のちの政所別当）。1185年、守護・地頭の設置を献策し、鎌倉幕府の基礎を固めた。執権・北条義時の死後、その子泰時を執権につかせるなど、北条氏の独裁体制確立に尽くした。

知らなきゃやばいレベル

鎌倉幕府（かまくらばくふ）

源頼朝が開いた武家政権。**侍所**《さむらいどころ》・**公**《く》**文所**《もんじょ》・**問注所**《もんちゅうじょ》を主要機関とし、1192年の頼朝の**征夷大将軍**就任で、名実共に整った政権となった。源氏将軍断絶後は、**北条氏**の**執権**《しっけん》**政治**が1333年まで続いた。

鎌倉幕府では、中央は**侍所**、**公文所**、**問注所**、地方は**守護**、**地頭**などの機関を設置して、全国を統治していた。

地方の機関

一般常識レベル

問注所（もんちゅうじょ）

1184年に源頼朝が訴訟・裁判をつかさどる機関として設置。三善康信《みよしやすのぶ》を初代執事に任じ、以後その子孫である町野・太田氏が世襲した。

守護（しゅご）

源頼朝が地方に設置した役職で、国ごとに軍事・警察を任せた。

地頭（じとう）

源頼朝が地方に設置した役職で、荘園・公領の管理、年貢の取り立てを任せた。

教養レベル

鎌倉幕府の組織は中央と地方に分けて管理、統率された。

その他の地方の役職	
京都守護	御家人の職務の一つで、内裏《だいり》と院の御所と京都を警護した。
鎮西奉行《ちんぜいぶぎょう》	九州の御家人の統率、軍事・裁判などを担当した。
奥州総奉行	奥州の御家人の統率、幕府への訴訟の取次を担当した。

知らなきゃやばいレベル

封建制度（ほうけんせいど）

土地を介して**御恩**と**奉公**で成り立つ、**武士の主従関係**をもとにした仕組み。武士が武力や法律によって農民を支配し、農民から年貢をとった。

主従関係

御恩・奉公（ごおん・ほうこう）

封建的主従関係を指す。御恩は土地の給与で主に**本領安堵**《ほんりょうあんど》・**新恩給与**《しんおんきゅうよ》・朝廷の**官職推挙**《かんしょくすいきょ》など、奉公は**軍役**奉仕で、**京都大番役**《おおばんやく》・**関東御公事**《かんとうみくうじ》などがある。

御恩

本領安堵（ほんりょうあんど）

地頭に任命することで、先祖伝来の**所領**の支配を保障すること。安堵された土地は、**新恩**（恩賞）により与えられた土地として扱われた。

財政基盤

一般常識レベル

関東御領（かんとうごりょう）

将軍の所有した**荘園**。平家没官領500カ所や、上皇方3000カ所から構成されていた。

鎌倉幕府の経済的基盤

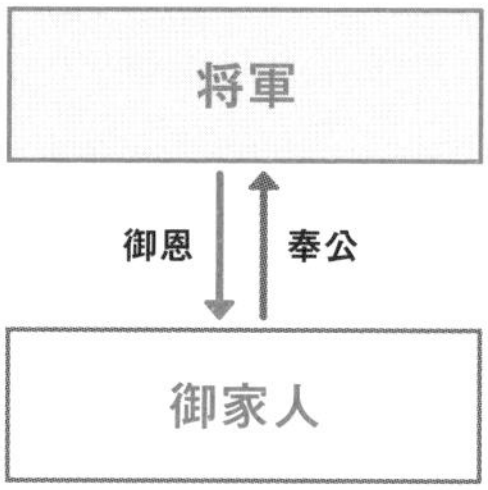
将軍
御恩
奉公
御家人

御家人は将軍から御恩をいただく代わりに将軍に奉公するという関係

教養レベル

名簿（みょうぶ）

自己の**官位姓名**を書き記した**名札**のこと。これを主君に奉呈して、**臣従儀式**《しんじゅう》を行った。

御家人とは、
将軍と主従関係を結んだ
武士のこと。

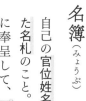

知らなきゃやばいレベル

惣領制（そうりょうせい）

武士は惣領《そうりょう》と呼ばれた家長を中心に、一族が同族的結合で武力を保持していた。所領は惣領のほか庶子《しょし》や女子にも分割相続されたが、**幕府への奉公は、惣領が一族・郎党を率いて務めた。**このような制度を**惣領制**といい、鎌倉時代の武家社会の基礎とされた。

女子の地位高い

分割相続（ぶんかつそうぞく）

複数の子が父母の財産を相続する形態。単独相続に対していう。鎌倉中期までは**分割相続**が一般的で、女子の相続も普通に行われていた。**一期分**《いちごぶん》といって、相続人の一生の間だけ知行《ちぎょう》（支配）を許し、死後は惣領に返還させるものもあった。

一般常識レベル

関東知行国（かんとうちぎょうこく）

将軍が朝廷から与えられた知行国。将軍が知行国主となって国司を任命し、支配できる土地。任命された国司は、幕命によって国務を行い、収入の一部を幕府に納入することとされた。

関東進止所領（かんとうしんししょりょう）

幕府は直接支配ではなく、御家人をその土地の地頭職に補任して支配した。土地それ自体は幕府のものではない。御家人は幕府に年貢・公事・夫役を納入せず、軍役や番役《はんやく》を負担した。年貢などは、荘園領主・国司に納入した。

教養レベル

地頭職補任状（じとうしきぶにんじょう）

鎌倉幕府による地頭職の任命状。頼朝の花押《かおう》がある鎌倉期の袖判下文《そではんくだしぶみ》と、政所の役人の署名による政所下文がある。

花押とは、本人が署名の代わりに書くサインのこと。

知らなきゃやばいレベル

執権政治（しっけんせいじ）

執権として北条氏が中心となって行った政治をいう。**源氏**が3代（**頼朝・頼家・実朝**）でなくなったのち、将軍は形式的になり、実際の政治は執権を中心に行われた。

主導

北条政子（ほうじょうまさこ）

源頼朝の妻で、**北条時政**の娘。伊豆配流中の頼朝と結婚し、**頼家・実朝**を生んだ。頼朝の死後、尼となり父の北条時政・弟の**義時**と共に**執権政治の道を開く**。3代将軍・源実朝の死後、**藤原（九条）頼経**《よりつね》**を4代将軍に迎え、自ら後見人となって幕政を握り、「尼将軍」と称された。**

画策

母子

一般常識レベル

十三人の合議制（じゅうさんにんのごうぎせい）

源頼朝の死後、長子・頼家が18歳で2代将軍に就任。だが、北条時政と政子は頼家が未熟と考えて画策し、将軍の独裁権を取り上げ、有力御家人による十三人の合議制で幕府を運営していくこととなった。

源実朝（みなもとのさねとも）

鎌倉幕府3代将軍。源頼朝の次男。幕政の実権を執権・北条氏に握られていたため、官位昇進のみを望み、右大臣となる。北条氏の策謀により兄・頼家の子である公暁《くぎょう》に暗殺された。和歌に優れ、歌集に『金槐《きんかい》和歌集』がある。

北条時政と弟義時が
次々に有力御家人を排斥し、
時政が次の将軍に源実朝を擁立、
自身は初代執権に就任して
権力を握っていった。

教養レベル

二品（にほん）

官位の二位の別称。源頼朝あるいは北条政子を指す。頼朝は従二位の右大将であり、北条政子も頼朝の死後、従二位に叙せられ、二位尼《にいのあま》と称された。

知らなきゃやばいレベル

後鳥羽上皇（ごとばじょうこう）

高倉天皇の第4皇子。平家の都落ちののち、**後白河法皇**の**院宣**《いんぜん》で践祚《せんそ》（皇位につく）。**土御門天皇**《つちみかどてんのう》に譲位後は、**順徳**《じゅんとく》**・仲恭天皇**《ちゅうきょう》の代まで院政をとる。この間、**西面の武士**《さいめん》を設置し、1221年に**承久の乱**を起こすが失敗し、**隠岐**《おき》（島根県）へ配流された。

実行

承久の乱（じょうきゅうのらん）

1221年、執権・北条義時追討の院宣を出し、**後鳥羽上皇中心の公家勢力が、幕府打倒を謀った事件**。上皇側が敗れ、武家政権が確立し、幕府の支配が西国にまでおよぶようになった。

設立のきっかけ

一般常識レベル

六波羅探題（ろくはらたんだい）

承久の乱ののち従来の京都守護に代わり、西国にいる御家人を統率、朝廷監視のために設置された。その長官には、北条泰時と北条時房《ときふさ》が任命された。

六波羅探題の設置によって、
鎌倉幕府は事実上の
中央集権体制になったといえる。

教養レベル

新補地頭（しんぽじとう）

承久の乱後、新補率法《しんぽりっぽう》が適用された地頭。田畑総面積11町につき1町の免田《めんでん》が与えられ、免田以外の田畑からは1段につき5升《しょう》の加徴《かちょう》米《まい》を徴収した。

承久の乱の処分	
後鳥羽上皇	隠岐へ配流
順徳天皇《じゅんとく》	佐渡へ配流
土御門天皇《つちみかど》	処分なし、その後自ら土佐（のち阿波）へ配流

知らなきゃやばいレベル

北条泰時（ほうじょうやすとき）

2代執権・北条義時の子。**承久の乱**では幕府軍を率いて**後鳥羽上皇軍を破る。**1224年に3代執権となり、補佐役として**連署**《れんしょ》を置く。25年には**評定衆**《ひょうじょうしゅう》を設置、32年には**御成敗式目五十一箇条**などを制定。これでようやく武家政権は安定した。

発布

設置

連署（れんしょ）

1225年に**北条泰時が、執権の補佐役として設置**。初代連署は**北条時房**で、以後北条氏一族が任命された。

北条泰時の政治

評定衆（ひょうじょうしゅう）

1225年に**北条泰時**が、重要政務や裁判などを合議するために設置した。

排除失敗

一般常識レベル

藤原頼経（ふじわらよりつね）

鎌倉幕府4代将軍。関白藤原（九条）道家の子。名を三寅《みとら》といった。源頼朝の遠縁にあたり、4代**摂家**《せっけ》**将軍**として迎えられた。**名越光時**《なごえみつとき》らと謀り、5代執権・**北条時頼の排除を画策したが、失敗**して京都に送られ、安房から伊豆に配流された。

摂関家とは摂政・関白に
任ぜられる家柄のこと。
藤原氏の嫡流《ちゃくりゅう》で、
鎌倉時代には近衛・九条・二条・
一条・鷹司の**五摂家**がいた。

教養レベル

北条重時（ほうじょうしげとき）

北条泰時の弟。1230年から18年間、六波羅探題《ろくはらたんだい》北方の任にあたる。御成敗式目について、泰時は西国の御家人統制にあたる重時に仮名消息（手紙）を送っている。北条時頼（5代執権）の時代には、京都から重時を連署として迎え、晩年は鎌倉極楽寺殿といわれた。

受取人

北条泰時書状（ほうじょうやすときしょじょう）

3代執権・北条泰時が、御成敗式目を制定した趣旨を、六波羅探題にいた弟・重時に送った手紙。

知らなきゃやばいレベル

御成敗式目（ごせいばいしきもく）

1232年、**北条泰時**が**三善康連《やすつら》**らに編纂させた**最初の武家法**。源頼朝以来の**先例**と**道理**と呼ばれた武家社会の慣習を基準とした。主に所領に関する規定が多い。

追加法令

式目追加（しきもくついか）

鎌倉幕府が御成敗式目以後、必要に応じて制定した単行法令。**承久の乱後の新補地頭《しんぽじとう》に関する法令**のほか、**民事・刑事の裁判規範**など多岐に渡る。

一般常識レベル

規定

知行年紀法（ちぎょうねんきほう）

御成敗式目第8条の規定。**20年以上支配してきた所領**は、理由を問わずその支配を認めるという規定。

御成敗式目の適用範囲は
幕府の支配領域のみだが、
鎌倉後期には朝廷や荘園領主に
適用される**公家法**、**本所法《ほんじょほう》**が衰退して、
御家人に関わらない裁判も
鎌倉で行われるようになった。

教養レベル

悔返しの権（くいかえしのけん）

一度譲与した財産・所領を、家長である惣領は自由に取り戻せる権限。御成敗式目第20条の規定。それが幕府から安堵《あんど》された所領であっても、行使できる強力な権利として認められていた。

寛喜の大飢饉（かんきのだいききん）

1230年に発生した鎌倉時代最大の飢饉。御成敗式目が制定される背景の一つとなった。藤原定家の『明《めい》月記《げっき》』によれば、京都街路には餓死者が充満し、死臭は家の中まで臭ったという。

知らなきゃやばいレベル

北条時頼（ほうじょうときより）

5代執権・北条泰時の孫。執権就任後、有力御家人の**三浦泰村《やすむら》**を滅ぼし（**宝治《ほうじ》合戦《かっせん》**）、1249年に**引付衆《ひきつけしゅう》を設置**するなど、北条氏独裁体制の確立に努めた。5代将軍・**藤原頼嗣《よりつぐ》**を追放し、6代将軍に11歳の**宗尊親王《むねたかしんのう》**を擁立。のち出家して最明寺《さいみょうじ》入道《にゅうどう》と呼ばれた。**質素・倹約を旨とし、民政に意を用いた時頼の仁政**は、諸国巡回伝説として今に伝えられている。

設置

引付衆（ひきつけしゅう）

1249年、**裁判の公平・迅速をはかるため、北条時頼が設置**。引付頭人が指揮。評定衆・引付衆・奉行人それぞれが訴訟審理し、判決原案を作成、評定会議にかけて判決を下すシステム。

独裁のきっかけ

追放

一般常識レベル

宝治合戦（ほうじがっせん）

1247年、執権・**北条時頼**と外祖父**安達景盛《かげもり》**が、有力御家人**三浦泰村ら一族を鎌倉で滅ぼした戦い**。これによって、北条氏の独裁体制が築かれた。

藤原頼嗣（ふじわらよりつぐ）

鎌倉幕府5代将軍（摂家将軍）。4代将軍・藤原頼経の子。1252年、**祖父九条道家が、幕府転覆の陰謀に関係**した疑いから退任させられ、京都に送還された。

教養レベル

宮騒動（みやそうどう）

1246年、名越光時《なごえみつとき》が、5代将軍・藤原頼嗣のとき4代将軍・藤原頼経と結び、5代執権・北条時頼の地位を奪おうとした事件。計画は失敗に終わり、光時は出家ののち伊豆へ流された。

北条長時（ほうじょうながとき）

鎌倉幕府の6代執権。北条重時の子。6代将軍・宗尊《むねたか》親王の将軍就任で活躍し、六波羅探題北方や評定衆を務めた。

得宗専制体制（とくそうせんせいたいせい）

北条氏の家督（得宗《とくそう》）が実権を握った政治形態を指す。8代執権・北条時宗の頃から権力を強め、9代執権・北条貞《さだ》時《とき》の時、霜月騒動《しもつきそうどう》・平禅門《へいぜんもん》の乱を機に確立した。

確立

霜月騒動（しもつきそうどう）

1285年11月、9代執権・北条貞時の外祖父である安達泰盛《やすもり》と、内管領の平頼綱が戦い、安達一族を滅ぼした事件。こののち得宗による専制政治がすすんだ。

家臣

御内人（みうちびと）

北条一門である得宗家の家臣を指す。その長官が内管領。これに対し一般御家人を外様という。

霜月騒動《しもつきそうどう》（1285）

勝利 → 平頼綱

安達泰盛 御家人（将軍の家臣） VS **平頼綱** 内管領（御内人の長官）

平禅門の乱《へいぜんもんのらん》（1293）

勝利 → 北条貞時

北条貞時 得宗家・執権 VS **平頼綱** 子を将軍職に就けようとした

大仏宣時（おさらぎのぶとき）

1284年、北条貞時が執権になると、91年から10年間に渡り、それを補佐する連署《れんしょ》となった。歌人としても活躍。『徒然草《つれづれぐさ》』には、北条時頼と酒を飲んだ逸話が載っている。

得宗とは、鎌倉幕府の
執権北条氏の当主のこと。
2代執権北条義時の
法名「徳宗」に由来する。

農業が発展する一方で、御家人領の衰退が進む

執権政治の確立によって、**武士の権力が強くなり、地頭などが貴族や寺社の荘園を侵略するようになる。**さらに、彼らの基盤は地《じ》頭請《とううけ》や下地中分《したじちゅうぶん》などで強まり、地頭領主制が確立した。なお、当時の武士の生活は、惣領と庶子との関係が中心となる惣領制によって組み立てられていた。

農業の生産力が向上して、庶民の購買力が高まり、荘園内の手工業者は独立するようになる。彼らの商品は広く取引されて、市や店が大きく発展していった。特に貨幣の流通と商業・金融業の発展は目覚ましく、日宋貿易では宋銭が大量に輸入されて、荘園年貢の銭納化も見られた。

その一方で、**一般御家人層の窮乏は決定的なものとなり、ここから御家人制は崩壊していった。**

モンゴル襲来（もんごるしゅうらい）

モンゴル襲来は文永の役と弘安の役の2回行われた。弘安の役では、朝鮮半島からの東路軍と中国からの江南軍の二手に分かれて日本に襲来した。

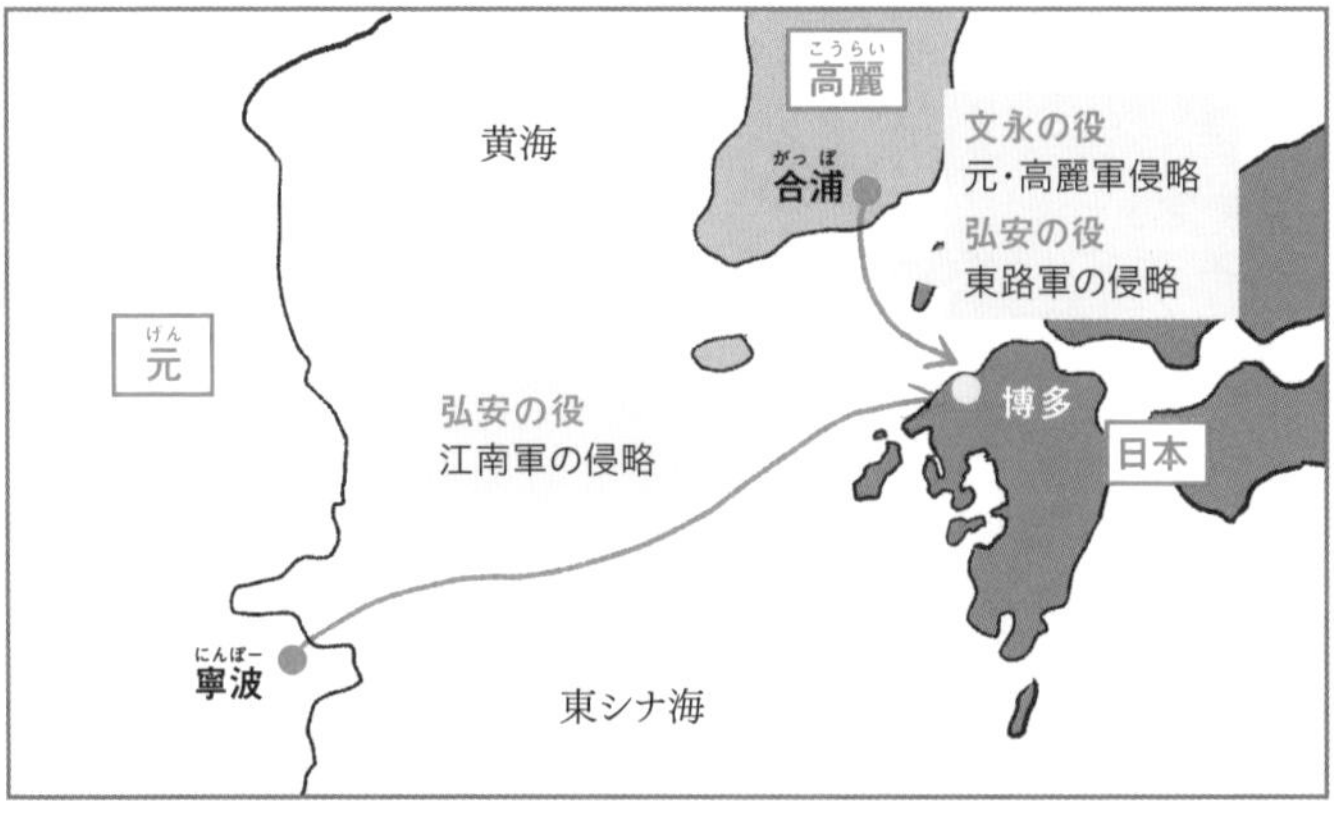
高麗《こうらい》
黄海
合浦《がっぽ》
文永の役
元・高麗軍侵略
弘安の役
東路軍の侵略
元《げん》
弘安の役
江南軍の侵略
博多
日本
寧波《にんぽー》
東シナ海

元軍の兵力	
文永《ぶんえい》の役《えき》（1274年）	元・高麗軍　約2万8000人余り（約900隻）
弘安《こうあん》の役《えき》（1281年）	東路軍《とうろ》　約4万人（約900隻） 江南軍《こうなん》　約10万人（約3500隻）

問丸（といまる）

平安末期、荘園の年貢を扱う荘官をさす。年貢や課税の徴収を請け負うことで営業独占権を確立し、次第に問屋《といや》と呼ばれるようになる。

下地中分（したじちゅうぶん）

紛争解決のために、下地《したじ》（土地）を折半し、一方を領家分（西）、他方を地頭分（東）として相互干渉しないとした。この結果、地頭の荘園侵略がすすんだ。

二毛作（にもうさく）

主に畿内・西日本で普及。同じ土地を年2回耕作するため、地力回復のための刈敷《かりしき》・厩肥《きゅうひ》などの肥料が発達した。

為替（かわし）

現金ではなく、手形などで決済する方法。依頼人が割符屋《さいふや》に金銭や米を渡して割符と呼ぶ為替手形を受け取り、この手形を支払指定地で支払人に渡し、引き換えに金銭や米を受け取る仕組み。

手形

割符（さいふ）

遠隔地に金銭を送付するために用いられた為替手形。地方の荘園・公領からの年貢銭の輸送代わりに、また訴訟費・旅費を送る際にも用いられた。

頼母子（たのもし）

講《こう》のメンバーが定期的に掛け金を支払い、くじ引き・入札などの方法で金額を受け取る仕組み。憑支《たのもし》ともいう。

阿氏河荘民訴状（あてがわしょうみんそじょう）

1275年、紀伊国・阿氏河荘の農民たちが地頭湯浅宗《むね》親《ちか》の13条の非法を、領家の京都寂楽寺《じゃくらくじ》に訴えた訴状。

刈敷（かりしき）

刈った草、稲・麦藁《むぎわら》を土中に埋めて腐らせた肥料のこと。山野に近い中小の農家では昭和後期まで用いられる場合もあった。

草木灰（そうもくかい）

草・木・藁を焼いた肥料のこと。カリウムと石灰分を含む肥料。即効性がある。

知らなきゃやばいレベル

フビライ・ハン

チンギス・ハンの孫。1271年、大《だい》都《と》（北京）に遷都し、国号を**元**と称した。79年には**南宋**を滅ぼす。日本にも臣従を求めたが拒否されたため、**2度に渡り日本侵攻を行うが失敗。**

実行

モンゴル襲来（もんごるしゅうらい）

2度に渡る**元による日本侵攻。**1274年の**文永の役**と、81年の**弘安の役**を指す。8代執権・**北条時宗**のときに来襲したが、2回とも**暴風雨、御家人の奮闘、元軍内部の混乱などにより失敗**した。しかし、戦費・警備費による幕府財政の破綻や御家人の窮乏はひどく、鎌倉幕府の衰退の一因となった。

一般常識レベル

三別抄の乱（さんべつしょうのらん）

三別抄とは**高麗の軍隊**で、精鋭を選抜した三部隊という意味。1270年、高麗で起こった反乱でモンゴル軍を苦しめた。この乱の平定により、モンゴルの日本遠征への障害は取り除かれた。

江南軍（こうなんぐん）

南宋の降兵を主体とする10万人の元軍。**弘安の役**で、**范文虎**《はんぶんこ》が率いた**江南軍**は、慶元《けいげん》（のちの寧波《にんぽー》）を出発し、**東路軍**と合流した。

合流

東路軍（とうろぐん）

弘安の役で、合浦《がっぽ》（釜山）から出陣した4万人の**元**や**高麗軍**。対馬・壱岐を侵して博多に向かい、一部は長門を襲った。

元軍

教養レベル

永仁の徳政令（えいにんのとくせいれい）

1297年・**北条貞時**が発布した御家人救済法令。所領の売却・質入れを禁止。所領を地頭・御家人に売却した土地で売却後20年未満のものと非御家人・凡下に売却した土地のすべてを、無償で売り手である御家人に返却させた法令。**モンゴル襲来**後に貧窮した御家人の救済が目的だったが、混乱を招き、一部は翌年廃止された。

鷹島（たかしま）

長崎県松浦市にある島。**文永・弘安の役**で元軍と日本軍との激戦地となった。

知らなきゃやばいレベル

モンゴル襲来

文永の役（ぶんえいのえき）

1274年、**元軍と高麗軍が対馬・壱岐を制圧し博多に上陸した事件。**集団戦法や毒矢・火薬などで、その日、元軍はいったん兵船に引き上げたが、夜半の大風で大損害を受けて退去した。この後日本は、**石塁《せきるい》の築造と異国警固番役の強化に努めた。**

弘安の役（こうあんのえき）

1281年、**東路軍《とうろぐん》と江南軍《こうなんぐん》が襲来した事件。**暴風雨が襲い元軍は壊滅した。フビライは3回目の日本遠征を計画したが、中国南部やベトナムでの反乱などにより中止となった。**幕府は元の再来に備え、鎮西探題などを設置**した。

一般常識レベル

竹崎季長（たけざきすえなが）

肥後国（熊本県）の御家人。2回に渡る元の襲来で活躍し、肥後海東郷の地頭職を拝領した。自らの戦功を記録したものに『蒙古襲来絵巻』がある。

異国警固番役（いこくけいごばんやく）

元の再襲来に備えて、九州の御家人に課した北九州沿岸警備の軍役。文永の役後、1275年に制度化。御家人のみならず、非御家人をも動員した。東国御家人の西国移住の契機となった。

モンゴル対策

教養レベル

石塁（せきるい）

文永の役後、元の来襲に備えて博多湾沿岸に築かれた防塁。石築地《いしついじ》ともいう。

鎮西探題（ちんぜいたんだい）

2回のモンゴル襲来を受けて設立された機関。1293年に博多に置かれ、九州の御家人を統轄して沿海防備、裁判、一般政務を行い、幕府の西国支配を強化した。

マルコ・ポーロ

『東方見聞録』の中で、日本を「黄金の国ジパング」として紹介した人物。

寺院建立の仏教文化と再生した公家文化

鎌倉時代における庶民生活の向上と武家社会の成立は、文化の方面においても新しい傾向を生み出す。史論や軍記物の他、移りゆく時代を生きている人々が個性に目覚めるようになり、写実性に重きを置いた芸術作品が多く生み出された。

源頼朝は、旧勢力と妥協するために寺社の造営に力を入れ、戦火で焼けた東大寺の再建のために、僧・重源《ちょうげん》を東大寺大勧進職として、宋より学んだ大仏様の雄大な手法を採用した。

宗教では禅宗が興隆するようになり、宋の影響を受けて禅宗様の簡素な禅寺も建立された。

なお、京都においては**公家文化が再生し**、**『愚《ぐ》管抄《かんしょう》』のような優れた作品が登場**。**『新古今和歌集』を頂点とした和歌文学も盛んとなった**。

東大寺南大門（とうだいじなんだいもん）

創建時の門は、平安時代に大風で倒壊した。南大門は大仏様と呼ばれる独特な建築方法で、再建は難しいとされていたが、1203年、重源が宋の技術を導入して再建した。

東大寺南門は高さが25mにもおよぶ国内最大規模の山門（国宝）で、門の左右には「金剛力士像（仁王像）」が置かれている。

知らなきゃやばいレベル

鎌倉文化（かまくらぶんか）

武士の成長に直面した貴族・僧侶の深刻な反省から生み出された文化。**鎌倉新仏教**の成立に代表される仏教界の革新、武士の社会を生き生きと描いた**軍記物**や**絵巻物**、**彫刻**に見られる写実主義などはその現れである。中期以後武士自身も文化の担い手となった。

東大寺南大門金剛力士像（とうだいじなんだいもんこんごうりきしぞう）

重源《ちょうげん》の**東大寺**復興のために再建した**南**《なん》**大門**《だいもん》の**仁王像**。口を開いた阿形《あぎょう》、口をへの字に結んだ吽形《うんぎょう》があり、**運慶**・**快慶**らの慶派一門によって、1203年に69日間で制作された。

製作

一般常識レベル

運慶（うんけい）

鎌倉初期の仏師《ぶっし》。慶派一派。湛慶《たんけい》・康《こう》弁《べん》・康勝《こうしょう》は子であり、快慶は弟子にあたる。剛健な写実主義を特徴とし、興福寺無著《むちゃく》・世親《せしん》像は代表作である。快慶との合作に東大寺南大門金剛力士像がある。

慶派一派の中心

快慶（かいけい）

慶派一派。運慶が男性的な力に溢れた彫刻に優れているのに対して、快慶は優美秀麗な彫刻を得意とした。重源に帰依して安阿弥陀仏《あんあみだぶつ》と号す。東大寺南大門金剛力士像（運慶との合作）や東大寺僧形《そうぎょう》八幡神像などが代表作である。

仏師

教養レベル

重源（ちょうげん）

3度入宋して建築技術を修得。1181年、造東大寺勧進職に補せられ、宋の仏師陳和卿《ちんわけい》と共に大仏鋳造をはかり、平重衡《しげひら》の焼き打ちにあった東大寺再建に尽力した。

勧進（かんじん）

堂塔《どうとう》をつくり、寺社の修理のために必要な寄付金を募ること。元来は、仏道精神に励むことが功徳《くどく》になると教えることで、仏道に入ることをすすめるという意味。

知らなきゃやばいレベル

新古今和歌集（しんこきんわかしゅう）

1205年、**後鳥羽上皇**の命で、**藤原定家・藤原家隆**らが編纂した勅撰《ちょくせん》和歌集。勅撰集を編纂する部局**「和歌所」**が後鳥羽院の御所に置かれ、後鳥羽院自身も歌を勅撰するなど深く関わった。

金槐和歌集（きんかいわかしゅう）

源実朝の歌集。万葉調の歌風を示す。「金」は鎌倉の鎌の偏で、「槐」は槐門で大臣の唐名。つまり「**金槐**」とは鎌倉右大臣の**源実朝を指す**。

西行が各地をめぐって
残した秀歌集
『山家集』も有名。

和歌集

一般常識レベル

玉葉（ぎょくよう）

九条兼実《くじょうかねざね》の日記。記事は1164年から1203年に渡る。守護・地頭の設置については批判的な見解を示している。

明月記（めいげつき）

藤原定家の日記。定家は歌人として優れ、朝廷や幕府の要人とも関係が深い。

吾妻鏡（あずまかがみ）

幕府編纂の歴史書（公的日記）。1180年の源頼政の挙兵から1266年の6代将軍・宗尊親王の帰京までの記録。編年体で将軍ごとにまとめられている。

日記文学

教養レベル

十六夜日記（いざよいにっき）

阿仏尼《あぶつに》の紀行文。実子の藤原為相《ためすけ》と継子の藤原為氏《ためうじ》との領地相続争いの所領訴訟により、阿仏尼が京都から鎌倉に下ったときの紀行や、鎌倉での生活記録などが書かれている。女性の地位の高さを物語る。

とはずがたり

1306年頃に成立した女流日記文学。後深草《ごふかくさ》上皇に仕えた大納言久我雅忠の女（後深草院二条《ごふかくさいんにじょう》）の作。宮廷生活や諸国をめぐった旅の見聞を記す。

知らなきゃやばいレベル

随筆

方丈記（ほうじょうき）

鴨長明《かものちょうめい》が1212年に著した随筆。源平の争乱以来の過去を振り返り、無常の心境を述べたもの。晩年、長明は京の郊外の日野山に一丈四方（方丈）の小庵で隠棲した。冒頭の「**ゆく川の流れは絶えずして、しかも、もとの水にあらず**」は有名。

徒然草（つれづれぐさ）

吉田兼好《よしだけんこう》が1331年頃に著した随筆。内容は人生論、仏教信仰論、人間観など多岐に渡り、江戸時代には人生教訓の書として受け入れられた。**無常観**の中に中世の現実を見据えた視点が見られる。

一般常識レベル

平家物語（へいけものがたり）

平氏の栄枯盛衰を主題とし、仏教的無常観に基づいて、漢字とかなを混ぜて書く和漢混淆文《こんこう》で描く。平曲として琵琶法師によって語られた。「祇園精舎《ぎおんしょうじゃ》の鐘の声」の有名な書き出しでも広く知られる。

愚管抄（ぐかんしょう）

1220年、天台座主の慈円《じえん》による日本最初の歴史哲学書。歴史を動かすものは道理であると考え、道理の盛衰は歴史の盛衰と説き、末法《まっぽう》思想によって当時の政治を論じている。日本で初めて、歴史哲学を説いたものとして注目され、後世の『神皇正統記《じんのうしょうとうき》』『読史余論《とくしよろん》』などに影響を与えた。

軍旗物

教養レベル

源平盛衰記（げんぺいじょうすい（せいすい）き）

『平家物語』の異本の一つで、読み本系に属す。白河上皇の「天下の三不如意」（61ページ）で有名。

文芸以外に武士の間では、
武芸の訓練として、
3カ所に立てた的を鏑矢《かぶらや》で射るという
流鏑馬《やぶさめ》の習慣があった。
笠懸《かさがけ》・**犬追物**《いぬおうもの》と共に
騎射三物《きしゃみつもの》と呼ばれている。

鎌倉時代の6つの宗派と宗祖

1. 日蓮宗《にちれんしゅう》（法華宗）

宗祖 **日蓮《にちれん》**

天台宗を学び、仏法の真髄を**法華経《ほけきょう》**に求め、題目を唱えれば即身成仏できると説いた。戦闘的な他宗攻撃と国難到来による為政者の責任を追求して、伊豆や佐渡に流された。主著に**『立正安国論《りっしょうあんこくろん》』**などがある。

2. 浄土宗《じょうどしゅう》

宗祖 **法然《ほうねん》**

比叡山で**天台宗**を学び、**浄土教**に接して専修念仏の信仰に至る。1175年、**念仏**のみが浄土への道と説いて、仏教の日本化の先がけとなった。京都を中心に公武から庶民の間に教えを広める。主著に**『選択本願念仏集《せんちゃくほんがんねんぶつしゅう》』**がある。

3. 浄土真宗《じょうどしんしゅう》（一向宗）

宗祖 **親鸞《しんらん》**

師・**法然**の**専修念仏《せんじゅねんぶつ》**をさらに徹底させて戒律を否定した。自ら妻帯肉食して破戒を実践し、**絶対他力**や**悪人正機《あくにんしょうき》の説**を唱えて人々に影響を与えた。北陸から関東の農民・下層武士に布教した。主著に**『教行信証《きょうぎょうしんしょう》』**がある。

4. 時宗《じしゅう》（遊行宗《ゆぎょうしゅう》）

宗祖 **一遍《いっぺん》**

1271年に阿弥陀信仰を感得《かんとく》し、74年から布教の生活に入る。紀伊熊野権現（和歌山県）で神託を得て、**勧進《かんじん》帳《ちょう》**や**念仏札**を携えて全国を遊行、**踊り念仏**を広めた。室町時代には大教団となり、庶民から公家、武家にまで浸透した。

5. 曹洞宗《そうとうしゅう》

宗祖 **道元《どうげん》**

13歳で比叡山に出家し、**天台教学**を学ぶ。1223年に入宋して**曹洞禅**を学び、27年に帰国後布教活動を展開。44年に越前の地頭**波多野義重《はたのよししげ》**に招かれ、のちの永平寺を創建、**禅**の宣揚に努めた。主著に**『正法眼蔵《しょうぼうげんぞう》』**がある。

6. 臨済宗《りんざいしゅう》

宗祖 **栄西《えいさい》**

最初に**天台宗**を学ぶが、2度の入宋により臨済宗を学んで帰朝。鎌倉に下り幕府の帰依を受け、京都に**建仁寺**を建立した。**『興禅護国論《こうぜんごこくろん》』**が主著。また宋から喫茶の風習をもたらし、**『喫茶養生記《きっさようじょうき》』**も著した。

6章

動乱に明け暮れた不安定政権の時代

室町時代

1333～1573年

60年におよぶ権力争いと下剋上への道

室町時代の初期は、朝廷が南北に分かれた内乱の時代だった。**足利尊氏《あしかがたかうじ》によって擁立された北朝と、奈良の吉野に移った後醍醐《ごだいご》天皇の南朝が対立**。それぞれの地方における武士・農民たちが巻き込まれ、約60年という長期に渡る内乱が展開していった。

その内乱が南北朝の合体などでようやく収まり、室町幕府が安定するのは、3代将軍・足利義満《よしみつ》の時代からである。義満は守護大名の強大化に伴って、幕府の権威を確立するために、有力な守護大名を抑圧していった。

しかし15世紀に入ると、家督争いによる内乱が続いて幕府の権威が低下。**下の者が上の者を倒すという下剋上の風潮が支配的となり、戦国時代に突入**していった。

鎌倉幕府の滅亡から戦国時代までの主な出来事

1333年	鎌倉幕府滅亡
1334年	建武《けんむ》の新政
1336年	湊川《みなとがわ》の戦い 後醍醐天皇が吉野に移る（南北朝時代）
1338年	足利尊氏が征夷大将軍に就任
1368年	足利義満が将軍に就任
1392年	南北朝の統一
1428年	正長《しょうちょう》の徳政《とくせい》一揆
1438年	永享《えいきょう》の乱
1441年	嘉吉《かきつ》の乱 嘉吉の徳政一揆
1449年	足利義政《よしまさ》が将軍に就任
1467年	応仁（・文明）の乱勃発
1477年	応仁（・文明）の乱終結
1485年	山城《やましろ》の国一揆
1488年	加賀の一向一揆
1495年	北条早雲《そううん》が小田原城を奪取
1553年	川中島の戦い（上杉謙信と武田信玄が計５回戦う）

↓

以降、戦国時代が到来！

川中島の戦いで、武田信玄の本陣があった場所には、謙信と信玄両雄の一騎打像が立てられている（長野市・川中島古戦場史跡公園内）。

知らなきゃやばいレベル

楠木正成（くすのきまさしげ）

南北朝の内乱で南朝側についた武士。後醍醐天皇に味方して、河内の赤坂城や金剛山の千早《ちはや》城などで鎌倉幕府軍と戦い、**建武の新政**に参加した。南北朝の内乱で**足利尊氏と戦って、兵庫の湊《みなと》川《がわ》の戦いで戦死した。**

支持

後醍醐天皇（ごだいごてんのう）

第96代天皇。王政復古を目指して討幕を計画するが失敗（**正中の変・元弘の変**）。島根県の隠岐《おき》に流される。1333年、鎌倉幕府の討幕に成功し、**建武の新政**を実現。しかし、公武の不和から**足利尊氏**が離反して崩壊。のち奈良の**吉野に移って南朝を樹立**、京都回復を企てるがそのまま死去した。

政権交代

失敗

一般常識レベル

後醍醐天皇の討幕計画

正中《しょうちゅう》の変（1324）

↓

元弘《げんこう》の変（1331）

↓

後醍醐天皇は討幕を謀って、二つの変を起こすが、失敗して隠岐へ流される。

光厳天皇（こうごんてんのう）

後伏見《ごふしみ》天皇の子。元弘の変で隠岐へ流された後醍醐天皇に代わって北条氏に擁立されたが、後醍醐天皇が帰京すると退位。のちに、弟が足利氏に擁立されて光明《こうみょう》天皇となると院政を行った。

教養レベル

後醍醐天皇は**文保の和談**で
在位期間を限られ、
皇位継承順まで定められたので、
介入を繰り返す幕府を打倒する
ようになっていった。

文保の和談（ぶんぽうのわだん）

後嵯峨《ごさが》天皇の死後、後深草《ごふかくさ》天皇の子孫（持明院統《じみょういんとう》）と亀《かめ》山《やま》天皇の子孫（大覚寺統《だいかくじとう》）に分裂。その後、1317年に両統の天皇が交互に即位する（両統迭立《りょうとうていりつ》）ことで合意（文保の和談）。近年では合意があったかどうか疑問とされている。

建武の新政（けんむのしんせい）

鎌倉幕府滅亡後の**後醍醐天皇**による親政をいう。平安前期の延喜（醍醐）・天暦（村上）の治を理想として、古代的天皇親政の復活を目指したが、武士階級の不満を招き、**足利尊氏の謀反により崩壊**した。

謀反

足利尊氏（あしかがたかうじ）

室町幕府の初代将軍。下野国《しもつけのくに》足利郷に土着した鎌倉幕府の有力な御家人で、**元弘の変**で**後醍醐天皇**側に通じ六波羅探題を攻略。**建武の新政**に参加するが、やがて離反した。**北朝の光明天皇を擁立**し、1338年に**征夷大将軍**となり京都に室町幕府を開く。

対立

鎌倉幕府の滅亡

勝利

後醍醐天皇 足利尊氏 新田義貞 楠木正成	VS	北条高時 （鎌倉の東勝寺で自害）

北条氏に反感を持つ武士がそれぞれ討幕に動き、1333年に最後の得宗・**北条高時**が自害して**鎌倉幕府**は滅亡した。

新田義貞（にったよしさだ）

南北朝の内乱で南朝についた武士。鎌倉幕府の有力な御家人であったが、後醍醐天皇に味方して、北条氏を滅ぼした。南北朝の内乱では**足利尊氏**と対立。越前の**藤島の戦い**（1338年）で敗れて戦死した。

対立　　対立

北条高時（ほうじょうたかとき）

鎌倉幕府の14代執権。若くして執権となったため政治を乱し、正中の変・元弘の変を招く原因となった。のち、新田義貞に鎌倉を攻められて自害した。

長崎高資（ながさきたかすけ）

鎌倉末期の内管領《ないかんれい》（得宗の家政を司る長）。執権・北条高時の下で専横を極め、御家人たちが幕府から離反する一因をつくった。新田義貞の鎌倉攻めの際に自害した。

記録所（きろくしょ）

建武政府が設置した国政の最高機関。

雑訴決断所（ざっそけつだんしょ）

建武政府の政務機関。記録所が大事を裁決するのに対して、主に所領の訴訟を採決させた。

武者所（むしゃどころ）

京都の治安を維持する機関。

恩賞方（おんしょうがた）

後醍醐天皇に味方した武士の論功行賞を行う機関。

中央機関

建武《けんむ》政府の機構（1334年）

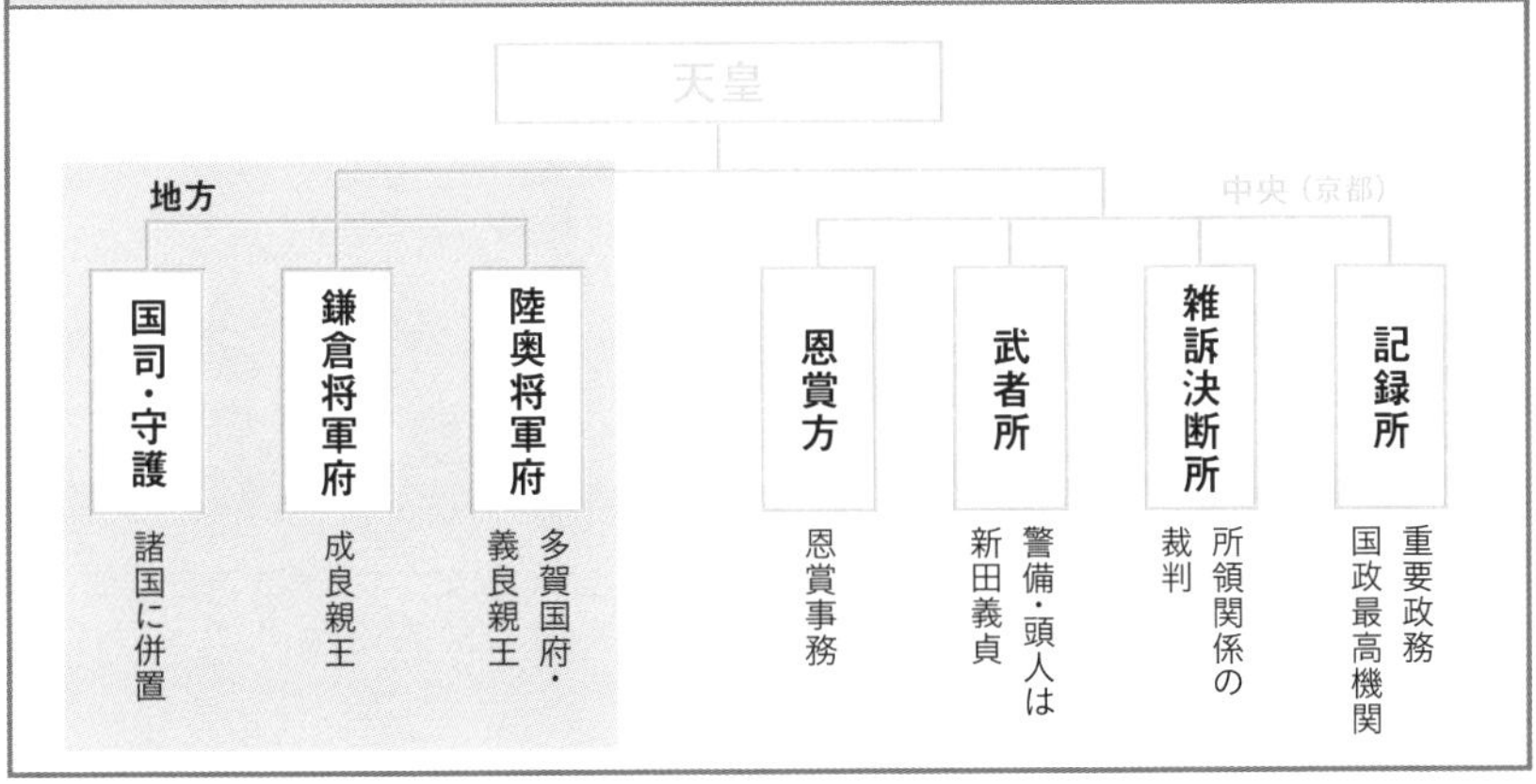
天皇
地方
中央（京都）
国司・守護
諸国に併置
鎌倉将軍府
成良親王
陸奥将軍府
多賀国府・義良親王
恩賞方
恩賞事務
武者所
警備・頭人は新田義貞
雑訴決断所
所領関係の裁判
記録所
重要政務
国政最高機関

綸旨（りんじ）

天皇の命令を蔵人《くろうど》が奉じて発令する上意下達文書。土地所有の確認に天皇の綸旨を必要とするもので、武家社会の慣習を無視するものとなった。

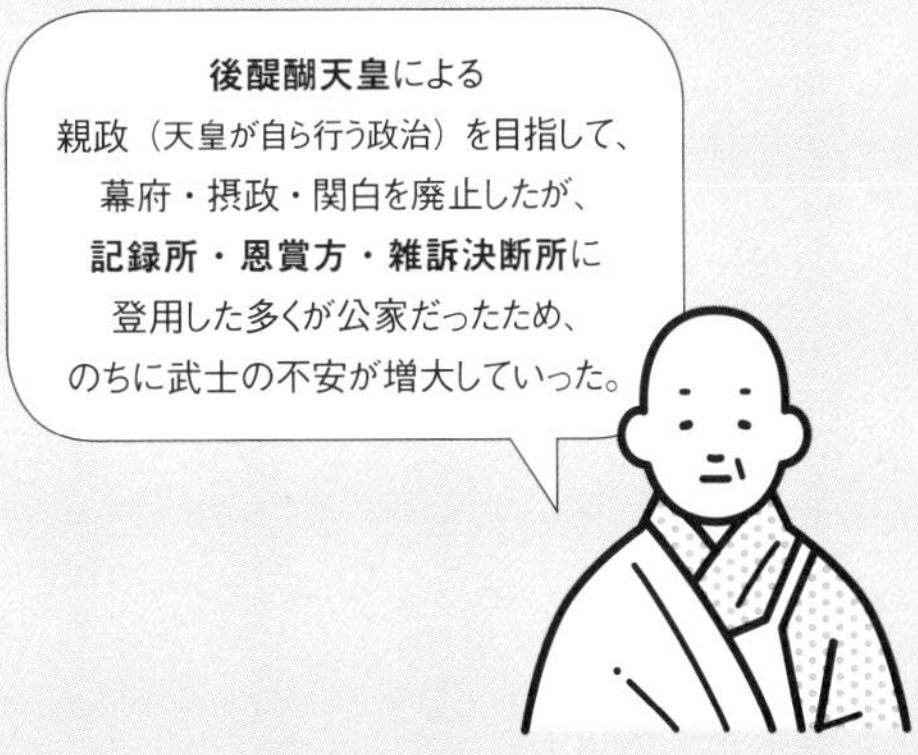
後醍醐天皇による
親政（天皇が自ら行う政治）を目指して、
幕府・摂政・関白を廃止したが、
記録所・恩賞方・雑訴決断所に
登用した多くが公家だったため、
のちに武士の不安が増大していった。

知らなきゃやばいレベル

北条時行（ほうじょうときゆき）

鎌倉幕府14代執権・北条高時の子。信濃の諏訪頼重《すわよりしげ》にかくまわれ、1335年に幕府再興を企図して挙兵。**足利直義**軍を破って鎌倉に入ったが、**足利尊氏**に攻められて敗走した**（中先代の乱）**。その後、南朝と通じ**新田義興《よしおき》**らと鎌倉を再度占領したが敗北した。

対立

足利直義（あしかがただよし）

足利尊氏の弟。**中先代《なかせんだい》の乱**に乗じて、鎌倉に幽閉していた**護良《もりよし》親王を殺害**した。のち**高師直《こうのもろなお》と対立**し、尊氏と不和となり毒殺された。

関与

敗れる

一般常識レベル

中先代《なかせんだい》の乱《らん》

勝利

足利尊氏（征夷大将軍を自称）
足利直義（護良親王を殺害）

VS

北条時行（高時の子）

中先代の乱に乗じて、武家政権を否定する後醍醐天皇に反旗を翻す。

懐良親王（かねよししんのう）

後醍醐天皇の皇子。**南朝の征西将軍**として菊池武光《たけみつ》などの支持を得て、大宰府中心に南朝の勢力を広げたが、九州探題**今川了俊《りょうしゅん》と戦い、敗れた。**

教養レベル

後村上天皇（ごむらかみてんのう）

後醍醐天皇の皇子。名を義《のり》良《よし》といい、建武政権下に北畠顕家《あきいえ》と共に陸奥に赴き、東北地方を鎮定した。1348年、高師直《こうのもろなお》の吉野攻略により賀名生《あのう》へ、さらに摂津の住吉神社、河内の金剛寺・観心寺にも移った。

神皇正統記（じんのうしょうとうき）

北畠親房《ちかふさ》が執筆した歴史書。神国思想と大義名分論に基づき、南朝の正当性を主張。日本の神国としての成立から、後村上天皇までの事績を述べた。

知らなきゃやばいレベル

建武式目（けんむしきもく）

中原章賢《のりかた》（是円《ぜえん》）らが**足利尊氏の諮問に答えた意見書**。鎌倉からの移転は世論に従うべきこと、昔の国司に相当する**守護職**は政治的手腕のある者を任命すべき、**北条義時・泰時**父子の政治を手本とすべきなど、17条にまとめて答申。1336年11月7日、建武式目が制定された。

南北朝の動乱（なんぼくちょうのどうらん）

朝廷が**南朝**と**北朝**に分かれ、全国で争いが続いたこと。南朝は全国の武士などに協力を求めたため、全国各地に戦乱が広がっていった。

一般常識レベル

幕府の成立

湊川の戦い（みなとがわのたたかい）

1336年に足利尊氏・直義の軍が、新田義貞・楠木正成の率いる朝廷軍を破った戦い。尊氏はこの戦いに勝利したことで、後醍醐天皇に譲位を迫り、建武政府が崩壊、室町幕府の成立を決定づけた。

解説

南北朝の動乱

南北二つの朝廷時代が約60年間続く

京都（北朝）		奈良・吉野（南朝）
足利尊氏 **光明天皇**	**VS**	**後醍醐天皇** **北畠顕家**

1336年の湊川の戦いで朝廷軍を倒した足利尊氏は、吉野（南朝）の後醍醐天皇に譲位を迫り、光明天皇を擁立。建武式目を制定し、1338年、正式に京都（北朝）に幕府を開く。以後、1392年に南北朝が合体するまで、二人の天皇が並立する2朝廷時代が続く。

教養レベル

北畠顕家（きたばたけあきいえ）

北畠親房の子。建武新政では陸奥鎮守府将軍。足利尊氏挙兵のときに西上し、尊氏を敗走させた。南朝の有力な武将であったが、高師《こうのもろ》直《なお》に石津《いしづ》の戦い（1338年）で敗れた。

光明天皇（こうみょうてんのう）

後伏見天皇の子。光厳《こうごん》天皇の弟。足利尊氏に擁立され北朝の天皇となった。

知らなきゃやばいレベル

観応の擾乱（かんのうのじょうらん）

北朝の内紛。室町幕府は**足利尊氏**と弟・**直義**の二頭政治体制であったが、尊氏の執事・**高師直と直義が対立**。1351年に高師直が直義方に討たれると、今度は**兄弟が対立**して幕府の内乱となり、52年に直義が毒殺された。

敗れる

高師直（こうのもろなお）

足利尊氏の執事。尊氏と共に戦って戦功を立て、幕府内で権勢をふるう。のち**足利直義と対立して敗れ**、一族と共に殺された。江戸時代の**竹田出雲**《いずも》の『**仮名手本忠臣蔵**《かなでほんちゅうしんぐら》』は、幕府の遠慮から室町幕府に設定、吉良上野介《きらこうずけのすけ》を高師直に脚色している。

解説

観応《かんのう》の擾乱《じょうらん》

勝利

新興勢力派		旧体制維持派
足利尊氏 高師直	VS	足利直義 足利直冬

荘園制の枠組み否定の尊氏ら新興勢力と、荘園領主と妥協をはかろうとする直義ら保守派の戦い。足利直義が毒殺されて決着。

一般常識レベル

国人（こくじん）

地頭や荘官や地方の有力武士たちを指す。守護大名の領国支配に対して、国人たちはしばしば**国人一揆**を起こして対抗した。

教養レベル

二頭政治（にとうせいじ）

最高権力者が2人いる政治形態を指す。1338年に足利尊氏は征夷大将軍となり、弟・直義は左兵衛督《さひょうえのかみ》に任じられ、二頭政治を行い両将軍と称された。なお、江戸時代の2代将軍・徳川秀忠と家康も二頭政治である。

正平の一統（しょうへいのいっとう）

一時的に南北朝が統一されたこと。足利尊氏は、足利直義追討のため、南朝と和議を結んだ。北朝の年号・観応を廃し、南朝の年号・正平（1346〜1370年）に統一した。

室町幕府
（むろまちばくふ）

1338年に**足利尊氏**が征夷大将軍となり、京都に創立した武家政権。3代将軍・**足利義満**が**南北朝の合体**を実現して最盛期となる。その後、**守護大名**の成長により、将軍の権威は失墜。幕府は、1573年、15代将軍・**足利義《よし》昭《あき》**が**織田信長《のぶなが》**に追放されて滅亡した。

成長

守護大名
（しゅごだいみょう）

室町時代に一国を領地として支配した武士。鎌倉時代の守護は、幕府から任命された地方の役人にすぎなかったが、**南北朝の内乱の頃から守護が荘園も納め、国人を従えるようになった。**これを鎌倉時代の守護と区別して、**守護大名**と呼ぶ。

知らなきゃやばいレベル

勢力拡大

半済
（はんぜい）

1352年、足利尊氏が近江・美濃・尾張の3国に施行したのが始まり。一国内の荘園・公領の年貢の半分を兵粮《ひょうろう》米《まい》として守護に与える制度。守護から在地武士に分配して支配した。本来1年限りだったが、これを契機に武士の荘園侵略は一層激しくなっていった。

守護請
（しゅごうけ）

荘園領主と地頭（武士）の紛争解決のため、守護が荘園領主や知行《ちぎょう》国主から、任国の荘園・国衙《こくが》領の経営を任され、一定の年貢を請け負う制度。これにより、守護が荘園を私領化し、荘園領主の収入は激減した。

一般常識レベル

守護適用拡大

応安の半済令
（おうあんのはんぜいれい）

1352年に足利尊氏が出した観応の半済に対して、68年に義満が出した半済を指す。守護は半済令の適用範囲を拡大・恒久化していき、ついには土地そのものを折半するようになった。

動乱の長期化により、
力をつけてきた地方の武士たちをまとめる
守護の役割が重要となったため、
半済や**守護請**を実施して
守護の権限を強化していった。

教養レベル

知らなきゃやばいレベル

足利義満（あしかがよしみつ）

足利義詮《よしあきら》の子。室町幕府の3代将軍。1392年に**南北朝の合体を実現**。太政大臣になり、**花の御所**で政治を行い、守護大名を抑えて幕府の仕組みを整えた。中国の**明と勘合《かんごう》貿易を始める**。京都の**北山**につくった別荘の一部が**金閣**で、この頃は華やかな文化が栄えた。

仲介

南北朝の合体（なんぼくちょうのがったい）

南朝と**北朝**の朝廷が、1392年に一つになったこと。南朝の**後亀山天皇**《ごかめやま》が、3代将軍・**足利義満**の仲介で京都に帰り、北朝の**後小松天皇**《ごこまつ》に位を譲った。これによって、約60年におよんだ南北朝の対立が終わった。

一般常識レベル

将軍の補佐

管領（かんれい）

将軍を補佐する最高機関。この下に侍所・政所・問注所などが設けられた。

足利義満の
呼びかけに応じて、
南朝の後亀山天皇が
北朝の後小松天皇に
神器を渡して譲位した。

三管領（さんかんれい）

将軍の補佐にあたる畠山・細川・斯波《しば》の三氏を指す。

四職（ししき）

侍所の長官に任じられた京極《きょうごく》・山名《やまな》・赤松・一色《いっしき》の四氏を指す。

教養レベル

就任

九州探題（きゅうしゅうたんだい）

南朝方を制圧するために設置された機関。1371年、今川貞世《さだよ》が任命され、のち渋川氏が世襲。

細川頼之（ほそかわよりゆき）

足利義詮《よしあきら》の命により管領となり、足利義満を補佐し、室町幕府の基礎を築いた。

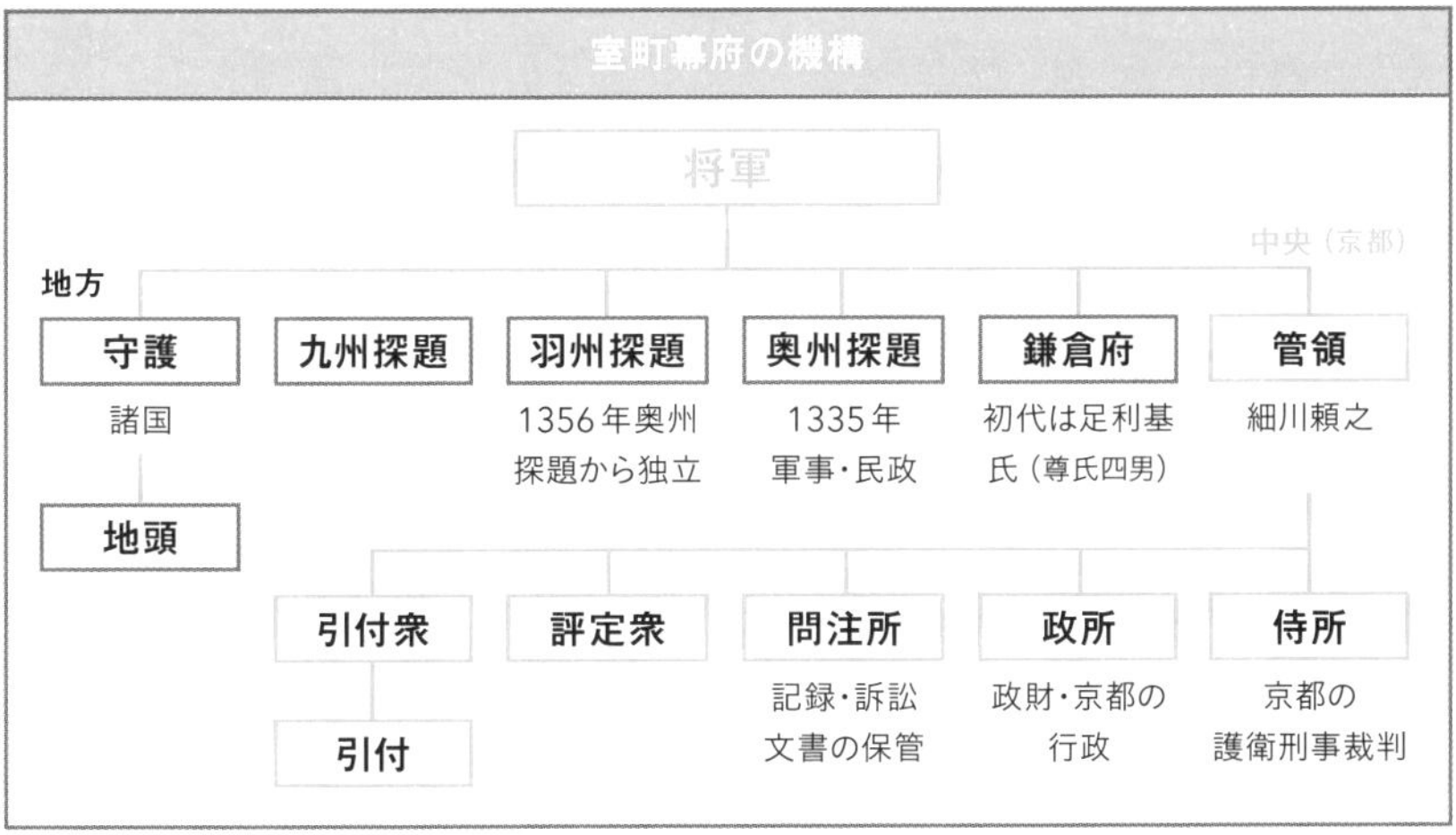
室町幕府の機構
将軍
中央（京都）
地方
守護
諸国
地頭
九州探題
羽州探題
1356年奥州探題から独立
奥州探題
1335年
軍事・民政
鎌倉府
初代は足利基氏（尊氏四男）
管領
細川頼之
引付衆
引付
評定衆
問注所
記録・訴訟文書の保管
政所
政財・京都の行政
侍所
京都の護衛刑事裁判

一般常識レベル

明徳の乱（めいとくのらん）

1391年に山名氏清《やまなうじきよ》が起こした反乱。丹波・和泉などの守護で「六分一殿」と称された山名氏の内乱に足利義満が挑発・介入したことで、山名氏清が挙兵したが敗死した。

応永の乱（おうえいのらん）

1399年6カ国の守護を兼ねた大内義弘が、堺で足利義満と戦った事件。大内義弘は鎌倉公方・足利満兼《みつかね》と結んで堺で挙兵したが、足利義満に敗れた。これを機に、守護大名に対する将軍権力が確立した。

税金

教養レベル

御料所（ごりょうしょ）

室町幕府の直轄領。足利義満が奉公衆《ほうこうしゅう》（5番編成約300人）を派遣して管理し、守護の動向をけん制する役割を果たした。

段銭（たんせん）

田畑の面積に応じて課した臨時税。国ごとの荘園や公領に賦課された。

棟別銭（むねべつせん）

家屋の棟数別に課した税金。室町期には恒常的な課税へと変化し、段銭と共に幕府の財源となった。

知らなきゃやばいレベル

永享の乱
（えいきょうのらん）

1438年、鎌倉公方・**足利持氏**《もちうじ》が**義**《よし》**教**《のり》の将軍就任に反対して起こした反乱。関東管領・**上杉憲実**《のりざね》と幕府追討軍により、持氏は翌39年に自害した。

反乱

足利義教
（あしかがよしのり）

室町幕府の6代将軍。3代・足利義満の子。義円《ぎえん》と称した天台座主であったが、くじ引きで将軍となった。**永享の乱**で鎌倉公方・**足利持氏**を滅ぼし、独裁的・強権的な政治で大名や朝廷を圧したが、1441年に**嘉吉の乱で赤松満祐**《みつすけ》**に殺害**された。

殺害

一般常識レベル

嘉吉の乱
（かきつのらん）

1441年、播磨の守護**赤松満祐**が、6代将軍・**足利義教**を殺害した事件。当時、足利義教は**一色義貫**《よしつら》、**土岐**《とき》**持頼**《もちより》ら有力守護を討って、幕府の権威を高めようとしていた。赤松は義教を京都の自邸に招いて殺害。将軍や幕府の権威失墜のきっかけとなり、幕政は**細川氏・山名氏・大内氏**の手に移った。

享徳の乱
（きょうとくのらん）

鎌倉公方・**足利成氏**《しげうじ》は、1454年関東管領・**上杉憲忠**《のりただ》を謀殺し、上杉氏勢力の一掃に乗り出して、翌年には下総《しもうさ》古河に移った（古河公方《こがくぼう》）。幕府は成氏に対抗するため、8代将軍・足利義政の弟・**政知**《まさとも》を伊豆の堀越に派遣し、**鎌倉公方は分裂**した。

一揆

関連

教養レベル

正長の徳政一揆
（しょうちょうのとくせいいっき）

1428年、近江坂本の馬借をはじめ、周辺の農民たちが徳政を要求した一揆。酒屋・土倉・寺院を襲撃したが、畠山満家《みついえ》により鎮圧された。農民が起こした初めての一揆とされる。

嘉吉の徳政一揆
（かきつのとくせいいっき）

嘉吉の乱後に、京都周辺で発生した一揆。室町幕府に「代初めの徳政」を要求し、その目的を達成した。このの ち徳政一揆は、全国化していった。

知らなきゃやばいレベル

応仁の乱（おうにんのらん）

1467~1477年、**細川勝元《かつもと》**と**山《やま》名《な》宗全《そうぜん》**（持豊《もちとよ》）の勢力争いに、将軍継嗣《けいし》と畠山・斯波家の家督争いがからんで起こった大乱。全国の武士が東・西両軍に分かれて戦い、京都は焦土化し、将軍の権威は落ちた。11年に渡る戦乱は和睦の結果、西軍が解体され収束したが、京都全域が壊滅的な被害を受けて荒廃した。

足利義政（あしかがよしまさ）

後継者争いが一因

室町幕府の8代将軍。6代・義教の子。芸術を好んで東山文化を支え、**東山殿**と呼ばれた。弟・**義視《よしみ》**と子・**義尚《よしひさ》**の家督相続争いも**応仁の乱**の一因である。

解説

応仁の乱

西軍（11万余人）	VS	東軍（16万余人）
大将		大将
山名宗全		細川勝元
足利義尚	←→ 2年間に互いの将軍候補が入れ替わる	足利義視
斯波義廉《よしかど》		斯波義敏《よしとし》
畠山義就《よしなり》		畠山政長《まさなが》

畠山家と斯波家の家督争いと、足利義尚、足利義視の将軍後継者争いで始まったが、両軍の大将が病死して1477年に和議。

一般常識レベル

分一徳政令（ぶいちとくせいれい）

債権額または債務額の1/5ないし1/10の分《ぶ》一銭《いちせん》を、幕府に納入することを条件に、債権の確認、または債務の破棄を認めたもの。1454年の享徳《きょうとく》の徳政一揆の徳政令以降、分一徳政令が普通になった。

教養レベル

山城の国一揆（やましろのくにいっき）

1485年に始まった山城国での国一揆。南山城の国人・土民らが畠山軍を国外に退去させ、93年まで8年間に渡って一揆の自治的支配を実現した。幕府の膝元で守護支配を排除し、36人の月行事《がちぎょうじ》で国政を運営した。

加賀の一向一揆（かがのいっこういっき）

1488年、浄土真宗本願寺派の武士や農民が加賀国守護の富樫政親《とがしまさちか》を打倒した一揆。その後約100年に渡って一揆衆による自治支配が行われた。

知らなきゃやばいレベル

下剋上（げこくじょう）

下の者が上の者を打ち破って勢力をふるうこと。**応仁の乱**後にその風潮が強まった。**家臣が守護を倒して戦国大名になったことや、国一揆などはその代表的な例**である。

代表例

大内義隆（おおうちよしたか）

大内義興の子。**勘合貿易**で活躍。**ザビエル**に布教を許可するも、1551年、家臣・**陶晴賢**《すえはるかた》に襲われ自害した。陶晴賢は国人・**毛利元就**《もとなり》に55年の**厳島**《いつくしま》**の戦い**で破れた。

一般常識レベル

細川晴元（ほそかわはるもと）

細川高国《たかくに》を破って管領家を継いだが、執事・三好長慶に京都を追われる。

下克上

三好長慶（みよしながよし）

管領・細川晴元や13代将軍・足利義輝《よしてる》を追放したが、家臣の松永久秀に実権を奪われ没落した。

下克上

松永久秀（まつながひさひで）

三好長慶の死後、足利義輝を襲い自殺させた。1567年に筒井順慶《じゅんけい》と戦い、東大寺大仏殿を焼いた。そののち15代将軍・足利義昭と通じて、織田信長に反抗と従属を繰り返したが、77年に織田信長に信貴山城《しんぎさんじょう》を攻められて焼死。

教養レベル

明応の政変（めいおうのせいへん）

1493年に細川政元《まさもと》が起こした足利将軍の廃位事件。10代将軍・足利義稙《よしたね》を廃位し、細川政元は堀越公方《ほりこしくぼう》・足利政知《まさとも》の子・足利義澄《よしずみ》を擁立。クーデターは成功し、実権は政元が握った。政元はのちに家督争いに巻き込まれ殺された。

こうした一連の下剋上は戦国時代の風潮といえる。

知らなきゃやばいレベル

武田信玄（たけだしんげん）

甲斐守・武田信虎《のぶとら》の子で、名は晴信。信虎を追放して自立し、信濃国を攻略して**上杉謙信と川中島で戦う**（**川中島の戦い**）。**今川義元**《よしもと》の死後の駿河国を併合し、**北条氏康**《うじやす》と戦った。上洛を企て**徳川家康**《いえやす》を遠江三方ヶ原で破ったが、まもなく陣中で病死した。

上杉謙信（うえすぎけんしん）

越後国守護代・長尾為景《ためかげ》の子。関東管領・**上杉憲政**《のりまさ》の家督を継ぎ上杉氏を称す。春日山城を拠点に武田・北条氏と合戦を繰り返した。特に**信玄との川中島の戦いは有名**である。**織田信長**と対立し上洛を企てたが、病死した。

川中島の戦い

一般常識レベル

北条早雲（ほうじょうそううん）

今川氏のもとで勢力を伸ばし、足利政知（堀越公方）を倒し、孫・氏康は古河公方と扇谷上杉《おうぎがやつうえすぎ》氏を滅ぼし、関東における覇権を握った。早雲は伊勢新九郎《いせしんくろう》長氏《ながうじ》と称し、出家して宗瑞《そうずい》と号した。家訓『早雲寺殿廿一箇条《そううんじどのにじゅういっかじょう》』は、戦国大名家法として有名。

分国法（ぶんこくほう）

戦国大名が分国支配のため独自に発布した法令。富国強兵や領内統制の確保が主眼となっている。主な分国法として、今川氏の『今川仮名目録《かなもくろく》』、伊達氏の『塵芥集《じんかいしゅう》』、武田氏の『信玄家法』などがある。

発布

教養レベル

その他の主な戦国大名

系譜	戦国大名
守護大名（大名化した守護）	今川義元（駿河・遠江・三河）、大内義隆《よしたか》（周防）、大友義鎮《よししげ》（豊後）
守護代（元は現地の代官）	朝倉義景《よしかげ》（越前）、織田信長（尾張）
国人（元は地元の有力者）	毛利元就《もとなり》（安芸）、龍造寺隆信《りゅうぞうじたかのぶ》（肥前）、長宗我部元親《ちょうそかべもとちか》（土佐）

＊現代でいえば、守護大名、守護代は県レベルの統治者、国人は市町村レベルの統治者。

国際貿易の再開、特産品誕生、農業生産力向上

元**との貿易は、倭寇《わこう》によって断絶していたが、明の時代になって再開された。**日朝貿易は、通信符（身分証）を用いて富山浦《ふざんぽ》・乃而浦《ないじほ》・塩浦《えんぽ》の3港で行われ、朝鮮に近い対馬の宗氏が仲介。琉球では、1429年に琉球王国を建国した尚巴志《しょうはし》が、明の私貿易禁止政策を利用し、東アジア諸国間の中継貿易を行った。

国内では、三斎市から発展した、月6回開催の六斎市が一般化し、常設の小売店である見世棚がしだいに増え、京都の米場や淀の魚市などのように特定の商品だけを扱う市場も生まれた。

農村では、二毛作が地方へと普及し、畿内では三毛作も始まった。肥料は刈敷・草木灰だけでなく、人糞尿も使用されるようになり、生産力が大いに向上していった。

遣明船（けんみんせん）

1404～1547年まで日明貿易（勘合貿易）に用いられた船のこと。日本からの輸出品は、銅、硫黄、金、刀剣、漆器、蒔絵など。日本が輸入したのは銅銭、生糸、織物、陶磁器、仏教経典など。

連絡《れんらく》のために
堺《さかい》は
南朝港《なんちょうこう》
Ⓐ

南北朝時代、南朝の中心は山深い吉野の地にあったため、堺は中国や四国、和歌山に点在する味方との連絡港だった。札はそれを詠んだもの。「堺かるた」より。

知らなきゃやばいレベル

倭寇（わこう）

13世紀末〜16世紀に、朝鮮や中国沿岸で略奪行為をした**武装商人集団**。**前期倭寇**は壱岐・対馬・北九州の日本人が中心であったが、**足利義満**による九州制圧と**勘合貿易**開始で鎮静化した。

貿易再開

勘合貿易（かんごうぼうえき）

日明貿易。**足利義満**が**明**との国交を開き、1404年に開始した。正式の渡航船（勘合船）である証明に、**勘合**と呼ばれる証票を持参した。11年、4代将軍・**足利義持**は朝貢形式に反対して中断したが、6代将軍・**足利義教**《よしのり》のときに再開。やがて貿易は**大内氏**が独占し、16世紀半ばの大内義隆滅亡とともに断絶した。

査証・交易

正使・派遣・副使

一般常識レベル

寧波（にんぽー）

古くは明州《めいしゅう》と呼ばれ、遣唐使の発着港であった。日明貿易では勘合を査証し、北京で交易した。

祖阿・肥富（そあ・こいつみ）

1401年、足利義満が明に通交を求め派遣した、同朋衆の僧と博多商人。正使が祖阿《そあ》、副使が肥富《こいつみ》。以後正使・副使は臨済宗の五山関係の僧から選任。

勘合貿易廃絶後の
後期倭寇は明国人が中心で、
これが明滅亡の一因にもなった。

教養レベル

本字勘合（ほんじかんごう）

勘合とは身分を証明する割符《わっぷ》のこと。日明貿易の際、日本側が持つ勘合を「本字勘合」、明側が持つ勘合を「日字勘合」という。勘合のチェック（査証《さしょう》）は寧波《にんぽー》で、交易は北京で行った。

通信符（つうしんふ）

日朝貿易の際に、朝鮮国王が日本からの貿易船に与えた渡航証明書。正式の貿易船であることを証明した。

知らなきゃやばいレベル

応永の外寇（おうえいのがいこう）

1419年の李氏《りし》朝鮮による対馬《つしま》襲撃事件。倭寇に悩む朝鮮が対馬を倭寇の根拠地として大軍を派遣した。守護・宗貞盛《そうさだもり》の防戦で朝鮮軍は退いた。

琉球王国（りゅうきゅうおうこく）

1429年、尚巴志《しょうはし》が南山《なんざん》・中山《ちゅうざん》・北《ほく》山《ざん》の3国を統一して琉球に建てた王国。日明両国に貢物を持って入貢《にゅうこう》し、16世紀半ばまで中継貿易で栄えた。

琉球王国は尚氏の一族が国王となって治めていたが、1609年に島津氏に征服され、薩摩藩と明の両方に従うようになった。

宗貞盛の功績

一般常識レベル

癸亥約条（きがいやくじょう）

嘉吉《かきつ》条約ともいう。1443年宗氏との間に結び、貿易のための船を1年に50隻と制限。貿易港は富山浦・乃而浦・塩浦の三浦に限定した。この三浦と漢《かん》城《じょう》に倭館（日本人居住地）を置く。

コシャマインの乱（こしゃまいんのらん）

1456年、1本の小刀の価格をめぐる鍛冶屋と、注文したアイヌ青年との争いが発端。57年、夷長・コシャマインのアイヌ軍攻撃に発展したが、武田信広《のぶひろ》が鎮圧し、蠣崎《かきざき》氏を継いで蝦夷地《えぞち》の支配者となった。

許可証

通行中断

教養レベル

文引（ぶんいん）

対馬の宗氏が、発行した渡航許可証。制度的には、1438年、宗貞盛と朝鮮との約条で確立した。

三浦の乱（さんぽのらん）

1510年、朝鮮の三浦に住む日本人居留民（恒居倭《こうきょわ》人《じん》という）による暴動。密貿易に対する朝鮮王朝の取り締まりの強化に反発して起こった。この結果、対馬と朝鮮との通交は一時中断した。

一般常識レベル

惣（そう）

南北朝時代から室町時代の、名主を中心とした農村の自治の仕組み。代表者を選び、重要な問題は寄合《よりあい》を開いて決め、用水や入会地を管理した。

発達

宮座（みやざ）

村落の祭祀集団。惣《そう》の発達に伴って成立し、地縁的結合が強い。氏子《うじこ》の中の一定の人々が中心となって、氏神の祭祀を行った。

入会地（いりあいち）

農民や村落が、共同利用する山林を指す。地租改正で国有地となった。

要求方法

愁訴（しゅうそ）

百姓申状《ひゃくしょうもうしじょう》を提出して、本所に代官の不正や自然災害を訴えて要求を実現する闘争形態。

逃散（ちょうさん）

領主への抵抗手段として、一村を挙げて耕作を放棄し、山野や他領へ逃亡したこと。この種の反抗は、令制下では逃亡・浮浪といい、中世以降になると、強訴・一揆などとともに頻発した。

惣のような自立的で
自主的な村は
近畿地方を中心に
できていった。

自治

教養レベル

自検断（じけんだん）

村民が自ら警察権や裁判権を行使すること。守護や領主の使者の干渉を拒否する、守護不入も行われた。地下検断《じげけんだん》ともいう。

地下請（じげうけ）

物の名主が領主へ納める年貢を請け負った制度。年貢を一括して請け負い、荘園領主の村落への介入を排除した。百姓請《ひゃくしょううけ》ともいう。

知らなきゃやばいレベル

座（ざ）

中世の**商工業者が結成した同業団体**。官庁・貴族・寺社などを**本所**とし、**座《ざ》役《やく》**を納める代わりに国家的課役や関銭《せきせん》（通過税）の免除、原料仕入や販売などの独占権を保証された。元来は本所に対する奉仕者の集団であった。

室町後期以降、**本所**を持たない**座**や、
座に所属しない**座外商人**が現れて商業が発展。
戦国時代になると流通促進をはかるため、座の
特権を否定する**楽市令**が出されるようにる。

最大の油座

一般常識レベル

大山崎油座（おおやまざきあぶらざ）

石清水八幡宮を本所とする荏胡麻《えごま》の油商人の座。寺社と手を結び、荏胡麻の購入・販売権を独占した、**中世日本最大規模の油座**。このように、大寺社と結ぶ座商人を**神人《じにん》**、朝廷と結ぶ座商人を**供御人《くごにん》**という。

六斎市（ろくさいいち）

月に6回開かれる定期市。商業の発展につれて、月3回の**三斎市《さんさいいち》**が月6回の市に発展した。市日は1・6、11・16、21・26などといった一定の組み合わせで開かれた。六斎市の発達により地方の産業が盛んとなり、**加賀絹**、**常陸紬**、**備中刀**などの特産品も生まれた。

行商人

教養レベル

振売（ふりうり）

大声で呼びながら売り歩く行商人のこと。「風鈴を売る、振売の声」として歌われている。

連雀商人（れんじゃくしょうにん）

物を背負って売り歩く行商人。振売よりも広範囲に活動した。

大原女・桂女（おはらめ・かつらめ）

京都の女性の行商人。頭に薪をのせて売ったのが大原《おおはら》女《め》。桂川の鮎や朝鮮飴を売ったのが桂女《かつらめ》。

知らなきゃやばいレベル

馬借（ばしゃく）

馬の背で荷を運ぶ運送業者。大津・坂本・淀など、京都の入り口に多く、米商売も行った。洛中《らくちゅう》（平安京の京域内）の高利貸への債務が多く、また交通の便がよいところに位置し各地の情報に通じていたため、**徳政一揆**で活躍した。

洪武通宝・永楽通宝（こうぶつうほう・えいらくつうほう）

いずれも中国の**明銭《みんせん》**。**永楽通宝《えいらくつうほう》**のほうが流通性が高かった。永楽通宝の価値を基準に表示された年貢・諸役の賦課《ふか》基準高のことを永高《えいだか》と呼んだ。その他**宣徳通宝《せんとくつうほう》**も明銭である。

高利貸

一般常識レベル

土倉（どそう）

室町期の金融業者。もとは倉庫業者だったが、高利貸も営むようになり、徳政一揆で襲撃の対象となった。

酒屋（さかや）

酒造業者であるが、室町期の京都では高利貸を営み、徳政一揆襲撃の対象となった。15世紀の京都には３４２軒余り存在し、幕府の重要財源となった。

祠堂銭（しどうせん）

死者を供養するため、寺に寄進する銭。寺院はこれを元手に高利貸を営んだ。

教養レベル

鋳物師（いもじ）

鉄やその他の金属を溶かし鋳型に流し込んで、農具などの**器物をつくる職人**。室町時代以降は日本の各地に広がり、多くは為政者《いせいしゃ》の独占のもとで武具、鍋釜、農具などの生産を行った。

三毛作（さんもうさく）

畿内や西日本では米・麦・そばを耕作していたことが**宋希璟《そうきけい》『老松堂《ろうしょうどう》日本行録』**に書かれている。

公武両文化が融合し、花開いた北山、東山文化

公武両文化が奈良吉野・京都に開花したが、**公家文化の衰退と入れ替わりに、民衆の間から新しい文化が芽生えた。**政治的情勢を反映した歴史に関する著述には、『梅松論《ばいしょうろん》』、『太平記』、北畠親房の『神皇正統記《じんのうしょうとうき》』などがある。

足利義満時代の北山文化は金閣が代表的で、8代将軍義政時代の東山文化の象徴は、東山山荘の銀閣である。公武文化がより一層融合し、水墨画など禅宗の影響が強く見られた。「わび」「さび」を尊ぶ茶の湯では、奈良・称名寺の僧・村田珠光《じゅこう》が侘茶を始め、戦国期の堺町人・武野《たけの》紹鷗《じょうおう》へと受け継がれた。もう一つ有名なのは、将軍・足利義満の保護を受けた結崎座《ゆうざきざ》の観阿《かんあ》弥《み》・世阿弥《ぜあみ》父子が、猿楽に農耕神事芸能の田楽などを融合し、能を大成したことである。

私が初めて日本にメガネを持ち込みました。

フランシスコ・ザビエル

1549年、日本に初めてキリスト教を伝えたスペイン人宣教師。この後、多くの宣教師が来日。南蛮貿易も始まり、ヨーロッパの品物や文化が日本に入ってきた。

知らなきゃやばいレベル

南北朝文化（なんぼくちょうぶんか）

武士や庶民が台頭した南北朝の動乱期を背景に、**歴史書・軍記物語を中心とした文化**。

太平記（たいへいき）

後醍醐天皇の討幕計画から**建武の新政**、**南北朝**の分立、**室町幕府**の内紛までを和漢混淆文《わかんこんこうぶん》で描く、南朝側の軍記物。太平記読みによって普及した。

連歌（れんが）

和歌の上の句と下の句を交互に詠み重ねるもの。公家から庶民にも普及した。室町期が最盛期で**宗祇《そうぎ》・宗長《そうちょう》・肖柏《しょうはく》**らの連歌師が活躍した。

一般常識レベル

増鏡（ますかがみ）

後鳥羽上皇誕生に始まり後醍醐天皇の隠岐からの帰還までを述べた、編年体歴史書。承久の乱と元弘の変という二大事変を山場に、当時の公家の記録や日記類を多数引用している。『大鏡《おおかがみ》』『今鏡《いまかがみ》』『水鏡《みずかがみ》』と合わせて四鏡《しきょう》という。

歴史書

梅松論（ばいしょうろん）

足利氏の繁栄を記した歴史書。北朝の立場で、持明院・大覚寺両統の分裂から、足利氏の政権獲得までの過程が書かれている。書名は、足利尊氏および子孫の繁栄を、北野神社の飛梅《とびうめ》、老《おい》松《まつ》になぞらえて名づけられた。

誤り訂正

教養レベル

菟玖波集（つくばしゅう）

最初の准勅撰連歌集。1356年に二条良基《よしもと》が連歌師救済《ぐさい》の協力を得て編集した。連歌の文学的地位を確立。

難太平記（なんたいへいき）

今川了俊《りょうしゅん》が著した軍記物。今川氏の家系と父祖以来の事績を、子孫に伝えるために書き残したもの。『太平記』の誤りを訂正している。

闘茶（とうちゃ）

各産地の茶を飲み、本茶（京都栂尾《とがのお》のち宇治）か非茶かを判断、優劣を競う茶寄合。

知らなきゃやばいレベル

北山文化（きたやまぶんか）

足利義満の時代の文化。名称は、義満が建てた**北山山荘**に由来。公家文化の影響を強く受けた華やかな文化。

代表建物

金閣（きんかく）

足利義満が建てた北山山荘（現在の鹿苑《ろくおん》寺《じ》）内の建物。1397年創建。下層は**寝殿造**、中層は**武家造**、上層は**唐様**《からよう》で北山文化を象徴し、外装は**金箔**で覆われる。

興福寺東金堂《こうふくじとうこんどう》・五重塔も有名。

一般常識レベル

観阿弥・世阿弥（かんあみ・ぜあみ）

観阿弥《かんあみ》は、猿楽《さるがく》に曲舞《くせまい》を取り入れて能を完成させた。また民衆の間の伝承を素材に優れた能を創作。父・観阿弥より猿楽の英才教育を受けた世阿弥《ぜあみ》は、足利義満の保護のもとに多くの能を創作。また、『風姿花伝《ふうしかでん》』などの能楽理論書も多く著した。

発展

田楽・猿楽（でんがく・さるがく）

田楽は豊年を祈る田植踊から発展した歌舞、猿楽は朝廷や寺社の祭礼の余興として行われた物まね芸のこと。

教養レベル

足利義満が南宋の制度を模倣した**臨済宗**の寺院の管理体制。**南禅寺**を五山の上に置き、**京都五山**、**鎌倉五山**を定め、五山につぐ禅寺を**十刹**《じっさつ》とした。

五山・十刹の制

南禅寺

京都五山	鎌倉五山
1. 天竜寺　2. 相国寺　3. 建仁寺　4. 東福寺　5. 万寿寺	1. 建長寺　2. 円覚寺　3. 寿福寺　4. 浄智寺　5. 浄妙寺
京十刹	関東十刹

諸山

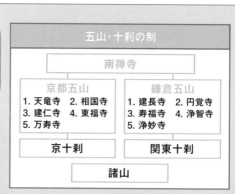

知らなきゃやばいレベル

東山文化（ひがしやまぶんか）

代表建物

足利義政の時代の文化。東山に山荘を築いたことが由来。公家文化と武家文化に禅宗的な要素が加わり、**「わび」「さび」**と呼ばれる幽玄の世界が特色。

銀閣（ぎんかく）

足利義政が建てた東山山荘（現在の慈照《じしょう》寺《じ》）内の建物。1489年に完成した。内部は**書院造**で、東山文化を代表するもの。呼び名の由来は、当初は銀箔を貼る予定だったからともいわれている。

書院造（しょいんづくり）

住宅様式

室町期の住宅様式。日本住宅の源流。部屋には畳を敷き詰め、襖で部屋を仕切り、床の間や付書院が設けられた。

一般常識レベル

東求堂同仁斎（とうぐどうどうじんさい）

京都東山の慈照寺境内にある足利義政の持仏堂《じぶつどう》の一室。四畳半の茶室。こののち16世紀に展開する、四畳半志向の先がけをなすものであった。

竜安寺（りょうあんじ）

世界遺産。『石庭』として知られる枯《かれ》山水《さんすい》の方丈庭園で有名。室町幕府の管領、守護大名で応仁の乱の東軍総帥でもあった細川勝元が、1450年に創建した禅寺。この庭には白砂の中に大小15個の石が配置されているが、どの位置から眺めても必ずどこかの一つの石が見えないように配置されている。

教養レベル

庭園様式

枯山水（かれさんすい）

和風庭園様式の一つ。水を用いることなく石と砂で自然を表現する。室町中期、禅の影響を受けて成立した。竜安寺・大徳寺大仙《だいせん》院《いん》・天竜寺・西芳寺《さいほうじ》などの禅宗寺院の庭園が代表的である。

吉田兼倶（よしだかねとも）

京都吉田神社の神官。唯一《ゆいいつ》神道《しんどう》を唱え、反本地垂迹説《はんほんじすいじゃくせつ》に基づいて、神を主として仏を従とした。伊勢神道の影響を受けている。

知らなきゃやばいレベル

雪舟（せっしゅう）

日本水墨画の大成者。京都の相国寺《しょうこくじ》で**周文**《しゅうぶん》に水墨画を学び、大内氏の保護を受けて入明。帰国後は山口で**雲谷庵**《うんこくあん》をつくり、各地を行脚。「**山水長巻**《さんすいちょうかん》」「**秋冬山水図**《しゅうとうさんすいず》」「**天橋立図**《あまのはしだてず》」はその秀作。

狩野正信（かのうまさのぶ）

狩野派《かのうは》**の祖**。足利将軍家の御用絵師。中国の南画（文人画）の影響を受ける。代表作に「**周茂叔愛蓮図**《しゅうもしゅくあいれんず》」がある。

御伽草子（おとぎぞうし）

室町時代に書かれた**絵入りの短編物語**。人々の夢や願いを込めた話が多く、民衆に好まれた。『**浦島太郎**』『**一寸法師**』などがある。

絵師

一般常識レベル

土佐光信（とさみつのぶ）

宮廷絵師。水墨画の技法を取り入れて大和絵を再生、公家・武家・寺社に歓迎された。作品には「清水寺縁起絵巻《きよみずでらえんぎえまき》」「北野天神縁起絵巻《きたのてんじんえんぎえまき》」などがある。

祇園祭（ぎおんまつり）

京都祇園社《ぎおんしゃ》（八坂神社）の祭礼で、旧暦6月7日と14日に行われた。室町期には、町衆が風流《ふりゅう》を踊った。有名な山鉾《やまほこ》巡行にも町衆が参加した。

一条兼良（いちじょうかねら）

当代随一の学者。摂政・関白・太政大臣。実子に尋尊《じんそん》がいる。著書に『花鳥《かちょう》余情《よじょう》』『日本書紀纂疏《さんそ》』『公事根源《くじこんげん》』『樵《しょう》談治要《たんちよう》』などがある。

教養レベル

村田珠光（むらたじゅこう）

奈良称名寺の僧。茶道の祖。武野紹鷗に影響を与え、茶道師範として足利義政に仕えたという。

影響

武野紹鷗（たけのじょうおう）

村田珠光の門人の宗陳《そうちん》・宗《そう》悟《ご》らに茶の湯を学び、弟子の千利休《せんのりきゅう》に侘び茶を伝えた。門人には、千利休の他に津田宗及《そうぎゅう》・今井宗久《そうきゅう》らがいる。

7 章

安土桃山時代

1573〜1603年

乱立から天下統一へ 信長と秀吉の目指したものとは

応仁の乱以来、室町幕府の力が衰退すると同時に、各地には「戦国大名」という名の群雄が割拠し、勢力争いでしのぎを削るようになった。

中でも抜き出ていたのが、織田信長である。桶狭間の戦いで、今川義元を破ったのをきっかけに、甲斐の武田、越前の朝倉、近江の浅井などを次々に撃破。さらに、各地で一向一揆を起こすなど、盛んな勢力を誇示していた石山本願寺をも下し、事実上の天下統一を手掛けたが、その途上、本能寺の変で最期を遂げた。

その遺志を継いだ形で統一を実現していった豊臣秀吉《ひでよし》は、徳川家康《いえやす》と緊張を保ちながらも関白・太政大臣として国家を統治。秀吉の死後は、家康が天下人となり、江戸幕府を開く。

織田信長（おだのぶなが）

父は織田信秀。1560年**桶狭間の戦い**で今川義元を倒し、急速に勢力を伸ばした。**楽市・楽座、関所の撤廃、鉄砲の活用**や**キリスト教保護**など革新的施策を実施した。天下の統一を目指す中、1582年、家臣・明智光秀に本能寺で襲われ倒れた。

1570年頃の著名な大名の勢力図

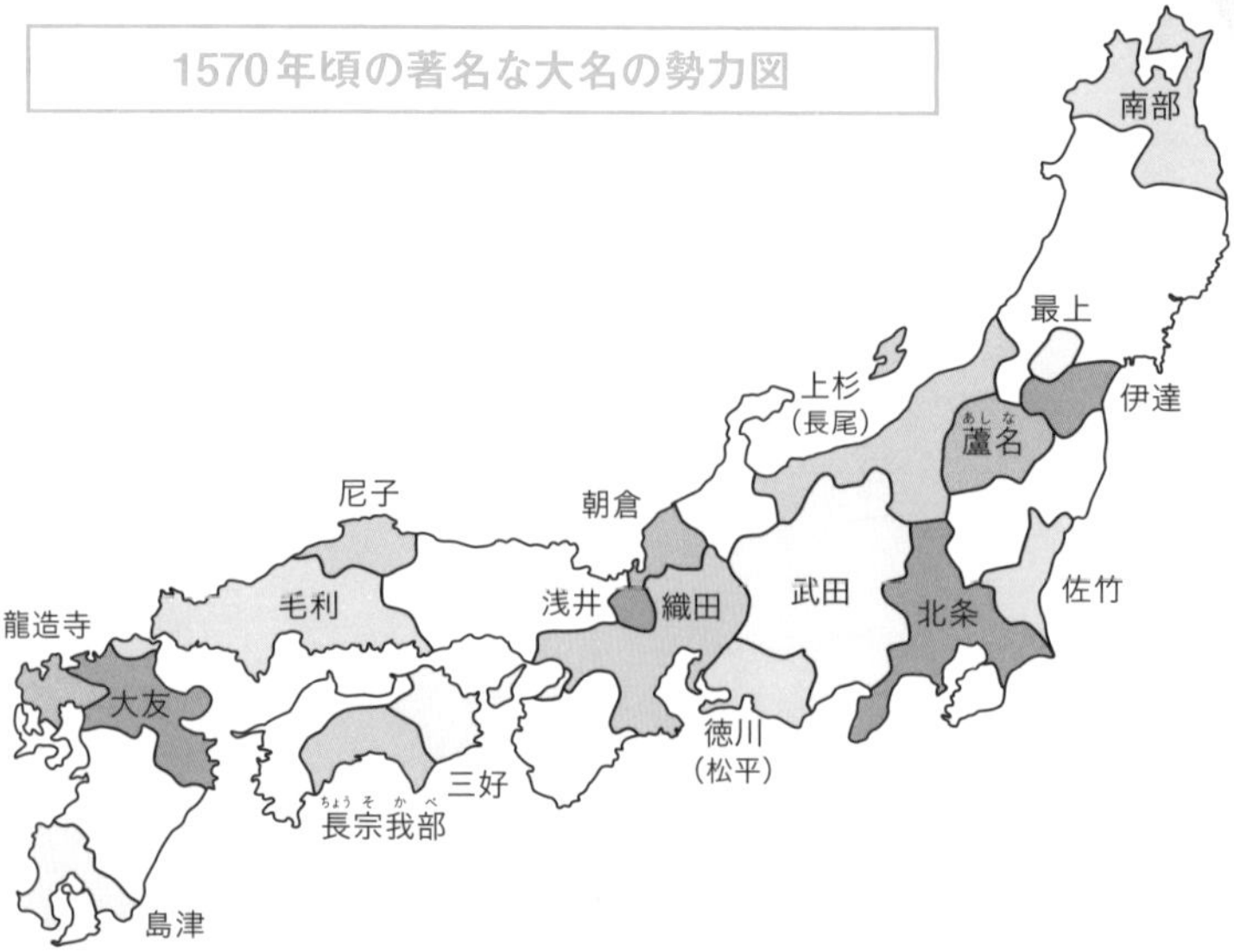
南部
最上
上杉
（長尾）
伊達
蘆名《あしな》
尼子
朝倉
毛利
浅井
織田
武田
北条
佐竹
龍造寺
大友
徳川
（松平）
三好
長宗我部《ちょうそかべ》
島津

知らなきゃやばいレベル

安土桃山時代（あづちももやましだい）

織田信長や**豊臣秀吉の時代**にあたり、安土城・伏見桃山城の名をとって安土桃山時代と呼ぶ。全国統一がすすみ、封建社会の基礎が固まった。

石山本願寺（いしやまほんがんじ）

信長に攻められて焼けた**浄土真宗の寺院**。1496年に**蓮如《れんにょ》**が大坂に建てた。一向一揆の中心的存在。

今川義元（いまがわよしもと）

駿河《するが》・遠江《とおとうみ》・三河《みかわ》を支配した戦国大名。駿河・遠江の守護大名より成長する。天下統一を目指して京に向かう途中、1560年、**桶狭間《おけはざま》で信長と戦い敗死**。

一般常識レベル

正親町天皇（おおぎまちてんのう）

第106代天皇で、後奈良《ごなら》天皇の皇子。1557年の即位は戦乱だったため、毛利元就《もとなり》の献上金で60年に儀式を行う。

稲葉山城（いなばやまじょう）

斎藤道三《どうさん》の本拠で、1567年、孫の斎藤竜興《たつおき》のとき、織田信長によって落城した。信長はこの地を「岐阜」と改称。

足利義昭（あしかがよしあき）

室町幕府最後の15代将軍。1565年松永久秀《ひさひで》に、兄である13代将軍・足利義輝《よしてる》を殺され還俗し、15代将軍となった。信長と対立して京都を追放され、室町幕府は滅亡した。

教養レベル

織田信長は、天下統一の
意志表明として「**天下布武《てんかふぶ》**」を
朱印状にしていた。

細川忠興（ほそかわただおき）

秀吉の死後、徳川家康につき功績をあげた。妻は明智光秀《みつひで》の娘でキリスト教の洗礼をうけたガラシャ。ガラシャは関ヶ原の戦いで石田三成から人質を強要されたが拒否し、家臣に命じて自害した。

織田信長の主な戦い一覧

1. 桶狭間の戦い（1560）

勝利：織田信長 VS 今川義元（駿河）

駿河の今川義元が大軍を率いて信長の領内に入り、桶狭間で休息しているところを信長に奇襲され、敗死した。

2. 美濃《みの》国攻略（1567）

勝利：織田信長 VS 斎藤竜興（美濃）

斎藤道三《どうさん》の居城・稲葉山城を、道三の孫の斎藤竜興から攻め取った攻城戦。竜興の逃亡で決着。信長が美濃を平定。

3. 姉川《あねがわ》の戦い（1570）
延暦寺《えんりゃくじ》焼き討ち（1571）

勝利：織田信長 VS 朝倉義景《あさくらよしかげ》（越前《えちぜん》）・浅井長政《あざいながまさ》（近江《おうみ》）

朝倉義景と、義景に味方した浅井氏を打倒。朝倉・浅井軍は比叡山延暦寺で立てこもりを継続。信長は延暦寺を焼く。

4. 三方ヶ原《みかたがはら》の戦い（1573）

信長・家康連合軍 VS 武田信玄《しんげん》（甲斐《かい》）：勝利

遠江（現在、静岡県浜松市）で起こった武田信玄と家康・信長の戦い。3万人の武田軍勢により連合軍は敗退。

5. 長篠《ながしの》の合戦（1575）

勝利：信長・家康連合軍 VS 武田勝頼《かつより》（甲斐）

信長・家康連合軍3万8000人と勝頼軍1万5000人の戦い。本格的に鉄砲を用いて武田軍を破る。

6. 本能寺《ほんのうじ》の変（1582年）

織田信長 VS 明智光秀（家臣）：勝利

明智光秀が京都四条本能寺に滞在していた主君・信長を襲撃した事件。信長は自害したといわれているが遺体は発見されず。

顕如（けんにょ）

諱《いみな》を光佐《こうさ》という。天下統一をねらう信長と対立し、11年前後におよぶ**石山合戦**を展開した。1580年、信長と講和（**石山本願寺攻め**）。

明智光秀（あけちみつひで）

清和源氏の家系で、美濃土《と》岐《き》氏の支流、明智氏の出身。織田信長に重用されたが、1582年、本能寺にて信長を急襲して自害させる。ほどなく**山崎の戦い**で**豊臣秀吉に敗れ**、敗走途中に農民に殺された。

知らなきゃやばいレベル

安土城（あづちじょう）

1579年、織田信長が近江の安土に築いた山城（琵琶湖東岸）。**天守閣構造は5層7重**。本能寺の変のとき、明智光秀に接収され、山崎の戦い後焼亡した。

姫路城（ひめじじょう）

別名・白鷺城。1580年、**黒田孝高《よしたか》**が築城し、**羽柴《はしば》秀吉の居城**とした。関ヶ原の戦い後、**池田輝政**が入城。連立天守閣を持ち、世界文化遺産に指定。

大坂城（おおさかじょう）

1583年に豊臣秀吉が石山本願寺跡に建てた城。難攻不落の名城といわれたが、1615年の**大坂夏の陣**で家康に攻め落とされた。

一般常識レベル

清洲城（きよすじょう）

現在の愛知県清須市にあった城。斯波《しば》義重《よししげ》が築城。その後織田信長の居城として栄えた。1610年、徳川義直《よしなお》が名古屋城を築き移転して廃城となった。

犬山城（いぬやまじょう）

天守閣は3層5重で現存（天守のみ）する日本最古の城。愛知県犬山市の丘陵に建つ平山城で白帝城《はくていじょう》ともいう。李白《りはく》の詩にちなんで荻生徂徠《おぎゅうそらい》がつけた。

信長の叔父織田信康により1537年に創建。2004年まで個人所有の城だった。

教養レベル

片桐且元（かたぎりかつもと）

豊臣秀吉に仕えた賤ヶ岳七《しずがたけのしち》本槍《ほんやり》の1人。方広寺《ほうこうじ》鐘銘《しょうめい》事件をめぐり淀君《よどぎみ》らと対立した。大坂の陣では徳川方として参加。

豊臣秀次（とよとみひでつぐ）

豊臣秀吉の甥。1591年、秀吉の長男鶴松の死後、養子となり関白となった。秀吉に秀頼《ひでより》が生まれると高野山に追放され切腹となる。

豊臣秀吉（とよとみひでよし）

尾張出身で、父は織田信秀の足軽。初めは木下藤吉郎といい、信長に重用され、**羽柴《はしば》秀吉**を名乗った。本能寺の変後、いち早く信長後継者の地位を確立。1590年、全国統一を完成。朝廷より、**関白・太政大臣に任ぜられ、豊臣姓を賜る。**太閤検地や刀狩令で兵農分離を確立。伏見城で病死した。

侵略

壬辰・丁酉倭乱（じんしん・ていゆうわらん）

朝鮮出兵の朝鮮側の呼び方。日本では**文禄・慶長の役《えき》**といった。明《みん》の征服を目指した**豊臣秀吉**が、**2度に渡り朝鮮を侵略した戦争**。成果は上がらず、1598年、秀吉の死で停止。秀吉政治弱体化の一因ともいわれている。

豊臣秀吉の国内統一事業一覧

- **山崎の戦い（1582）**
  明智光秀を討つ
- **賤ヶ岳《しずがたけ》の戦い（1583）**
  信長家臣の**柴田勝家《かついえ》**が自害
- **小牧《こまき》・長久手《ながくて》の戦い（1584）**
  徳川家康と講和
- **関白就任（1585）**
- **四国平定（1585）**
  長宗我部元親《ちょうそかべもとちか》服従
- **太政大臣就任（1586）**
- **九州平定（1587）**
  島津義久《よしひさ》を征討
- **バテレン追放令（1587）**
  宣教師の国外退去命令
- **小田原攻め・奥州平定（1590）**
  北条氏直《うじなお》降伏、**伊達政宗《だてまさむね》**服従

秀吉は、刀狩で取り上げた武器を方広寺《ほうこうじ》大仏の建設資材に使うことで「農民はあの世まで救われる」といったという。

兵農分離（へいのうぶんり）

戦国大名は武士を城下町に集め、武士と農民の分離をすすめたが、織田信長や豊臣秀吉はこの政策をさらにすすめ、検地や刀狩《かたながり》で農民の転職・移住と武器の所有を禁止。**身分の違いを明確**にした。

忠誠

五奉行（ごぶぎょう）

豊臣政権下の政治の中枢。**前田玄以《げんい》**（宗教）・**浅野長政《あさのながまさ》**（司法）・**増田長盛《ましたながもり》**（土木）・**石田三成《みつなり》**（行政）・**長束正家《なつかまさいえ》**（財政）の5人を指す。

行政担当

石田三成（いしだみつなり）

近江佐和山《さわやま》19万4千石城主。秀吉に才知を認められた五奉行の一人。**関ヶ原の戦いで徳川家康に敗れ、処刑**された。

敵対

徳川家康（とくがわいえやす）

岡崎城主・松平広忠《ひろただ》の長男。幼名・竹千代の頃、織田・今川の人質になるも、信長と手を結び、勢力を拡大。秀吉の死後、天下を統一。**江戸幕府を開いた。**

徳川家康の天下統一に向けた戦い

1. 関ヶ原《せきがはら》の戦《たたか》い（1600）

勝利

東軍	VS	西軍
総大将		総大将
徳川家康		毛利輝元《てるもと》
指揮官		指揮官
福島正則《まさのり》		石田三成
池田輝政《てるまさ》		小西行長《ゆきなが》
浅野幸長《よしなが》		島津《しまづ》義弘《よしひろ》
黒田長政《ながまさ》		大谷吉継《よしつぐ》
細川忠興《ただおき》		長宗我部盛親《もりちか》
など		など

東軍に寝返る ← 小早川秀秋《こばやかわひであき》

豊臣秀吉の死後、頭角を現した徳川家康（東軍）と、豊臣の重臣だった石田三成、小西行長（西軍）らの戦い。西軍には毛利輝元、島津義弘が参戦。一方の東軍には、福島正則が参戦。小早川秀秋（秀吉の甥・小早川隆景《たかかげ》の養子）が西軍から東軍に寝返り、徳川家康が勝利した。

2. 大坂冬《おおさかふゆ》の陣《じん》（1614）

勝利

徳川家康 VS 豊臣秀頼（秀吉の子）

京都方広寺の鐘に刻んだ「国家安康」「君臣豊楽」に対し、家康の2文字を割り、豊臣を君主とする句を彫ったと家康がいいがかりをつけて仕掛けた戦い。講和後、大坂城の堀をすべて埋め立てる。

3. 大坂夏《おおさかなつ》の陣《じん》（1615）

勝利

徳川家康 VS 豊臣秀頼（秀吉の子）

冬の陣で堀が埋められ、裸同然となった大坂城。家康は真田《さなだ》隊を壊滅し、ついに落城させる。淀君《よどぎみ》・秀頼は自害。「天下平定」を内外に宣言する。

既成概念にとらわれない積極的な外交でアジア進出を狙う

種子島からの**鉄砲伝来を皮切りに、ポルトガルなどの欧州、さらに朝鮮をはじめとするアジアとの交流が発展した時代**である。織田信長からバトンを引き継いだ形の豊臣秀吉は、アジアへの積極的な進出を目指した。

当時、キリスト教宣教師が日本での布教を目指したが、これは一方で、欧州のアジア進出の一環だった。秀吉が朝鮮に大軍を送り、平壌《へいじょう》、会寧《かいねい》まで制覇しようとしたのは、スペインをはじめとする欧州の派遣に対する反撃でもあったのだろう。

そして晩年、それまでキリスト教も容認していた外交政策も、キリシタン大名がイエズス会に領土寄進をしていると知ると態度を硬化。南蛮貿易も含め追放令を出した。

大航海時代（だいこうかいじだい）

大航海時代を迎えていたヨーロッパ諸国は、交易に重税をかけるオスマン帝国から、明《みん》（中国）に市場を広げようとしていた。

オスマン帝国
明
日本
マカオ
種子島
マニラ
ゴア
マラッカ
モルッカ諸島
スペインの通商ルート
ポルトガルの通商ルート
ポルトガルのヴァスコ・ダ・ガマ
によるインド航路

知らなきゃやばいレベル

鉄砲の伝来（てっぽうのでんらい）

1543年、種子島（鹿児島県）に明の**寧波《にんぽー》船が漂着**。鉄砲が2挺伝来。全国戦国大名たちが鉄砲を採用。戦いは騎馬隊から集団戦法に変わり、**信長は長篠の合戦で鉄砲を用いて大勝**。城造りも山城から平山城・平城へと変化した。なお、鉄砲伝来の年については、アントニオ・ガルバンの『諸国新旧発見記』では42年となっている。

伝来

南蛮貿易（なんばんぼうえき）

1584年、**スペイン人が九州肥前《ひぜん》国の平戸に来航し、貿易が始まる**。当時ポルトガル人やスペイン人は南蛮人と呼ばれていたため、彼らとの貿易を「南蛮貿易」と呼んだ。

一般常識レベル

関与

王直（おうちょく）

倭寇《わこう》の首領。日本に鉄砲を伝えた中国船は、王直の所有といわれる。

種子島時堯（たねがしまときたか）

1543年、鉄砲が伝わったときの種子島の島主。鉄砲2挺を購入し操法と製法を八板金兵衛《やいたきんべえ》に研究させた。島津氏に接近し、娘を島津義久に嫁がせた。

南蛮貿易の輸出入品

輸入品（南蛮→日本）	輸出品（日本→南蛮）
火薬・鉄砲・生糸など	刀剣・銀・海産物・硫黄など

教養レベル

平戸（ひらど）

長崎県北西部の貿易港で、古くは遣唐使船の寄港地。旧平戸藩主・松浦《まつら》氏の城下町で、鎖国前は中国・ポルトガル・オランダなどの国際貿易港として栄えた。1641年、オランダ商館の長崎移転後は衰退。

戦国末期、鉄砲は国内でも生産された。和泉の堺、近江の国友《くにとも》、紀伊の根来《ねごろ》が有名。

知らなきゃやばいレベル

キリスト教伝来
（きりすときょうでんらい）

1549年（室町時代）に、スペインのイエズス会の宣教師である**フランシスコ・ザビエル**が鹿児島に到着。豊後《ぶんご》府内（大分県）などで布教を開始した。その後、九州を中心にキリスト教が広まる。

布教

キリシタン大名
（きりしたんだいみょう）

16世紀後半、**キリスト教の信者となった大名**のこと。九州の**大村純忠《すみただ》**・**大友義鎮《よししげ》（大友宗麟《そうりん》）**・**有馬晴信《はるのぶ》**・**小西行長《ゆきなが》**、近畿の**高山右近《うこん》**などが有名である。

戦国大名は
南蛮貿易の
利益を求めて
キリスト教を保護した。

少年使節

一般常識レベル

天正遣欧使節
（てんしょうけんおうしせつ）

1582年、大村純忠・有馬晴信・大友義鎮の3大名が、バリニャーニのすすめで、ローマ教皇グレゴリウス13世のもとに派遣した少年使節。90年に帰国した。

伊東マンショ
（いとうまんしょ）

ローマ教皇のもとに派遣された少年使節の1人。大友義鎮（宗麟）の遠縁にあたり、13歳で使節の正使として、ローマに向かった（天正遣欧使節団）。1590年、帰国してイエズス会に入った。

教養レベル

ガスパル・ビレラ

ポルトガルの宣教師。『耶《や》蘇《そ》会士《かいし》日本通信』では「堺はベニス市の如く」と報告している。

使節団の手土産
（しせつだんのてみやげ）

帰国した使節団が持ち帰ったものは、活版印刷機、西洋楽器、海図だった。1591年、聚楽第《じゅらくだい》において豊臣秀吉の前で、西洋音楽の「千々の悲しみ」（ジョスカン・デ・プレの曲）を演奏したという。

バテレン追放令（ばてれんついほうれい）

1587年、長崎がイエズス会領になっていることに驚いた秀吉は、**キリスト教宣教師に国外退去**を命じた。その後、長崎を天領とした。

バテレンとはポルトガル語で神父のこと。

サン・フェリペ号事件（さん・ふぇりぺごうじけん）

1596年土佐に漂着したイスパニア船サン・フェリペ号の船員が、キリスト教は他国侵略のためと証言。そのため豊臣秀吉は、**6人の宣教師と20人の日本人信徒を処刑**した。

知らなきゃやばいレベル

千々石ミゲル（ちぢわみげる）

天正遣欧使節の正使。大村純忠の甥で、有馬晴信の従弟。正使には伊東マンショもいる。帰国後、棄教した。

フランシスコ会（ふらんしすこかい）

キリスト教カトリック教団一派。1593年ルソンからペトロ・バウチスタが来日し、強引に布教を開始するも豊臣秀吉の怒りにふれ、1596年、26聖人の大殉教の1人となった。

もともとキリスト教の布教を認めていた秀吉だったが、サン・フェリペ号事件以降、態度を硬化させた。

一般常識レベル

オルガンチノ

イタリアの宣教師。京都に南蛮寺、安土にセミナリオ（神学校）を建設。秀吉に厚遇され、1587年、バテレン追放令後も、修道生活を続けた。

高山右近（たかやまうこん）

キリシタン大名の1人。摂《せっ》津《つ》高槻《たかつき》城主のち明石城主。バテレン追放令後も信仰を捨てず、領地を没収。その後、徳川幕府の禁教令で国外に追放。マニラで病死。

教養レベル

天下統一のベースとなる経済発展が華麗な文化を生んだ

強力な統一政権下で発展した都市では、華麗な文化が生まれた。

例えば城や屋敷などの内部を装飾する美術は、狩野派による華美の世界を開いた。また西洋の技法を取り入れた南蛮屏風なども、この時代ならではの文化である。

「わび」「さび」を重んじる茶の湯という日本独特の文化は、千利休《せんのりきゅう》によって完成され、大名や武士の間で教養とされた。

さらに日本の伝統芸能の多くも、この時代に芽吹いた。浄瑠璃が人気となり、歌舞伎の源流とされる出雲阿国《いずものおくに》が登場するのも、この時代。**次に来る江戸時代の町人文化が花開くための、プロローグでもあった。**

侘び茶（わびちゃ）

簡素な座敷で精神的深さを重んじた茶道。**村田珠光《じゅこう》**を創始とし、**千利休が大成**させた。禅の精神統一を主張し、茶室での心の静けさを求めた茶の湯は、戦乱の時代に一服の癒やしを求めるように、信長、秀吉をはじめ、多くの戦国武将が愛したたしなみだった。

知らなきゃやばいレベル

楽市・楽座（らくいち・らくざ）

戦国大名によってすすめられた都市商業政策。**楽市**とは寺社や公家に収める**市場税や営業税の免除**と**座商人の特権の廃止**、**楽座**とは座そのものを廃止するという意味。**商工業者に自由な取引を命じたもの**。信長の安土城下に出した楽市・楽座令が有名。

信長は織田の領地の関所をすべて撤廃。
通行料もなくして、ヒト・モノ・カネが
スムーズに往来できるようにした。

一般常識レベル

財力基盤

織田家の財力（おだけのざいりょく）

信長の財力基盤は次の3つ。

①楽市・楽座で、商売人を増やす。
②堺の会合衆からの献金。
③直轄鉱山（生野銀山など）からの収入。

豊臣家の財力（とよとみけのざいりょく）

秀吉の財力基盤は次の2つ。

①約220万石の莫大な直轄領の蔵入地からの莫大な収入。
②直轄鉱山（佐渡金山・生野銀山・石見銀山など）からの収入。

財力基盤

蔵入地（くらいりち）

大名の直轄領を指す。豊臣政権は、約220万石の蔵入地を経済基盤とした。70%は畿内とその周辺である。

教養レベル

銀の産出量を増加

灰吹法（はいふきほう）

信長や秀吉の鉱山事業での収入源を、大幅にアップさせた金銀の抽出法。銀鉱石に鉛を加えて溶かし、含銀鉛をつくる。これをさらに灰吹炉で木炭と共に溶かすと、鉛は灰に吸収され、後に銀が残る。石見大森銀山で、博多の商人神屋寿禎《かみやじゅてい》が導入したもの。

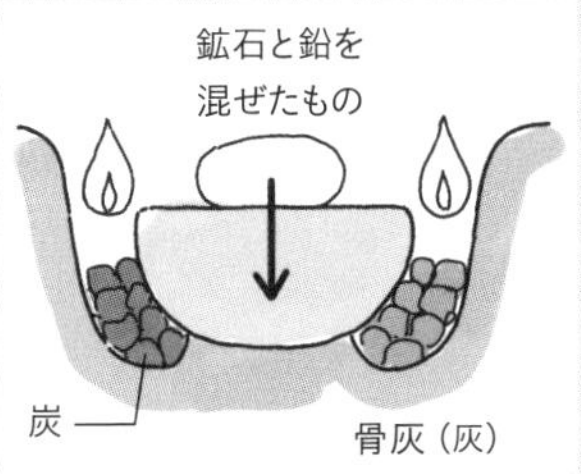
鉱石と鉛を
混ぜたもの
炭
骨灰（灰）

知らなきゃやばいレベル

太閤検地（たいこうけんち）

1582年の山崎の戦い後、山城から順次支配地に実施した秀吉の検地。検地条目を発し、**6尺3寸=1間の検地竿《ざお》や、京枡により検地を実施**した。中間搾取形態である作合を否定し、農民に年貢納入の責任を負わせた。

身分統制令（みぶんとうせいれい）

1591年、**豊臣秀吉が発した3カ条の法令**。武士が百姓・町人に、百姓が町人になることを禁止した。ただし、百姓が武家奉公人になることは禁じていない。なお、秀吉の発令に続き、92年には**豊臣秀次**が全国の戸口調査を命じている。

秀吉が制定　解説

一般常識レベル

一地一作人の原則（いっちいっさくにんのげんそく）

太閤検地によって、**一つの土地の所持者を1人の百姓に決定**した。これによって、作合《さくあい》（中間搾取）は否定され、領主と農民の一元的支配が貫徹し、小《しょう》農自立《のうじりつ》の条件ともなった。

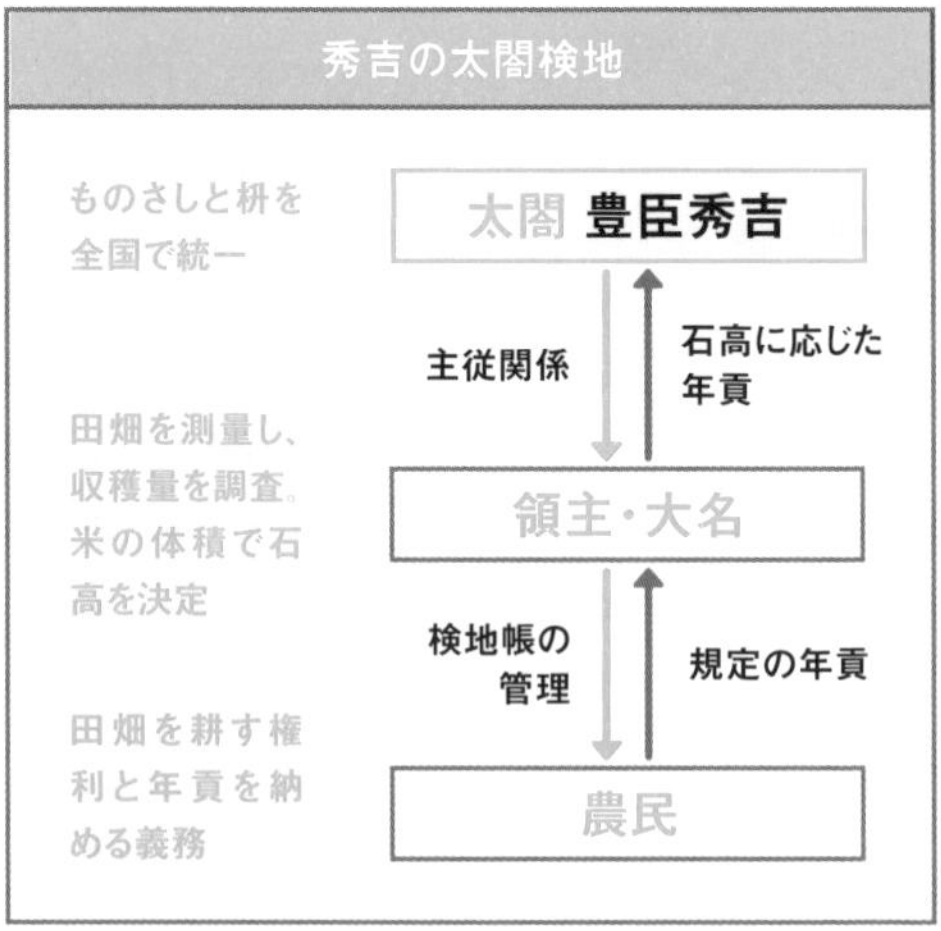
秀吉の太閤検地
ものさしと枡を全国で統一
太閤 豊臣秀吉
主従関係
石高に応じた年貢
田畑を測量し、収穫量を調査。米の体積で石高を決定
領主・大名
検地帳の管理
規定の年貢
田畑を耕す権利と年貢を納める義務
農民

教養レベル

天正大判（てんしょうおおばん）

豊臣秀吉が賞与のために後藤徳乗《とくじょう》に鋳造させた金貨。豊臣家が大坂の陣で滅亡したため流通の期間は短い。他に天正通宝や文禄《ぶんろく》通宝（共に銀貨・銅貨）もある。

年貢と銀山の財源でつくられた天正大判の金含有量は73.8%だった。

知らなきゃやばいレベル

桃山文化（ももやまぶんか）

信長から秀吉にいたる戦国期の文化。豪壮・雄大な特徴を持つ。「桃山」とは、秀吉の築いた伏見城が1623年に取り壊された際、その後に桃の木を植えたことから生まれた地名をいう。

千利休（せんのりきゅう）

侘び茶の完成者。堺の豪商の**武野《たけの》紹鷗《じょうおう》**らに学ぶ。**草庵風茶室を創始**し、**秀吉の北野《きたの》大茶会《おおちゃのえ》も主宰**した。秀吉に仕えたが、大徳寺山門上に自己の木像を置いたとして、切腹を命じられたといわれる。

一般常識レベル

狩野永徳（かのうえいとく）

祖父であった狩野元信《かのうもとのぶ》に絵画を学ぶ。織田信長から上杉謙信に送られた「洛《らく》中洛外図屏風《ちゅうらくがいずびょうぶ》」や豊臣秀吉が毛利輝元に送った「唐獅子図屏風《からじしずびょうぶ》」を描いた。

都久夫須麻神社本殿（つくぶすまじんじゃほんでん）

琵琶湖の竹生島《ちくぶしま》にある。本殿の内部の欄間には透かし彫刻がほどこされ、豪華な透かし彫りの彫刻は、伏見城内の殿舎から移築したといわれる。

障壁画（しょうへきが）

装飾のために障子・襖・屏風などに描かれた絵画。金碧障壁画《きんぺきしょうへきが》（濃絵《だみえ》）の全盛は、桃山・江戸初期の頃であった。

教養レベル

長谷川等伯（はせがわとうはく）

雪舟の5代目を自称し、雲《うん》谷等顔《こくとうがん》と、雪舟の正統を争ったという。代表作に「松林《しょうりん》図屏風」がある。

織田有楽斎（おだうらくさい）

織田長益《ながます》。戦国時代の武将であり茶人。織田信長の弟。茶道は千利休に学ぶ。京都建仁寺塔頭正伝院《たっちゅうしょうでんいん》にあった如庵《じょあん》は、彼の意による茶室。現在の有楽町の地名は、有楽斎の名からとったという確証はない。

知らなきゃやばいレベル

有田焼（ありたやき）

肥前国有田の焼物。鍋島《なべしま》焼・伊万里《いまり》焼ともいう。朝鮮出兵で日本軍が引き揚げる際に、鍋島氏が連れて帰った朝鮮人陶工の**李参平**《りさんぺい》の手により始まった。

出雲阿国（いずものおくに）

出雲大社（島根県）の巫女と称し、17世紀初頭から京都で**念仏踊**《ねんぶつおどり》を始め、さらに簡単な所作を加えて、**阿国**《おくに》**歌舞伎を創始**した。

他にも、琉球の三味線を
伴奏に人形を動かす
人形浄瑠璃や、
小歌に節をつけた
隆達節《りゅうたつぶし》なども流行った。

一般常識レベル

南蛮文化（なんばんぶんか）

江戸幕府の鎖国政策により文化は短命で終わったが、ポルトガル語由来の**ビードロ**（ガラス）、**カステラ**、**金平糖**《こんぺいとう》など、南蛮文化の名残りが今もある。

バリニャーニ

イエズス会員、カトリック教会の司祭。有馬（長崎県）や安土（滋賀県）に、神学校（セミナリオ）を建設。日本で初めての活版印刷機を導入し、「**キリシタン版**」と呼ばれる書物を刊行している。

教養レベル

天草版伊曽保物語（あまくさばんいそほものがたり）

1593年、天草で刊行されたキリシタン版『イソップ物語』。『イソップ物語』をポルトガル語から室町末期の口語に訳し、ローマ字で表記、刊行した。

どちりな・きりしたん

キリシタンの教理入門書。師弟の門答形式で解説され、キリシタン版として出版された。『ぎゃ・ど・ぺがどる』は、キリシタン文学書。

8章

幕藩体制による長期泰平の時代

江戸時代

1603～1867年

2 260年続いた徳川十五代の安定政権

260年を超える体制を維持した背景には、幕府は、まず1万石以上を与えられた武士を大名として、藩を設置。さまざまな組織を定めて幕藩体制を整えた。さらに、**大名の活動を規制した武家諸法度を定め、将軍への忠誠を確認するための参勤交代を制度化した。**また、大名の領地替えなども行って各藩を支配。一方、かつて時代を動かしてきた朝廷に対しては、京都所司代を置いて監視し、禁中並公家諸法度で、天皇や公家の行動を制限した。

政治は将軍の任命した老中が中心になって行い、三奉行などの役職を置いて権力の基盤をつくった。また大名は親藩、譜代大名、外様大名に分かれ、外様大名は幕府の役職につくことはほとんどなかった。

徳川時代を支えた幕藩体制の組織図

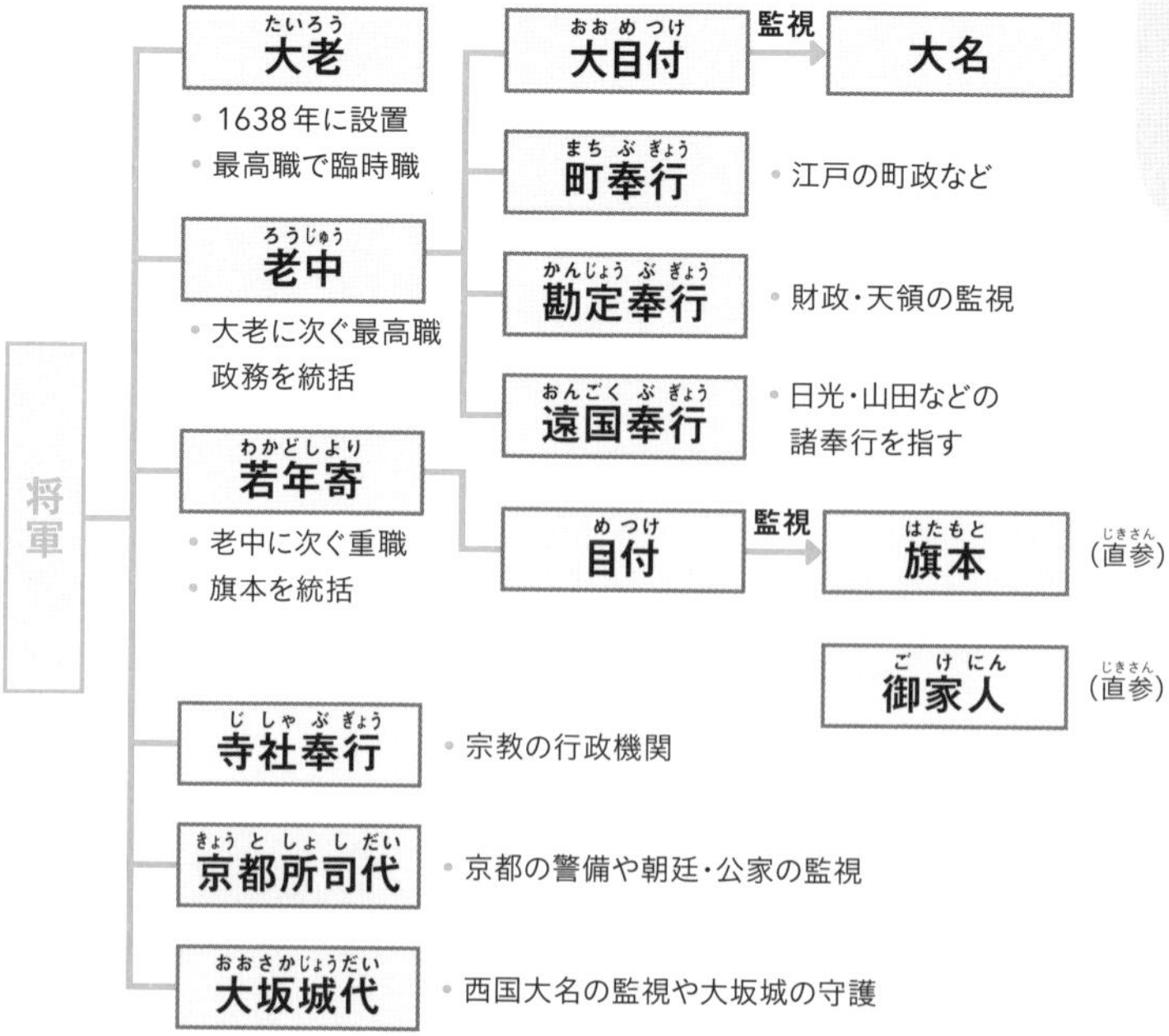

将軍
大老《たいろう》
・1638年に設置
・最高職で臨時職
老中《ろうじゅう》
・大老に次ぐ最高職
政務を統括
若年寄《わかどしより》
・老中に次ぐ重職
・旗本を統括
寺社奉行《じしゃぶぎょう》
・宗教の行政機関
京都所司代《きょうとしょしだい》
・京都の警備や朝廷・公家の監視
大坂城代《おおさかじょうだい》
・西国大名の監視や大坂城の守護
大目付《おおめつけ》
監視
大名
町奉行《まちぶぎょう》
・江戸の町政など
勘定奉行《かんじょうぶぎょう》
・財政・天領の監視
遠国奉行《おんごくぶぎょう》
・日光・山田などの
諸奉行を指す
目付《めつけ》
監視
旗本《はたもと》
(直参《じきさん》)
御家人《ごけにん》
(直参《じきさん》)

知らなきゃやばいレベル

江戸幕府（えどばくふ）

1603年、**徳川家康《とくがわいえやす》が江戸に開いた武家政権**。1867年**大政奉還《たいせいほうかん》・王政復古の大号令**まで続いた。幕府の組織は簡素だが実用的で、組織は3代将軍の**家光《いえみつ》**の頃までかかって整備された。

最高機関

大老（たいろう）

幕政全般を統轄する最高職だが臨時職。10万石以上の譜代大名が任命された。1638年、徳川家光が**土井利《とし》勝《かつ》・酒井忠勝《ただかつ》**を大老に格上げした。

部下

老中（ろうじゅう）

大老の次の最高職で幕府の**政務を統括**。**年寄衆**とも呼ばれた。

部下

一般常識レベル

若年寄（わかどしより）

老中に次ぐ重職で、旗本や御家人の支配を軸とする将軍家の家政を担当。1633年に、徳川家光が側近6人（松平信綱《のぶつな》・堀田《ほった》正盛《まさもり》・阿部忠秋《ただあき》など）を「六人衆」としたことに由来。

大坂城代（おおさかじょうだい）

豊臣政権の大坂城から豊臣色を一掃するため、大規改修を施し、西国方面の監視場所として譜代《ふだい》大名があてられた。

エリートコース

京都所司代（きょうとしょしだい）

老中に次ぐ重職。京都の治安維持や、朝廷の監察・西国大名の監視が任務。譜代大名からの選任で、1603年、板倉勝重《かつしげ》を実質的な初代とした。

教養レベル

旗本と御家人（はたもとごけにん）

どちらも将軍家直参《じきさん》（直接使える家来）で、知行高《ちぎょうだか》（領地の石高）が一万石未満の武士のこと。違いは、将軍に直接謁見《えっけん》ができ、儀式や典礼に参列できるかどうかで、**謁見・参列は旗本のみ**に許され、御家人には許されなかった。

寺社奉行、町奉行、
勘定奉行のことを**三奉行**と呼び、
寺社奉行は**譜代大名**より選ばれ、
町奉行、勘定奉行は
旗本から任命された。

知らなきゃやばいレベル

親藩・譜代・外様（しんぱん・ふだい・とざま）

将軍と主従関係を結んだ**石高1万石以上の武士**を大名と呼び、さらに大名は、3つに分類された。

●**親藩**……徳川家の近親で、**尾張・紀伊・水戸の御三家**が代表。

●**譜代**……関ヶ原の戦い以前から、徳川家に従っていた大名。石高は小さくても重要ポストについた。

●**外様**…関ヶ原の戦いの後、徳川家に従った大名。石高が大きくても辺境に配置。

この幕府（将軍）と藩（大名・藩主）の主従関係を**幕藩体制**という。

大名統制

一般常識レベル

一国一城令（いっこくいちじょうれい）

1615年、家康が発令。大名の居城は一つ。それ以外は破却を命じた。

武家諸法度（ぶけしょはっと）

1615年に秀忠《ひでただ》が発布、35年家光が改定。築城の許可制・自由結婚の禁止・参勤交代など、大名統制の法律。違反者は、国替・改易（取りつぶし）とした。

参勤交代（さんきんこうたい）

大名が領国と江戸を1年交代で往復する制度。これにより大名の財政は苦しくなったが、交通は発達した。1722年の上米令《あげまいのせい》で江戸在府期間を半年とし、1862年の文久の改革で3年に1回としたが、65年に再び旧制に戻す。

朝廷統制

教養レベル

禁中並公家諸法度（きんちゅうならびくげしょはっと）

1615年、幕府が出した**朝廷および公家の統制法**。17カ条から成り、金地院崇《こんちいんすう》伝《でん》（臨済宗の僧）が起草した。天皇は諸芸能に励めとする他、公家の席次・官位を定めている。

紫衣事件（しえじけん）

1627年、幕府が後水尾《ごみずのお》天皇の高僧への紫衣勅許を無効とした事件。これに抗議した大徳寺の沢庵《たくあん》は流罪。天皇の政治力が喪失した。

知らなきゃやばいレベル

島原・天草一揆（しまばら・あまくさいっき）

1637~1638年、天草・島原地方の領主の圧政に反抗した**キリシタン農民の一揆**。**天草四郎時貞《ときさだ》**を大将として、原城に立てこもったが、兵糧攻めにあって陥落した。幕府はオランダ船に依頼して艦砲射撃を行った。

元和の大殉教（げんなのだいじゅんきょう）

1612年、西欧の進出を恐れた幕府は、**キリスト教を禁止**。1622年、長崎で**宣教師・信者ら55名を処刑**。

踏絵（ふみえ）

キリスト教の信者かどうかを確かめるために、聖母マリアやキリストの像を彫った木板・銅板を踏ませた。

宗教統制

一般常識レベル

諸宗諸本山法度（しょしゅうしょほんざんはっと）

寺院法度ともいう。寺院や僧侶の統制法。金地院崇伝の起草。1601年、高野山あてに出されたものをはじめとして、16年の身延山久遠寺《くおんじ》あてまで、諸宗に対して46通出された。

諸社禰宜神主法度（しょしゃねぎかんぬしはっと）

1665年、幕府が発布した神社統制。神事の励行などを規定し、吉田神道のような唯一神道を学ぶことを命じた。

由井正雪の乱（ゆいしょうせつのらん）

1651年、由井正雪・丸橋忠弥《ちゅうや》・金井半兵衛《はんべえ》ら牢人が起こした幕府転覆事件。未然に発覚し失敗に終わった。

教養レベル

宗旨人別帳（しゅうしにんべつちょう）

キリシタン禁止を徹底するための帳簿。寺院の檀家であることを個人ごとに証明するもので、1640年、幕府は宗門改役《しゅうもんあらためやく》を置いて調査した。

シャクシャインの乱（しゃくしゃいんのらん）

アイヌと和人の最大抗争。1669年、アイヌ首長シャクシャインは、全蝦夷《えぞ》地のアイヌに呼びかけ蜂起したが、松前藩の鉄砲隊に敗れた。

知らなきゃやばいレベル

田畑永代売買の禁止令（でんばたえいたいばいばいきんしれい）

1643年、**農民の土地売買を禁止**した法律。富農への土地集中と本百姓の没落を防止した。

↔ 目的同一

分地制限令（ぶんちせいげんれい）

分割相続による田畑の細分化を制限した法令。1673年、名主《なぬし》20石・2町、一般百姓は10石・1町以上の田畑を所持しないと分地ができないと定めた。

五人組（ごにんぐみ）

年貢納入と治安維持の**連帯責任**やキリシタンなどの**相互監察**のための制度。町方で地主・家主、農村では本百姓などを中心に5戸1組単位で互いを監視させ、共同責任を負わせた。

農民統制

一般常識レベル

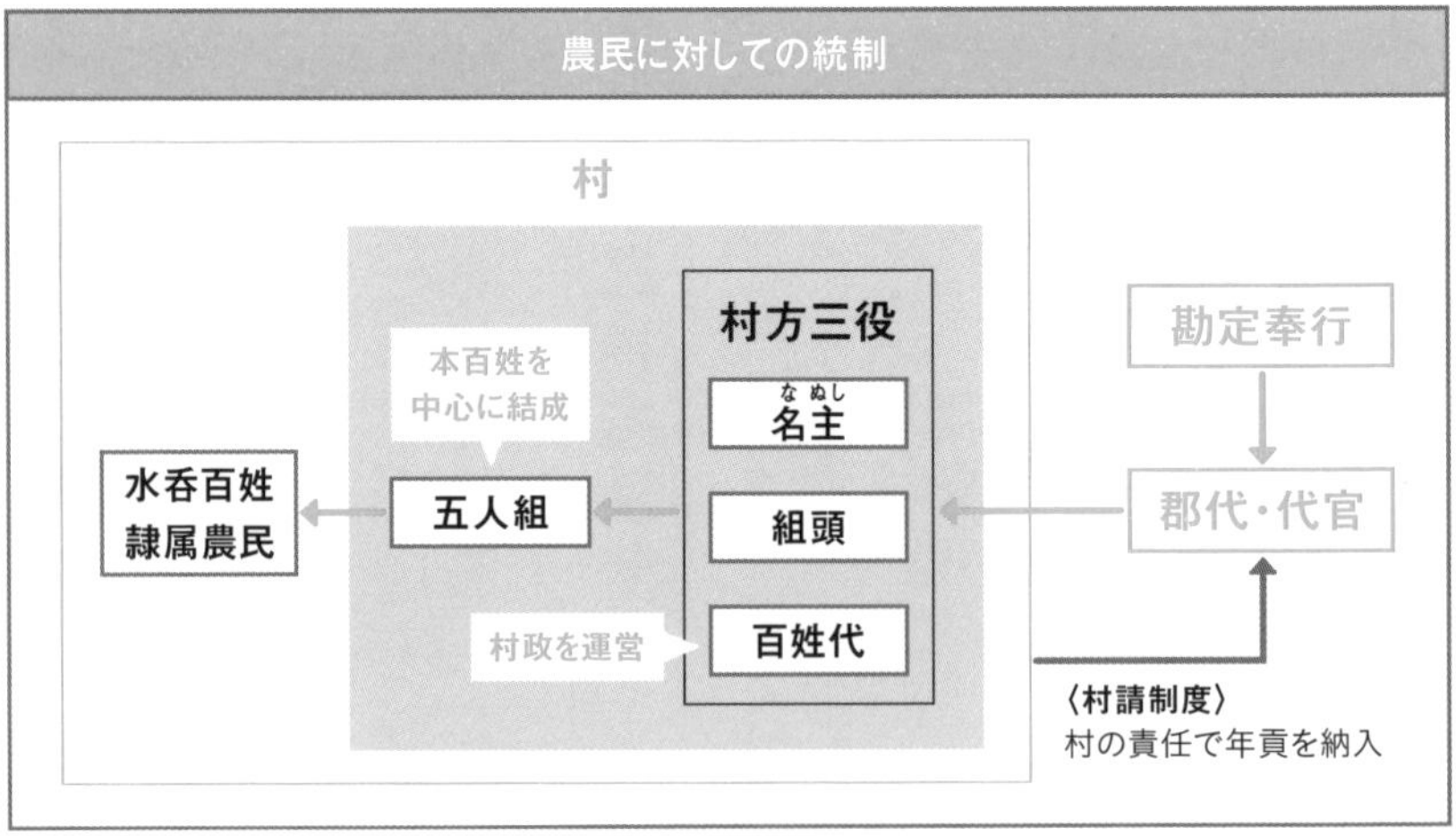
農民に対しての統制
村
村方三役
名主《なぬし》
組頭
百姓代
本百姓を中心に結成
五人組
水呑百姓
隷属農民
村政を運営
勘定奉行
郡代・代官
〈村請制度〉
村の責任で年貢を納入

教養レベル

江戸時代の身分は住む場所で決まり、原則的に身分を変えることはできなかった。

相給（あいきゅう）

一つの村が、2人以上の旗本や大名家臣によって管理支配されること。1村が分割領有されるので分郷《ぶんごう》ともいう。これは知行地《ちぎょうち》（大名が家臣に与えた土地）の良否、地頭知行権の抑制などが考慮されたもので、関東地方の旗本領に多い。

徳川政治の頂点にいた15代将軍

初代 徳川家康《いえやす》
(1603～1605)
1603年征夷大将軍任命。江戸幕府の基礎を固めた。**一国一城令**を発令。

2代 徳川秀忠《ひでただ》
(1605～1623)
関ヶ原の戦いに遅刻した人物。朝廷と婚姻政策をすすめた。**鎖国政策を開始**。

3代 徳川家光《いえみつ》
(1623～1651)
徳川幕府の機構を確立し、寛永通宝などを流通させた。**鎖国体制が完成**。

4代 徳川家綱《いえつな》
(1651～1680)
11歳で将軍となる。武断政治から**文治政治へ変換**。茶道、能に熱心。

5代 徳川綱吉《つなよし》
(1680～1709)
学問を奨励。適材適所の人材登用を行う。儒教の教えにより、**生類憐みの令制定**。

6代 徳川家宣《いえのぶ》
(1709～1712)
就任後すぐに**生類憐みの令と酒税を廃止**。儒教の理念に基づく政治を推進。

7代 徳川家継《いえつぐ》
(1713～1716)
4歳で将軍となり8歳で死去。**正徳《しょうとく》金銀の発行・海舶互市新例《かいはくごししんれい》**を出した。

8代 徳川吉宗《よしむね》
(1716～1745)
庶民の声を聞く「**目安箱**」を設置。裁判基準の**公事方御定書を制定**した。

9代 徳川家重《いえしげ》
(1745～1760)
言語不明瞭で政治は人任せ。**側用人《そばようにん》制度を復活**させ、**田沼意次《おきつぐ》**を取り立てた。

10代 徳川家治《いえはる》
(1760～1786)
吉宗が寵愛。家重から引き続き田沼意次を重用。**商業重視の政策**に移行。

11代 徳川家斉《いえなり》
(1787～1837)
自ら政局を指導するが幕府財政は悪化。隠居後も、大御所として実権を掌握。

12代 徳川家慶《いえよし》
(1837～1853)
水野忠邦《ただくに》に**天保改革**を命じ、**ペリー来航に対処**。ペリー来航後、病没した。

13代 徳川家定《いえさだ》
(1853～1858)
アメリカ総領事**ハリスと面会**。病弱での指導力は弱く、イモ公方と呼ばれた。

14代 徳川家茂《いえもち》
(1858～1866)
公武合体政策により皇女和宮《かずのみや》と結婚。**薩長征討の総大将**。大坂城で死去。

15代 徳川慶喜《よしのぶ》
(1866～1867)
禁門の変で自ら指揮し、長州藩軍を攻撃。1867年朝廷に政権を返上した(**大政奉還**)。

↓

徳川幕府終焉(1867)

知らなきゃやばいレベル

生類憐みの令（しょうるいあわれみのれい）

5代将軍・**徳川綱吉**による一連の**動物保護政策**。1685年から本格化し、捨子、捨病人、捨牛馬を厳しく禁じて以来強化された。95年には、江戸中野・四谷に犬小屋を設置したが、住民の反感は強かった。

享保の改革（きょうほうのかいかく）

8代将軍・**徳川吉宗**が行った幕政改革（1716〜1745年）。**幕府支配体制の整備・強化**、**株仲間の公認**など商業資本の支配統制、年貢増徴・新田開発による財政再建をはかった。改革は一応の成果をあげたが、**幕府財政窮乏は根本的には解決しなかった**。

吉宗政策

一般常識レベル

足高の制（たしだかのせい）

人材登用と経費節減を目的とした法令。役職によって禄高《ろくだか》を定め、それ以下の家禄の者がその役職についた場合、不足分を在職中のみ加増した。

元文金銀（げんぶんきんぎん）

文字《ぶんじ》金銀ともいう。1736年、徳川吉宗は享保金銀の質を落とし、米価の引き上げをねらった。

公事方御定書（くじがたおさだめがき）

1742年に編纂された刑法・訴訟法関係の法令。連坐《れんざ》（親族以外への連帯責任）制廃止・縁坐《えんざ》制（親族の連帯責任）緩和などが規定された。

教養レベル

大岡忠相（おおおか ただすけ）

足高の制で登用。享保の改革時の町奉行。越前守を名乗る。物価対策の推進、町火消の設立、青木昆陽《こんよう》（飢饉救済のためのサツマイモ栽培に尽力）の登用などがある。

武士の社会は石高ごとに役職が決まっていたため、
それに満たない者は上位の役職にはつけなかった。
しかし、**足高の制**で、少ない財政負担で
有能な人材が登用できるようになった。

知らなきゃやばいレベル

田沼意次（たぬまおきつぐ）

江戸中期の幕府側用人。9代将軍**徳川家重**・10代将軍**徳川家治**に仕えた老中。大商人と手を結び**株仲間の奨励**、**印旛《いんば》沼《ぬま》・手賀沼《てがぬま》の干拓**、**鉱山の開発や貿易**を積極的にすすめた。しかし、賄賂が横行して政治は乱れた。

農村復興策

寛政の改革（かんせいのかいかく）

老中・**松平定信《さだのぶ》**による幕政改革（1787～1793年）。**天明《てんめい》の大飢饉・打ちこわし**による社会不安を背景に、田沼時代と対照的に**商業資本を抑圧**し、厳しい**緊縮財政**と荒廃した**農村の復興策**をとった。結局失敗したが、諸藩の改革に大きな影響を与えた。

反発

一般常識レベル

関東取締出役（かんとうとりしまりしゅつやく）

治安維持の強化を目的として創設。俗に八州廻《はっしゅうまわ》りという。1805年、勘定奉行の配下で、代官所の手付・手代から選任。2人1組で犯罪人の逮捕などにあたった。27年に寄場《よせば》組合結成。

旧里帰農令（きゅうりきのうれい）

農村人口の確保のため、定職のない者に出身村への帰農を奨励し、希望者には旅費や資金を支給した。寛政の改革の一つ。

義民（ぎみん）

年貢の減免など命をかけて行動し、極刑に処せられた者。下総（千葉）の佐倉惣五郎《そうごろう》、若狭（福井）の松木長操《ちょうそう》が有名。

教養レベル

傘連判（からかされんぱん）

17世紀初めの、百姓一揆の訴状への署名形式で、円形放射状の署名文書のこと。古くは中世の起請文や、国人一揆の契状に見られる。首謀者や発起人がはっきりしない上、署名者の平等性を表している。

17 世紀後半になると村方三役が
百姓全体の要求をまとめ、
将軍・藩主に直訴する
代表越訴《おっそ》型一揆が増え、
直訴した者は英雄（**義民**）となった。

知らなきゃやばいレベル

大塩平八郎（おおしおへいはちろう）

1837年、大坂で乱（**大塩平八郎の乱**）を起こした陽明学者で、号を中斎といった。大坂東町奉行の元与力で、私塾・**洗心洞**《せんしんどう》を開く。36年の大飢饉の惨状を見かねて、大坂町奉行に非常米の供出を求めたが拒絶され、乱を起こすも、1日で鎮圧された。

きっかけ

天保の改革（てんぽうのかいかく）

水野忠邦《ただくに》**による幕政改革**（1841〜1843年）。幕藩体制の動揺を背景に、**緊縮財政・綱紀粛正**《こうきしゅくせい》**を断行**すると共に、**商品経済の統制・幕府の権力強化**をはかった。**上知令**など強引な施策への反発が強く、改革は失敗して、かえって幕府の権威は失墜した。

解説

一般常識レベル

天保の大飢饉から生田万の乱までの流れ

天保の大飢饉（1833〜36）
- 豪商の米の買い占め
- 町奉行と豪商の癒着
- 救済措置への不満

↓

大塩平八郎の乱（1837）
- 書物を売って貧民救済
- 民衆を伴って武装蜂起
- 1日で鎮圧される

↓

生田万《いくたよろず》**の乱**《らん》（1837）
- 農民救済の嘆願をする
- 柏崎の陣屋を襲撃したが失敗。切腹した

大塩平八郎の乱がきっかけで
幕府に危機意識が生まれ、
天保の改革がスタートするも失敗。
各藩で改革を行うように
なっていく。

教養レベル

モリソン号事件（もりそんごうじけん）

1837年アメリカ船モリソン号が浦賀に来航したため、幕府は異国船打払令《うちはらいれい》で撃退した。この幕府の対応を非難した渡辺崋山《かざん》・高野長英《ちょうえい》らの弾圧が、蛮社《ばんしゃ》の獄《ごく》である。

きっかけ

戊戌封事（ぼじゅつふうじ）

1838年、水戸藩主・徳川斉昭《なりあき》が将軍・徳川家慶に提出した意見書。内憂（郡内一揆・大塩平八郎の乱）と外患（モリソン号事件）を結びつけて幕藩体制の危機を論じ、海防論を説いた。

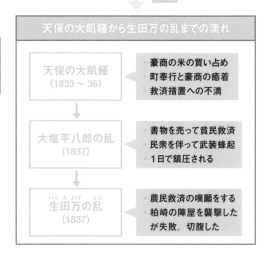

一般常識レベル

藩政改革の成功で台頭した4藩の政策

長州藩《ちょうしゅうはん》

村田清風《せいふう》の登用で
140万両を整理

関ヶ原の戦いで外様となり、120万石から37万石に減封された長州藩。その財政は逼迫《ひっぱく》していたが、**村田清風**の**三七カ年賦《ぶ》皆済《かいさい》仕法《しほう》**、**倹約とリストラ**、**越荷方《こしにかた》政策**、米、塩、紙、蠟の**特産物専売**で一気に借金を整理。財政を回復させた。

薩摩藩《さつまはん》

調所広郷《ずしょひろさと》と島津斉彬《なりあきら》で
再建成功

江戸から遠く、参勤交代で藩財政は困窮。そこで、**調所広郷**を登用して、藩内産物の**砂糖の専売と琉球貿易**、**中国との密貿易**で500万両の藩債整理に成功。1848年に島津斉彬が藩主になると、**軍事力・技術力がさらに強化**された。

土佐藩《とさはん》

藩主・山内豊信《とよしげ》が
吉田東洋《とうよう》を登用して成功

門閥《もんばつ》派と勤皇《きんのう》派の抵抗で1度目の改革は困難を極めたが、山内豊信（容堂《ようどう》）が登用した佐幕派の**吉田東洋の富国強兵策で**、**軍事力が強化**され、藩革は成功。その後東洋は、**武市半平太《たけちはんぺいた》**率いる**土佐勤王党《とさきんのうとう》**によって暗殺される。

佐賀藩《さがはん》

藩主・鍋島閑叟《かんそう》（直正《なおまさ》）の
主導で改革を断行

長崎警備役の任により、早くから財政難に陥っていた。そこで側近の**古賀穀堂《こくどう》**の策を受け、**均田制《きんでんせい》の実施**、**陶器・石炭の専売**を行い財政を黒字に転換。さらにペリー来航後は**反射炉を築造**。砲铸造技術で、国内海防に影響力を持った。

教養レベル

藩政成功

上杉治憲（うえすぎ　はるのり）

米沢藩主。鷹山《ようざん》は号。18世紀後半に儒学者の細井平洲《へいしゅう》を招いて藩校・興譲館《こうじょうかん》を再興し、民衆の教化に努めた。米沢織、養蚕・製糸業を奨励した。

細川重賢（ほそかわ　しげかた）

熊本藩主。宝暦の藩政改革を行う。殖産興業に努め、藩校・時習館《じしゅうかん》を興す。専売制として蠟《ろう》、蠟の原料となる櫨《はぜ》の栽培を奨励した。「肥後《ひご》の鳳凰《ほうおう》」と呼ばれた。

知らなきゃやばいレベル

安政《あんせい》の大獄《たいごく》(1858)

勝利

南紀派
開国派
条約調印賛成

徳川慶福《よしとみ》(のちの家茂)
井伊直弼《なおすけ》
譜代大名

VS

一橋派
尊王攘夷派
条約調印反対

徳川慶喜《よしのぶ》　徳川斉昭《なりあき》
島津斉彬《なりあきら》　松平慶永《よしなが》
山内豊信《とよしげ》　外様大名

大老・井伊直弼の反対派の弾圧。井伊大老の専制に反対する一橋派・尊攘派の親藩・外様・志士ら100余名を処罰した。橋本左内《さない》・吉田松陰《しょういん》・頼三樹三郎《らいみきさぶろう》らも死罪となった。

1853年ペリーの来航で**開国**か、異国を打ち払う**攘夷《じょうい》**かを迫られ、翌年、幕府は**日米和親条約を締結**。攘夷派の動きがますます激しくなる。

弾圧

一般常識レベル

戊午の密勅（ぼごのみっちょく）

1858年、水戸藩藩主・徳川斉昭に対して朝廷が送った攘夷の命令書。幕府はこれを抑えるため、尊王攘夷派弾圧の安政の大獄を行う。

天誅組の変（てんちゅうぐみのへん）

1863年、公卿・中山忠光《ただみつ》らによる尊王攘夷の武装集団。幕府軍により壊滅。

尊攘派弾圧

生野の変（いくののへん）

1863年、但馬国生野で長州藩を含む尊王攘夷派の騒乱。農民も参加したが、幕府により2日で鎮圧。

教養レベル

三方領知替（さんぽうりょうちがえ）

1840年、幕府は相模国の沿岸警備を担当していた川越藩の財政援助のため、豊かな庄内藩を越後長岡藩に、長岡藩を川越藩へ転封《てんぽう》させる計画をしたが、三方領知替反対運動によって撤回。その様子は絵巻「夢の浮橋」に描かれている。

おこぜ組（おこぜぐみ）

1843年、馬渕嘉平《まぶちかへい》を中心とした土佐藩の政治改革グループ。藩政改革派を皮肉ってつけた呼称というが、諸説あり。

知らなきゃやばいレベル

桜田門外の変（さくらだもんがいのへん）

1860年、**安政の大獄**で攘夷派に厳しい処罰を下した**井伊直弼《なおすけ》**を、**水戸浪士が桜田門外で殺害**した事件。

結果

公武合体（こうぶがったい）

朝廷を政治の中心とする尊王攘夷派の圧迫をはねのけるため、幕府は**孝明天皇《こうめい》**の妹・**和宮《かずのみや》**を将軍**家茂**に降嫁させ、**朝廷の公と幕府の武の融合で政局の安定を**はかった。薩摩藩が一時幕府方に傾く。

文久の改革（ぶんきゅうのかいかく）

1862年、江戸幕府で行われた**人事・職制・諸制度の改革**。改革は薩摩藩主の父・**島津久光《ひさみつ》**と、朝廷の勅命を受けた**公武合体派公卿の主導**で行われた。

解説

一般常識レベル

禁門の変（きんもんのへん）

蛤御門の変ともいう。1864年、池田屋事件を契機に、上京した長州藩と幕府側薩摩・会津・桑名藩兵との戦い。長州藩の敗北に終わる。

文久の改革の内容

人事改革

- **徳川慶喜**→将軍後見職
- **松平慶永**→政事総裁職
- **松平容保《かたもり》**→京都守護職

参勤交代の緩和

3年に1度、滞在100日

西洋式軍事の採用

- 幕府陸軍の設置
- 軍事研究留学制度の採用

島津久光は、安政の大獄で弾圧された一橋派を政治の役職に復帰させた。

尊攘派弾圧

教養レベル

坂下門外の変（さかしたもんがいのへん）

1862年2月13日に、江戸城坂下門外で尊攘派の水戸藩浪士6人が老中・安藤信《のぶ》正《まさ》を襲撃、負傷させた事件。

八月十八日の政変（はちがつじゅうはちにちのせいへん）

1863年8月18日、公武合体派が尊王攘夷過激派を京都から追放した政変。

池田屋事件（いけだやじけん）

1864年7月8日、長州藩・土佐藩などの、尊攘派の志士が潜伏していた京都の旅館・池田屋に、新撰組《しんせんぐみ》が襲撃した事件。

知らなきゃやばいレベル

薩長同盟（さっちょうどうめい）

1865年の第一次長州征討の後、翌66年に薩摩藩と長州藩が結んだ軍事同盟。土佐藩出身の**坂本龍馬**《さかもとりょうま》（郷士）・**中**《なか》**岡慎太郎**《おかしんたろう》（豪農）らの仲介で、共に幕府を倒すため、薩摩の**西郷隆盛**《さいごうたかもり》、長州の**木戸孝允**《きどたかよし》（桂小五郎）らが秘密裏に同盟を結んだ。**第二次長州征討**を前に、幕府がアメリカ・オランダ・イギリス・フランスに対して長州藩との貿易を禁止した。そのため、長州藩は薩摩藩を通じて武器を購入する必要があった。

薩長同盟後、
長州は幕府との戦いに
勝利（第二次長州征討）。
世論は幕府解体へと傾く。

一般常識レベル

生麦事件（なまむぎじけん）

1862年、島津久光の行列が神奈川の生麦村付近で、イギリス人4名を斬殺・負傷させた事件。

← 戦争に

薩英戦争（さつえいせんそう）

1863年、生麦事件の犯人逮捕と賠償金の求めに対し、薩摩側が「責任なし」と返答したことで始まった戦争。薩摩が扶助料を払い講和。

四国艦隊下関砲撃事件（しこくかんたいしものせきほうげきじけん）

下関戦争ともいう。1864年、英・仏・米・蘭の連合艦隊が下関の砲台を攻撃した事件。長州は惨敗。攘夷は不可能と判断した事件。

教養レベル

尊王攘夷運動から大政奉還までの薩長の流れ

薩摩藩は**公武合体**
長州藩は**尊王攘夷**
→ 外国に脅威を感じ、幕府を倒して新しい国をつくる「討幕」へと変更
→ 薩長同盟
→ 大政奉還

薩摩…薩英戦争で英の攻撃力に脅威を感じる
長州…下関事件で英仏米蘭に負ける

薩摩…長州との戦争回避
長州…武器入手で討幕に専念

知らなきゃやばいレベル

大政奉還（たいせいほうかん）

1867年10月14日、15代将軍・**徳川慶喜**が**朝廷へ政権を返上**したことをいう。薩長同盟以後の討幕運動の進展を回避するため、前土佐藩主・**山内豊信**《とよしげ》が、大政奉還を幕府に建白。それを受け徳川慶喜が行った。これにより260年余り続いた**江戸幕府は幕を閉じた**。

徳川慶喜は**大政奉還**後も
新政府で政権を掌握できると考えたが、
新政府に徳川氏の席は
用意されていなかった。

一般常識レベル

幕末で活躍した主な人物と思想（どの思想も「尊王」では一致している）

富国強兵＋新政府派（国を強くし、新政府をつくる）

公武合体➡富国強兵➡討幕 西郷隆盛《さいごうたかもり》（薩摩）	公武合体➡富国強兵➡討幕 大久保利通《おおくぼとしみち》（薩摩）	尊王攘夷➡富国強兵➡討幕 木戸孝允《きどたかよし》（長州）
尊王攘夷➡討幕 板垣退助《いたがきたいすけ》（土佐）	公武合体➡討幕 岩倉具視《いわくらともみ》（公家）	過激な尊王攘夷➡討幕 高杉晋作《たかすぎしんさく》（長州）

尊王攘夷派（天皇を敬い、力で外国を退ける）

過激な尊王攘夷 有馬新七《ありましんしち》（薩摩）	過激な尊王攘夷 武市半平太《たけちはんぺいた》（土佐）	過激な尊王攘夷 久坂玄瑞《くさかげんずい》（長州）
過激な尊王攘夷 徳川斉昭《とくがわなりあき》（水戸）		

公武合体と開国派（朝廷と幕府が結束・力を強化）

公武合体 島津久光《しまづひさみつ》（薩摩）	公武合体➡開国 長井雅楽《ながいうた》（長州）	公武合体 山内豊信《やまのうちとよのぶ》（土佐）
開国 井伊直弼《いいなおすけ》（幕府）	開国 勝海舟《かつかいしゅう》（幕府）	攘夷➡公武合体 孝明天皇《こうめいてんのう》（朝廷）

公議政体論（将軍を中心の会議政治体制）

尊王攘夷➡公議政体論 坂本龍馬《さかもとりょうま》（土佐）	尊王攘夷➡公議政体論 徳川慶喜《とくがわよしのぶ》（幕府）	

外圧の中で新しい日本を探る動きが展開する

江戸幕府の幕開けから40年余り、日本はスペイン、ポルトガルに加えて、オランダやイギリスなどの欧州国との貿易を重ね、東南アジアに日本人町を築くなど積極的な動きをしていた。しかし**1641年、幕府による鎖国令**で、その動きは鈍っていく。鎖国後は、最低限の4つの港を窓口に特定国との交流を細々と、だがけっして欠くことなく続けていたが、黒船と共に大きな波が日本を襲うことになる。

1840年、イギリスの中国進出で起きたアヘン戦争、1853年のペリーの来航など、次々にやってくる外国船団。とうとう**幕末は、日米和親条約を結び、開国にかじを切った。だが、これが攘夷派の運動に拍車をかけることとなり、幕末の動乱につながっていく。**

ペリー来航（ぺりーらいこう）

アメリカの東インド艦隊司令長官。1853年、**軍艦4隻で江戸湾に入港**し、日本に対し強く開港を迫った。さらに翌年も来航、**日米和親条約を締結**。日本の鎖国が終わる。

知らなきゃやばいレベル

朱印状（しゅいんじょう）

豊臣秀吉の時代から家康が引き継いだ**朱印船貿易の許可書**。京都・堺・長崎などの商人や西国の大名たちが、ルソン（フィリピン）、シャム（タイ）、安南（ベトナム）などの**東南アジア各地に朱印船を送り、さかんに貿易を行った。**

糸割符制度（いとわっぷせいど）

1604年に定めた生糸の輸入統制令。**ポルトガル商人の輸入生糸独占の排除が目的。**初めは京都・堺・長崎に、のちに江戸・大坂を加えた5カ所の特定商人に生糸を一括購入させ、それを分配させた。のちに国産生糸が増加して輸入生糸の需要は低下する。

一般常識レベル

ヨーロッパ人の来航

スペイン・ポルトガルに加えて、オランダ・イギリス船も来航。平戸に商館を設置して貿易を開始。

輸入品：中国産の生糸

輸出品：銀、刀、工芸品

己酉約条（きゆうやくじょう）

1609年、対馬の宗氏が朝鮮と結んだ条約。これにより、宗氏が朝鮮に送る歳遣船《さいけんせん》は年20隻と規定された。

寛永十二年令（かんえいじゅうにねんれい）

1635年、日本人の海外渡航と海外居住者の帰国を全面的禁止した法令。密航者や帰国者は死罪とした。

教養レベル

通商国（つうしょうこく）

正式な外交関係はないが、交易を行っているオランダ・中国を指す。一方、通信国とは正式国交のある国で、朝鮮と琉球王国を指す。

鎖国までの流れ

- 1613年 全国に禁教令
- 1616年 入港地を平戸と長崎に限定（ただし中国船は除く）
- 1624年 イスパニア船来航禁止
- 1633年 奉書船以の海外渡航禁止
- 1635年 海外渡航・帰国全面禁止
- 1639年 ポルトガル船来航禁止
- 1641年 オランダ商館を長崎出島へ
- 鎖国完成

鎖国（さこく）

江戸幕府が、キリスト教の禁止と貿易の統制を目的に、日本人の海外渡航を禁止し外国船の来航を制限したこと。1641年にオランダ人を長崎出島に移し完成した。この結果、**オランダ・中国・朝鮮を除く外国との貿易が禁止**され、**幕府だけが長崎で貿易を独占**した。なお、「鎖国」と名づけたのは、1801年に元オランダ通詞志筑忠雄《しづきただお》である。

鎖国中でも4つの窓口はあいていた。
対馬➡朝鮮外交の窓口
薩摩➡琉球外交の窓口
松前➡アイヌ交易の窓口
長崎➡オランダ・清との貿易の窓口

商場知行制（あきないばちぎょうせい）

1604年、家康よりアイヌとの交易独占を許された松前藩は、家臣への知行として**アイヌ人との交易権を分与**した。69年アイヌ総首長の**シャクシャイン**が乱を起こしたが鎮圧される。その後松前藩が、運上金を払った商人に魚場経営を任せる**場所請負制**を認めたため、生産場を奪われたアイヌは衰退。

朝鮮・琉球通信使（ちょうせん・りゅうきゅうつうしんし）

朝鮮通信使は修好を目的とし、1811年まで、**将軍の代替わりごとに計12回の使節が来日**。琉球王国もまた、薩摩藩の監視のもと、国王の代替わりに就任を感謝する**謝恩使**《しゃおんし》を、将軍の代替わりに奉祝する**慶賀使**《けいがし》を、幕府に派遣した。

開国までの主な流れ

- 1792年 露船（ラックスマン）が根室に来航
- 1804年 レザノフ（露）が長崎来航 幕府は拒否
- 1808年 英艦隊フェートン号が蘭船捕獲のために入港。長崎奉行・松平康英が引責自殺
- 1825年 幕府は異国船打払令を公布
- 1837年 米船モリソン号が来航。幕府は打ち払いで撃退
- 1840年 清がアヘン戦争で英に敗北
- 1842年 水野忠邦が打払令を撤回。天保の薪水《しんすい》給与令を公布
- 1853年 米艦隊ペリーが国交・通商を求め浦賀に来航。幕府は国書を受け取る。
- 1854年 ペリー再来航。日米和親条約を締結。鎖国が終わる

知らなきゃやばいレベル

日米和親条約
(にちべいわしんじょうやく)

1854年、日本全権・**林韑《はやしあきら》とペリーが横浜村で調印。**下田と箱館の開港、漂流民の救助、必需品の供給、最恵国待遇の供与、下田への領事駐在など12条からなった。**幕府は続いて、イギリス・ロシア・オランダとも同様の条約を締結**している。

日米修好通商条約
(にちべいしゅうこうつうしょうじょうやく)

1858年、江戸幕府が**アメリカ領事ハリスと、貿易の自由などを認めた条約。**下田・箱館(現在の函館)の他、神奈川・長崎・新潟・兵庫の開港、外国人居留地の設定などを定めた。**日本に関税自主権がなく、不平等条約**と呼ばれている。**(安政の五カ国条約)**

一般常識レベル

海舶互市新例
(かいはくごししんれい)

1715年の長崎貿易制限令。新井白石《はくせき》は、オランダ船を2隻・銀3000貫、中国船を30隻・銀6000貫とし、金銀の流出防止をはかった。銀6000貫とは、およそ金10万両(現在の約100億)に相当。

アーネスト・サトウ

イギリスの外交官。佐藤愛之助《あいのすけ》という日本名を持ち、イギリスにおける日本学の基礎を築いた。

咸臨丸
(かんりんまる)

幕府が所有した2隻目の軍艦。1860年、勝海舟らが乗船、太平洋を横断し、サンフランシスコに入港した。

教養レベル

開国後の日本の貿易は輸出過剰で、
国内市場は品不足となり物価が高騰した。

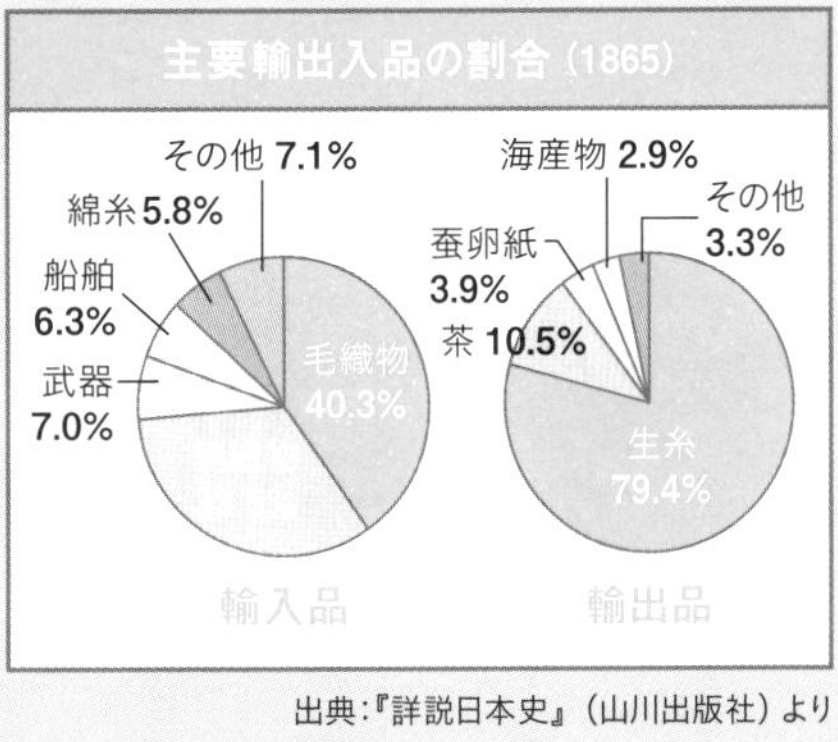
主要輸出入品の割合(1865)
その他 7.1%
綿糸 5.8%
船舶 6.3%
武器 7.0%
毛織物 40.3%
輸入品
海産物 2.9%
その他 3.3%
蚕卵紙 3.9%
茶 10.5%
生糸 79.4%
輸出品

出典:『詳説日本史』(山川出版社)より

世界的な大都市になった江戸の急速な発展

18世紀初頭、**江戸の人口は100万人を超えていたとされている。**その頃のロンドンが86万人、パリが55万人という数字で見ても、江戸は世界トップの大都市であった。それに伴って、産業が発展、**江戸は経済都市になっていた。それをうながしたのは石高を軸とする武士と農民。お金を軸とする商人の構造である。**

商業は流通の発展と共に発達し、菱垣廻船《ひがきかいせん》が活発化して、奥州各藩により東廻り航路が、金沢藩を中心に日本海側の航路が開かれた。さらに、陸路では五街道が整備され、商品の流通はもとより、ヒト・モノ・カネが大きく流通した。また江戸幕府や諸藩は、農業政策にも力を入れ、新田開発を奨励し、河川の治水や干拓などを行った。

江戸幕府の主な直轄領

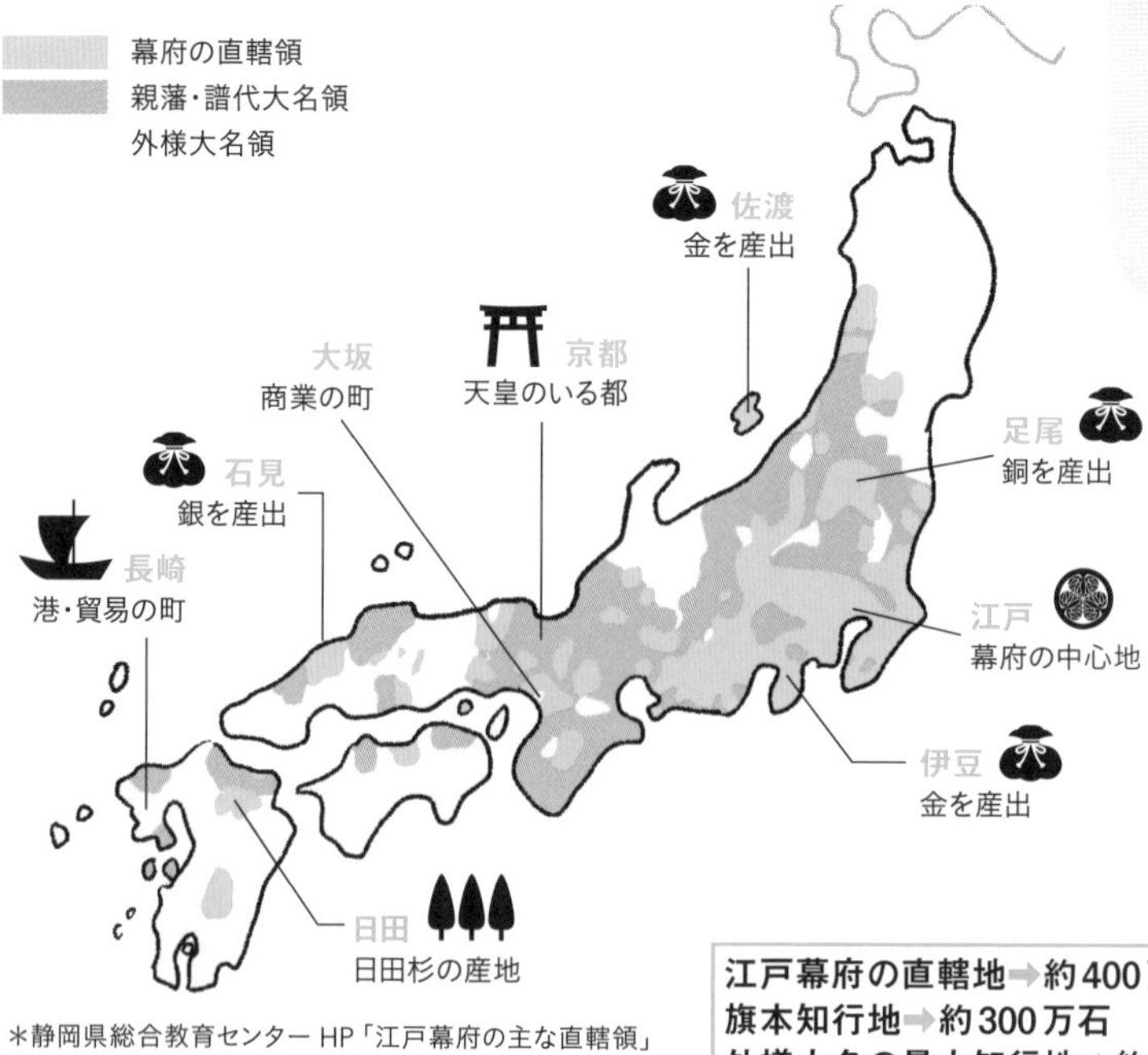

幕府の直轄領
親藩・譜代大名領
外様大名領
佐渡
金を産出
京都
天皇のいる都
大坂
商業の町
足尾
銅を産出
石見
銀を産出
長崎
港・貿易の町
江戸
幕府の中心地
伊豆
金を産出
日田
日田杉の産地

江戸幕府の直轄地➡約400万石
旗本知行地➡約300万石
外様大名の最大知行地➡約103万石

＊静岡県総合教育センター HP「江戸幕府の主な直轄領」をもとに作成

経済力

江戸幕府の経済力（えどばくふのけいざいりょく）

幕府は**約400万石の直轄地**（旗本領を合わせて全国総石高の約4分の1）を支配。**金銀の鉱山**も直轄地として幕府が管理し、**長崎の貿易**も独占して収入源とした。さらに**参勤交代**で江戸にヒト・モノ・カネを集中させて、全国の経済を刺激し続けた。

幕府直轄の鉱山（ばくふちょっかつのこうざん）

幕府は、16世紀から採掘がすすんだ鉱山の他に、新たに伊豆や佐渡銀山も直轄領とした。代表的な鉱山は4つ。

- 佐渡金山……当時世界最大級金山
- 伊豆金山……当時国内第2の産出量
- 生野銀山……平安から続く銀山
- 石見銀山……生野と並ぶ大銀山

知らなきゃやばいレベル

貨幣制度

三貨制度（さんかせいど）

江戸時代に流通した貨幣は、金（小判、一分判）、銀（丁銀《ちょうぎん》、豆板銀《まめいたぎん》）、銭（寛永通宝）という三種。これを三貨制度という。

寛永通宝（かんえいつうほう）

1636年以降に各地の銭座《ぜにざ》（銭貨の鋳造機関）で鋳造された通貨。1文銭と4文銭がある。これ以前には、慶長通宝があり、1835年には100文相当の天保通宝が発行された。

秤量貨幣（しょうりょうかへい）

銀貨の丁銀・豆板銀が代表貨幣。重さを計って使用する貨幣。商店では店に小さなはかりを置き、秤量貨幣の銀の目方をはかって使用した。

一般常識レベル

南鐐二朱銀（なんりょうにしゅぎん）

田沼意次が発行した銀貨計数貨幣。8枚で金1両に相当。金貨の単位「朱《しゅ》」を用いて、金2朱として通用し、金貨と銀貨を統一した。

金貨は1両＝4分、1分＝4朱で、
1両は1分金4枚、1朱金16枚に相当した。
時代にもよるが、1両は現在の約10万円に
あたると考えると、換算が便利。

教養レベル

一般常識レベル

新田開発（しんでんかいはつ）

検地帳に記載された「本田」に対し、新しく開墾した土地を「新田」といった。鍬下年季（3～5年間の免税）などの特権を設け、積極的に耕地増大に努めた結果、1615年に163万5千町歩だった耕地面積が、1716年には約2倍の297万町歩に増加した。

四木三草（しぼくさんそう）

四木は茶・桑・漆・楮《こうぞ》、三草は麻・紅花・藍をいう。農業の効率化のため農具購入は必須だった。農民は、四木三草を栽培して貨幣を手に入れていた。これらが藩の特産物化するケースも多かった。

耕地面積の拡大

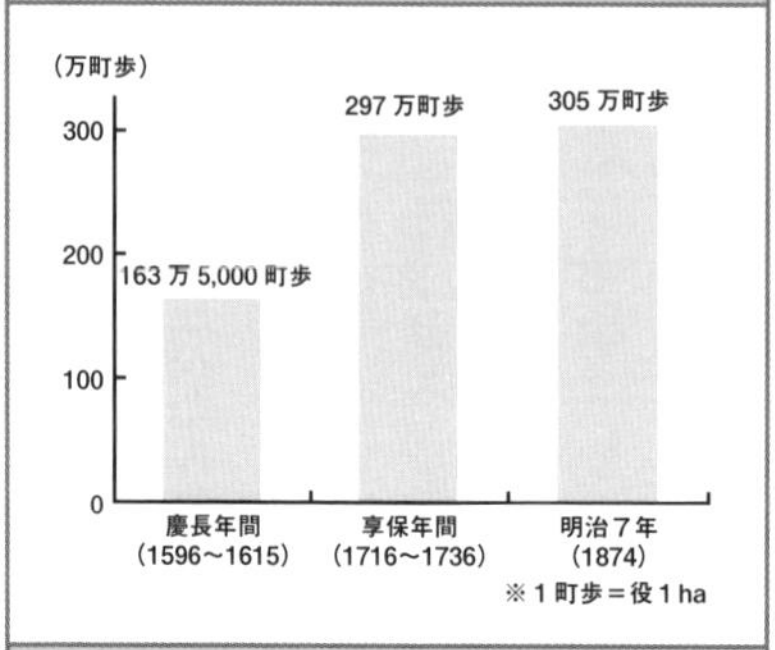
（万町歩）
300
200
100
0
163万5,000町歩
297万町歩
305万町歩
慶長年間（1596～1615）
享保年間（1716～1736）
明治7年（1874）
※1町歩＝役1ha

石高の増加

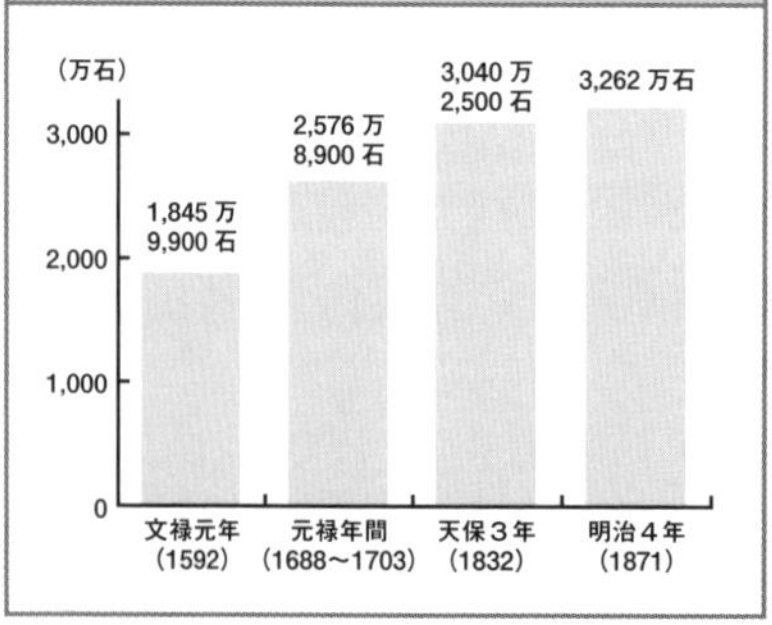
（万石）
3,000
2,000
1,000
0
1,845万9,900石
2,576万8,900石
3,040万2,500石
3,262万石
文禄元年（1592）
元禄年間（1688～1703）
天保3年（1832）
明治4年（1871）

出典：『日本史料集成』（平凡社）より

町人が出資して開発を請け負った
町人請負新田もあった。
鴻池《こうのいけ》新田（大坂）、**川口新田**（大坂）、
紫雲寺潟《しうんじがた》新田（新潟）が有名。

教養レベル

鍬下年季（くわしたねんき）

耕地化する期間を鍬下といい、新田開発から一定期間は租税を免除することを鍬下年季という。年季は3年、5年、7年など、開発の規模や領主によってさまざま。年季明けに検地をして石高を定めて、年貢対象地となった。

小物成（こものなり）

特産物や山林河海の収穫に対して課せられる雑税。茶年貢・漆《うるし》年貢・山年貢など、地方によって異なり、その数は2千余種を数えた。

一般常識レベル

金肥（きんぴ）

お金で買う肥料。干鰯《ほしか》・油粕《あぶらかす》・〆粕《しめかす》・糠《ぬか》などがあった。主に商品作物（綿・タバコなど）の生産地で利用されるようになった。

俵物（たわらもの）

長崎貿易の清への輸出品で、いりこ・ふかのひれ・干しあわびの総称（海産物）。中華料理の材料になり、17世紀末以降、銅に代わる輸出品として流通。

国産会所（こくさんかいしょ）

物産会所・産物方・産物役所ともいう。特産物の奨励と販売業務機関で、諸藩で設置。江戸・大坂に国産物を直送して、莫大な利益をあげた。

検見法・定免法（けんみほう・じょうめんほう）

江戸の年貢徴収法。検見法（江戸初期）は、役人が現地に赴き、村全体の生産量を推計してその年の年貢率を決める方法。しかし、凶作が続くと税収が減るため、江戸中期に定免法へ転換。定免法は、豊凶に関係なく、過去5～10年の収穫高の平均を基準として、毎年一定の年貢を徴収する方法。享保の改革で採用。

マニュファクチュア

工場制手工業ともいう。賃金労働者を雇い、分業・協業によって生産の効率化をはかる幕末の工業形態。酒造業（伊丹・池田・灘）、綿織物（尾張・摂津・河内）・絹織物（西陣・桐生・足利）など。

教養レベル

大原幽学（おおはらゆうがく）

農民指導者。下総香取郡長部村に土着。先祖株組合をつくり、相互扶助を説いて農村復興を指導した。幕府の嫌疑を受けて自害。著書『微味幽玄考《びみゆうげんこう》』。

報徳仕法（ほうとくしほう）

二宮尊徳《にのみやそんとく》が指導した農村復興策。倹約・勤労・分度《ぶんど》（自分の分をわきまえて、収入の範囲で支出を決めること）・推譲《すいじょう》（他人を推薦して、自ら地位や名誉を譲ること）を基軸とする。

知らなきゃやばいレベル

五街道（ごかいどう）

幕府が参勤交代用に整備した、江戸を中心とする**東海道・中山道・甲州道中・日光道中・奥州道中**のことを指す。**宿駅**ごとに**本陣《ほんじん》**、**旅籠《はたご》**を置き、一定の人馬を用意する**問屋場《といやば》**が置かれた。

管轄

道中奉行（どうちゅうぶぎょう）

大目付・勘定奉行が兼務。**五街道を総括**。宿屋・飛脚の取り締まり、道路、橋梁の管理を行った。

継飛脚（つぎびきゃく）

幕府公用の飛脚。1590年に始まり1633年に確立した。江戸・京都間を68時間で走破した。

陸路

一般常識レベル

菱垣廻船（ひがきかいせん）

1619年に、堺商人が大坂から江戸へ日用品を送ったのが始まりといわれる。**南海路を運航した定期船**。船べりに竹垣を菱形に組んで積荷の脱落を防いだ。18世紀末、**樽廻船《たるかいせん》**に圧倒された。

北前船（きたまえぶね）

江戸中期以降に発展した海運で、蝦夷地特産の海産物や東北の米などを、下関をまわって大坂に輸送した。**西廻り航路を往復する回船**。

石川島造船所（いしかわじまぞうせんじょ）

日本最初の洋式造船所。1853年、幕命により水戸藩主・**徳川斉昭**が、隅田川河口の石川島に創設した。

海路

巨利を得る

教養レベル

河村瑞賢（かわむらずいけん）

1657年、明暦の大火により材木で富を築き、その富で大坂の安治川、長良川を開く。**西廻り航路の整備・東廻り航路の開削・整備**をした。西廻り航路を開削したのは金沢藩である。

銭屋五兵衛（ぜにやごへえ）

江戸後期加賀の商人。金融業、醤油醸造業を営み、北前船を使って海運業に乗り出し、抜荷《ぬけに》（密輸）などで巨利を得た。

知らなきゃやばいレベル

江戸十組問屋（えどとくみどんや）

1694年成立（徳川綱吉時代）の**荷受問屋**。塗物店組・酒店組・綿店組など、**商品別に十組に編成**。

二十四組問屋（にじゅうしくみどんや）

1694年、江戸の十組問屋仲間に対抗して当初10組で結成された。1784年、**二十四組江戸積問屋仲間**の名称で、**株仲間**として公認された。

運上・冥加（うんじょう・みょうが）

商工・漁業従事者に課せられた営業税のこと。**運上**は、業者団体に一定の税率を定めて上納させる営業税。**冥加**は業務を独占的に行うことの御礼の上納金のこと。

問屋・商人の経済事情

一般常識レベル

札差（ふださし）

旗本や御家人は、給料として蔵米を受けたが、それの受け取りを代行し、換金した商人をいう。換金して旗本などに支払う金は事実上の融資となり、高利に困窮する旗本、御家人が増えた。

十人両替（じゅうにんりょうがえ）

江戸、大坂の両替商の代表格で、天王寺屋・鴻池屋・平野屋など、公金を扱う10人の両替商のこと。幕府御用金調達に大きな役割を果たし、帯刀《たいとう》を許された。

近江商人（おうみしょうにん）

江戸時代の三大商人（近江・松坂・富山売薬）。特に、蝦夷地で活躍した。

三井家（みついけ）

1673年、三井高利《たかとし》は江戸日本橋に「越後屋《えちごや》呉服店」を開業。「現金掛け値なし」の商法で成長した。今日の三越は、三井越後屋を略したものである。

両替商（りょうがえしょう）

金・銀・銭貨の交換や貸付などを行う金融業者。当時、上方（京都・大坂）では銀貨が、江戸では金貨が流通しており、貨幣を交換する両替商が大いに繁盛した。

知らなきゃやばいレベル

大名貸（だいみょうがし）

参勤交代などで藩財政が逼迫した**大名（藩）への金銀貸付**、また**貸付業者**のこと。有力商人によって行われた。

藩札（はんさつ）

各地の藩で発行された紙幣で、**金札**、**銀札**、**銭札**などがある。**財政窮乏救済のため発行**したもので、明治初年までに244藩が発行されたとしている。

相対済し令（あいたいすましれい）

1719年、勘定所の裁判事務を軽減するために実施した。**旗本・御家人と札差との金銭貸借訴訟は、評定所で受理せず、当事者間で解決する**ことを定めた法令。

武士の経済事情

一般常識レベル

領知宛行状（りょうちあてがいじょう）

大名や寺社の領知を認める際に、幕府が発給したもの。宛行とは家臣に領地を恩給する意味。

棄捐令（きえんれい）

旗本・御家人の救済政策。1789年令では、札差（金貸し業者）から借りた6年以前の借金は帳消しに、5年以内のものは利息を下げて長期で返済すればよいとした。天保の改革でも、発令された。

教養レベル

江戸時代に起こった一揆の形態と代表的な一揆

幕府の力が弱まり全国で一揆が頻発。その件数は3000件以上という。

17世紀頃

村を代表して直訴する
代表越訴型一揆

1653年　佐倉惣五郎の一揆（下総国）
1681年　磔《はりつけ》茂《も》左《ざ》衛《え》門《もん》の一揆（上野国）

18世紀頃

発起人がわからない
惣百姓一揆

1728年　久留米藩大一揆（筑後国）
1754年　郡上一揆（美濃国）

19世紀頃

特権商人・豪農への
打ちこわし・世直し一揆

1836年　郡内一揆（甲斐国）
加茂一揆（三河国）

知らなきゃやばいレベル

村方騒動（むらかたそうどう）

一般の農民が**村役人などの不正を領主に訴える行動**。百姓一揆が政治体制そのものに対する抵抗から生まれたのに対し、村方騒動は年貢や農業そのものについての具体的な要求が主流だった。

人返しの法（ひとがえしのほう）

水野忠邦の帰農策。農村の人口確保と都市の治安維持を目的とし、**農民が江戸に出て住民になることを禁止した。**

江戸後期になると
農民の格差が激しくなり、
都市に流入する
無宿があふれたが、
同時に窮民救済の策も
生まれた。

一般常識レベル

窮民救済策

御救小屋（おすくいごや）

地震や火災、洪水、飢饉など被害にあった人々の救済施設。幕府や藩が建てた。明暦の大火や天保の大飢饉のときに設置されたものが有名である。

七分積金（しちぶつみきん）

1791年寛政の改革で設置された、江戸の貧民救済策。町の運営に必要な金額で残ったものの7割を積み立て、庶民の救済にあてるというもの。運営は江戸町会所が行った。

人足寄場（にんそくよせば）

松平定信が、江戸石川島につくった浮浪人《ふろうにん》収容施設。立案したのは長谷川平蔵《へいぞう》で、中沢道二《どうに》が講義した。

ええじゃないか

1867〜1868年、主に江戸をはじめ各地で「ええじゃないか」と叫びながら踊る大衆の狂乱が見られた。地主・富商の家に入り込んで品物を奪ったり、酒食の対応を強要する行為もあったという。

目安箱（めやすばこ）

8代将軍・吉宗が設置した、江戸庶民の訴えを集めるための箱。この訴えから実現したものに、無料医療施設の小石川養生所《こいしかわようじょうしょ》などがある。

町人文化の華が開いた寛永、元禄、化政文化という時代

朱子学をベースにスタートを切った江戸の文化だが、初期の寛永文化はまだ桃山文化の流れが濃かった。だが、**江戸中期の元禄の頃になると、一気に文化の花が開く。**文学では井原西鶴《いはらさいかく》が町人の生活の赤裸々な姿を活写し、近松門左衛門《ちかまつもんざえもん》が義理と人情のからみ合った町人の世界を描く。歌舞伎では、大坂の坂田藤十郎《とうじゅうろう》、江戸の市川団十郎《だんじゅうろう》らが女性たちを魅了した。

次に花開いたのは、江戸後期の化政文化だ。幕藩体制最後の安定期では、江戸を中心に町人文化が爛熟期を迎えた。松尾芭蕉《まつおばしょう》に憧れを持つ、与謝蕪村《よさぶそん》や小林一茶《こばやしいっさ》の俳諧、鈴木春信《はるのぶ》、喜多川《きたがわ》歌麿《うたまろ》らの浮世絵が人気となり、四世鶴屋南北《つるやなんぼく》が「東海道四谷怪談」でリアルな風俗描写を試み、舞台技巧に斬新なアイデアを打ち出した。

富嶽三十六景（ふがくさんじゅうろっけい）

葛飾北斎《かつしかほくさい》の代表作で72歳の頃に描いたもの。富嶽とは富士山のことで、**富士山をさまざまな角度から描いた46図からなる錦絵《にしきえ》**のこと。下の絵は神奈川沖浪裏《おきなみうら》の富士山。高波が目立つが主役は富士山である。

知らなきゃやばいレベル

寛永文化（かんえいぶんか）

江戸初期の寛永文化は、**家康**から3代**将軍家光**までの**50年間ほどの文化**で、桃山文化の流れを強く受けている。

権現造（ごんげんづくり）

先祖の霊を祀る**霊廟《れいびょう》建築**の中でも、豪華な装飾彫刻が特徴の権現造。徳川家康を祀った**日光東照宮《にっこうとうしょうぐう》本殿**が代表。

建築

数寄屋造（すきやづくり）

書院造に茶室建築を加えた簡素な美が特色。数寄には好み・風雅・風流の意味があり、そこから茶の湯を指すようになり、茶室を数寄屋と呼んだ。**桂離《かつらり》宮《きゅう》・修学院《しゅがくいん》離宮**は特に有名。

一般常識レベル

狩野探幽（かのうたんゆう）

寛永文化。狩野永徳《えいとく》の孫。幕府の御用絵師。代表作に名古屋城・二条城・大徳寺などの障壁画《しょうへきが》や「大徳寺方丈襖《ほうじょうふすま》絵《え》」などがある。

久隅守景（くすみもりかげ）

狩野探幽の門人で、のちに破門された。代表作は「夕顔棚納涼図屏風《ゆうがおだなのうりょうずびょうぶ》」がある。

俵屋宗達（たわらやそうたつ）

京都の上層町衆だった宗達は、絵屋「俵屋」を経営。元禄文化で発展する琳派《りんぱ》の創始。右端に風神、左端に雷神を配し、明るくユーモラスに描いた「風神雷神図屏風《ふうじんらいじんずびょうぶ》」が代表作。

絵画

教養レベル

本阿弥光悦（ほんあみこうえつ）

町衆芸術家。徳川家康から京都鷹ヶ峰に土地を与えられ、芸術村をつくった。蒔絵《まきえ》（漆工芸の装飾法の一種）・陶芸・書道の他、古典にも通じる。「舟橋蒔絵硯箱《ふなばしまきえすずりばこ》」が代表作。

酒井田柿右衛門（さかいだかきえもん）

肥前《ひぜん》・有田焼の陶工。一度焼いた陶磁器の上につける上絵付を研究し、赤絵《あかえ》を完成した。代表作「色絵花鳥文深鉢《いろえかちょうもんふかばち》」がある。楽焼《らくやき》の茶碗を残す。

工芸

知らなきゃやばいレベル

元禄文化（げんろくぶんか）

5代将軍・**徳川綱吉**の治世で幕政が安定した、17世紀後半から18世紀初めにかけての文化。主な担い手は**上方**《かみがた》（京都・大坂）の**豪商**。いろいろな分野に多彩な様式を持たせた、活気のあふれる文化が展開した。

松尾芭蕉（まつおばしょう）

伊賀の人。江戸に出て句集『**俳諧七部集**』の創作活動を行い**蕉風**《しょうふう》**俳諧を確立**。1689年に江戸を立ち、東北・北陸地方をまわって美濃大垣に至る、5カ月間の紀行を記した『**おくのほそ道**』は有名。「**旅に病んで夢は枯野をかけ廻る**」。この句が事実上最後の俳諧となる。

元禄文化三人衆

一般常識レベル

近松門左衛門（ちかまつもんざえもん）

浄瑠璃・歌舞伎の台本作家。京都の武士の子として生まれる。初めは歌舞伎の**坂田藤十郎**、のち**竹本義太夫**《ぎだゆう》のために作品を書く。その作品には歴史を題材とした時代物『**国姓爺合戦**《こくせんやかっせん》』や男女の無理心中を描いた世話物『**曽根崎心中**《そねざきしんじゅう》』などが多数ある。

井原西鶴（いはらさいかく）

大坂の豪商に生まれる。談林派《だんりんは》の中心。『**浮世草子**《うきよぞうし》』の執筆をはじめ、デビュー作の好色物『**好色一代男**』で人気を博す。他にも、町人が富を追求する町人物『**日本永代蔵**《にっぽんえいたいぐら》』、武士の仇討ちを描いた武家物『**武道伝来記**』などがある。

教養レベル

宮崎友禅（みやざきゆうぜん）

京都で活躍した扇絵師。尾形光琳《こうりん》の画風を学び、華やかな模様が友禅染として流行した。花鳥文様だけでなく、和歌の内容を表現した歌絵なども能《よ》くした。

円空（えんくう）

美濃出身の臨済宗僧。全国各地を鉈《なた》1丁で巡遊し、木彫りの仏像を残した。現在まで約5300体以上の像（円空仏）が発見されている。代表作に「護法神像《ごほうしんぞう》」「両面宿儺像《りょうめんすくなぞう》」などがある。

弟の尾形乾山は、
野々村仁清に学び
多くの陶芸品を残している。

工芸

尾形光琳 （おがたこうりん）

尾形乾山《けんざん》の兄。京都呉服商雁金屋《かりがねや》の次男。装飾画の系統を琳派《りんぱ》と呼ぶ。絵画では「紅白梅図屏風《こうはくばいずびょうぶ》」「燕子花図屏風《かきつばたずびょうぶ》」が、工芸品では、螺鈿《らでん》と漆《うるし》を用いた「八橋蒔絵螺鈿硯箱《やつはしまきえらでんすずりばこ》」が代表作。

野々村仁清 （ののむらにんせい）

京焼色絵陶器の大成者（京焼の祖）。「色《いろ》絵月梅文茶壺《えつきうめもんちゃつぼ》」「色絵藤花文茶壺《とうかもんちゃつぼ》」「色絵吉野山図茶壺《よしのやま》」などが代表作。

一般常識レベル

絵画

住吉具慶 （すみよしぐけい）

住吉派の画家。幕府の奥絵師となり、住吉派の興隆の基礎をつくった。「洛《らく》中洛外図巻《ちゅうらくがいずかん》」「東照宮縁起《えんぎ》絵巻」などが代表作。

菱川師宣 （ひしかわもろのぶ）

安房国平郡保田《あわこくへいぐんほた》（現・千葉県鋸南町《きょなんまち》）に生まれる。美人画、歌舞伎や吉原の風俗などを肉筆画として制作して、浮世絵版画の開祖とされる。代表作「見返り美人図」は肉筆美人画である。

師宣「見返り美人図」

教養レベル

辰松八郎兵衛 （たつまつはちろべえ）

人形浄瑠璃の人形遣いの名手。竹本義太夫《ぎだゆう》と協力し近松門左衛門の「曽根崎心中」のお初で人気を博す。

野郎歌舞伎 （やろうかぶき）

女性や少年による歌舞伎が禁止されると、男だけの野郎歌舞伎が民衆の演劇として発達。江戸の市川団十郎、上方の坂田藤十郎、女形《おやま》の芳沢あやめが名俳優として活躍。

知らなきゃやばいレベル

化政文化（かせいぶんか）

1804～1830年、11代将軍・**徳川家斉の頃の文化**をいう。主な担い手は**江戸の町人**。洒落と通と、粋が好まれた文化。

与謝蕪村（よさぶそん）

「**蕉風回帰**《しょうふうかいき》」を唱えた俳人で、**芭蕉**に強い憧れを持っていた。「**菜の花や月は東に日は西に**」など。

俳諧

小林一茶（こばやしいっさ）

信濃国柏原の農家に生まれる。俳諧集に『**おらが春**』がある。「**雀の子そこのけそこのけお馬が通る**」などの句が知られている。

一般常識レベル

柄井川柳（からいせんりゅう）

俳句の形式で、世相を風刺する**川柳を流行させる**。大会を開き、その中で特に面白かった句を集めた『**誹風柳多留**《はいふうやなぎだる》』が大ヒットとなる。

四方赤良（よものあから）

大田南畝《なんぽ》のこと。別号は**蜀山人**《しょくさんじん》、**寝惚**《ねぼけ》**先生**。狂歌三大家（他**朱楽菅江**《あけらかんこう》・**唐衣橘**《からごろもきっ》**洲**《しゅう》）の一人。『**万載狂歌集**《まんざいきょうかしゅう》』は著名。

十返舎一九（じゅぺんしゃいっく）

1802年に発表した、弥次郎兵衛と喜多八の失敗談が描かれた滑稽本『**東**《とう》**海道中膝栗毛**《かいどうちゅうひざくりげ》』が代表作。「膝栗毛」とは徒歩で旅行をすること。

教養レベル

山東京伝（さんとうきょうでん）

洒落と風刺の利いた洒落本の中でも、特に絵と文章で構成された山東京伝の大人の漫画本『**黄表紙**《きびょうし》』が大流行。『**仕懸**《しかけ》**文庫**』で風俗取締りを受け処罰された。

摘発され処罰

木版印刷の普及で、
浮世絵や娯楽小説などが
庶民にも手が届くようになった。
ここに登場する作家たちは、
いわばその時代のベストセラー作家。

東洲斎写楽（とうしゅうさいしゃらく）

江戸後期の浮世絵師。10カ月余りの活動のなかで、140点ほど描いた。**大《おお》首絵《くびえ》**の手法が特徴。**「市川鰕蔵《えびぞう》の竹村定之進《じょうのしん》」**などが代表作。

喜多川歌麿（きたがわうたまろ）

浮世絵師。写楽の大首絵の構図を美人画に用いた**美人大首絵**で人気に。**「ポッピンを吹く女」「婦人相学十躰《ふじんそうがくじゅったい》」「婦女《ふじょ》人相十品《にんそうじっぽん》」**などが代表作。

写楽の「市川鰕蔵」

歌麿の「ポッピンを吹く女」

版画絵

葛飾北斎（かつしか ほくさい）

浮世絵師。化政文化を代表する一人で世界的にも著名な画家。代表作に**『富嶽三十六景』**や**『北斎漫画』**がある。

歌川広重（うたがわひろしげ）

江戸後期の浮世絵師。別名安藤広重《ひろしげ》。**葛飾北斎**の**「富嶽三十六景」**に刺激されて1833年**「東海道五十三次《つぎ》」**で、風景版画の第一人者となる。

鈴木春信（すずきはるのぶ）

多色刷りの錦絵を創始。美人画を得意とし**「弾琴美人《だんきんびじん》」「ささやき」**などある。いずれも同じような表情で切実な感じはなく、いかにも清楚である。

蔦屋重三郎（つたや じゅうざぶろう）

出版業者。本屋耕書堂を開業。喜多川歌麿や東洲斎写楽などの浮世絵を売り出したが、寛政の改革の出版統制令で、洒落本作家・山東京伝と共に処罰された。

歌川国芳（うたがわくによし）

浮世絵師。大胆で奇抜、自由闊達な画風で国芳ブームが起こる。代表作は、浅草の張りぼて人形を描く「朝《あさ》比《ひ》奈《な》小人《こびと》嶋《しま》遊《あそ》び」など。

知らなきゃやばいレベル

プロの画家ではない文人や学者が
描いた絵を**文人画**や**南画**と呼ぶ。
他に、**与謝蕪村**、**池大《いけのたい》雅《が》**などがいる。

平賀源内（ひらがげんない）

讃岐高松藩の足軽の子。筆名「**風来山《ふうらいさん》人《じん》**」、浄瑠璃作者名「**福内鬼外《ふくうちきがい》**」として活躍し、**司馬江漢《こうかん》**・**大田南畝《なんぽ》**らに影響を与えた。本草学・蘭学・物産学・国学を学んで物産会を開催し、**火浣布《かかんぷ》**・**エレキテル**・**寒暖計などを発明**した。著作に『**風流志道軒伝《ふうりゅうしどうけんでん》**』、浄瑠璃『**神霊《しんれい》矢口渡《やぐちのわたし》**』などがある。1779年、人を誤って殺傷し、獄死した。

一般常識レベル

渡辺崋山（わたなべかざん）

三河（愛知県）田原藩家老。高野長英《たかのちょうえい》らと尚歯会《しょうしかい》を結成していたが、モリソン号事件における幕府の対応を、『**慎機論《しんきろん》**』で批判した。**蛮社の獄**で弾圧され、国元での永蟄居《えいちっきょ》を命じられたが切腹した。写生画も得意で、文人画として「**鷹見泉石像《たかみせんせきぞう》**」がある。

円山応挙（まるやまおうきょ）

「円山派」の祖であり、写生画で有名。遠近法を用いた優雅な品格を持つ装飾画風を確立。「**雨竹風竹図屏風《うちくふうちくずびょうぶ》**」「**藤花図《ふじはなず》屏風**」「**雪松図屏風**」が有名。

影響

教養レベル

司馬江漢（しばこうかん）

江戸後期の画家。鈴木春信に浮世絵を学び、平賀源内の西洋画法に開眼。日本初の西洋画法の銅版画創始である。西洋理学に興味を持ち、地動説を紹介。主な作品に「西遊日記《き》」「春波楼筆《しゅんぱろうひっ》記」「天地理譚《りだん》」がある。

小田野直武（おだのなおたけ）

秋田藩士。平賀源内に西洋画を学び、『解体新書』の挿絵を描いた。

知らなきゃやばいレベル

仮名手本忠臣蔵（かなでほんちゅうしんぐら）

竹田出雲《いずも》ら合作の長編時代物。赤穂浪士の討入りを題材に、47人の浪士たちの苦闘を描いた**仇討物**《あだうちもの》。幕府への遠慮から、室町時代に設定して演じられた。

東海道四谷怪談（とうかいどうよつやかいだん）

歌舞伎役者で台本作家・**鶴屋南北**の傑作歌舞伎。初演当時は「忠臣蔵」と交互に上演されていたため、作中には忠臣蔵と同じ人物が登場する。

江戸三座（えどさんざ）

幕府より公認された**中村座**、**市村座**、**森田座**の3つの劇場のこと。江戸時代初期には多くの劇場があったが、明暦の大火を機に整理された。

大衆娯楽

歌舞伎に落語、芝居小屋に
見世物小屋、花見や花火、
そしてお参りを兼ねた旅行など、
江戸庶民は娯楽を楽しんでいた。

一般常識レベル

瓦版（かわらばん）

火事、地震、仇討ち、心中など、速報性のニュースを売り歩いた1枚刷りの新聞。読みながら売り歩くことから「読売」ともいわれた。第一号は大坂夏の陣を絵入りで紹介した。

新興宗教（しんこうしゅうきょう）

天理教《てんりきょう》や黒住教《くろずみきょう》、金光教《こんこうきょう》などの新興宗教が登場した。

教養レベル

伊勢講（いせこう）

伊勢神宮の参詣を目的に集った講（資金の積立）。江戸時代には、60年周期で熱狂が起きたという。誰もが一生に一度は参拝したいと考えたため、町や村で資金を積み立てる講が盛んになった。江戸からは片道15日間もかかる長旅だった。

江戸名所図会（えどめいしょずえ）

天保年間に斎藤月岑《げっしん》が7巻20冊で刊行した、いわば江戸のガイドブック。長谷川雪旦《せったん》の挿絵も有名。

知らなきゃやばいレベル

江戸時代の学問（えどじだいのがくもん）

幕府が正学としたのは、儒教の中の**朱子学**。年功序列を重んじ、主家への忠義を説くというもの。その教えを、幼い頃から学ばせるため、**藩校や寺子屋などの学校をつくった。**

正学

朱子学（しゅしがく）

日本の朱子学は**藤原惺窩**《ふじわらせいか》によって確立され、弟子の**林羅山**《はやしらざん》により幕府に取り入れられるようになる。家康は、儒教の中でも、年功序列を重んじる「朱子学」を受容し、羅山を重用。秀忠・家光・家綱にも学ばせた。以後、代々将軍に引き継がれ、**朱子学は江戸幕府を支える学問**となった。

朱子学

一般常識レベル

寛政異学の禁（かんせいいがくのきん）

1790年、**朱子学を正学**とし、それ以外の陽明学・古学・折衷《せっちゅう》学を**異学**とし、聖堂学問所で教授することを禁止。

昌平坂学問所（しょうへいざかがくもんじょ）

5代将軍・**綱吉**が、**林羅山**の家塾「**弘**《こう》**文館**《ぶんかん》」を、湯島聖堂に移し、武士に朱子学を学ばせる**幕府直轄の学校**・昌平坂学問所を開いた（1797年）。

本朝通鑑（ほんちょうつがん）

1670年、幕命により林羅山・林鵞《が》峰《ほう》父子が編集し、宋の『**資治通鑑**《しじつがん》』にならった編年体の史書。全310巻。神代から後陽成《ごようぜい》天皇までを記す。

教養レベル

寺子屋（てらこや）

町人の子弟のための初等教育施設。浪人（牢《ろう》人）・僧侶・神職・町人・女性が、子どもたちに「読み・書き・そろばん」を教え、高い識字率を支えていた。

心学（しんがく）

石田梅岩《ばいがん》が唱えた庶民のための**実践道徳の教え**。神道・儒教・仏教の三教を融合させ、人間の本性を説き、善を修め心を正しくすることを教え諭した。

知らなきゃやばいレベル

藩校（はんこう）

18世紀後半、**藩士や子弟の教育施設**として、全国に藩校（藩学）が設立された。朱子学や武術、のちには蘭学・国学も取り入れ学ばせた。

池田光政（いけだみつまさ）

岡山藩主。陽明学者**熊沢蕃山《ばんざん》**を招き、1641年、私塾・**花畠《はなばたけ》教場**、**郷学閑《しず》谷《たに》学校を開く**。儒教主義に基づいて、藩政改革に努めた。

藩校以外にも
郷校、私塾、寺子屋などの
教育機関があった。

一般常識レベル

主な教育機関とその特徴		
藩校	藩士の子弟の学校。庶民の子弟は入学できない。	会津藩の**日新館《にっしんかん》**、米沢藩の**興譲館《こうじょうかん》**、水戸藩の**弘道館《こうどうかん》**など
郷学（郷校）	藩校に準じて藩が認めている学校。主に藩の子弟。一部庶民を許可しているものもある。	岡山藩の**閑谷《しずたに》学校**、摂津国の**含翠堂《がんすいどう》**、仙台藩の**有備館《ゆうびかん》**、水戸藩の**延方《のぶかた》郷校**など
寺子屋	庶民のための学校。6歳頃から12歳頃までの庶民の子弟。	1830～1844年の頃には、**全国で15000以上**も存在していたとされている。

教養レベル

貝原益軒（かいばらえきけん）

朱子学を松永尺五《せきご》に学び、本草学『大和本草《やまとほんぞう》』、女子教育『女大学《おんなだいがく》』を著すなど、多才であった。

女大学（おんなだいがく）

江戸中期以降広く普及した女子の教訓書。「夫女子は成長して他人の家へ行、舅姑に仕るものなれば、男子よりも、親の教忽にすべからず」など、19カ条からなる良妻賢母となるための封建的な女子道徳を説いた。

知らなきゃやばいレベル

洋学（ようがく）

医学や物理学など、西洋の学術・文化・技術は、オランダを通じて日本に入ってきたため「**蘭学**《らんがく》」と呼ばれたが、開国後はオランダ国に限らなくなったため「洋学」の名称が一般的となった。

杉田玄白（すぎたげんぱく）

若狭国小浜藩医。オランダ語本『ターヘル・アナトミア』を翻訳し、1774年に『**解体新書**《かいたいしんしょ》』を刊行。『**蘭学事**《らんがくこと》**始**《はじめ》』は、このときの様子を記したもの。

蘭学を学ぶ者は、
異国の脅威に備える
必要性を説く
海防・開国論者が多く、
幕府の激しい
弾圧を受けた。

一般常識レベル

尚歯会（しょうしかい）

渡辺崋山《かざん》・高野長英《たかのちょうえい》を中心とした蘭学グループ。蛮社《ばんしゃ》の獄《ごく》で弾圧された。「尚歯」とは、敬老を意味し、詩歌管弦の宴を催すこと。

伊能忠敬（いのうただたか）

下総国（千葉県）佐原の酒造家で、名主・伊能家の養子。家業に励む傍ら、数学・天文学などを独習した。50歳の時、江戸に出て高橋至時《よしとき》に測量・暦学を学ぶ。のち幕命により1800年から17年間、全国を測量。その仕事が『大日本《だいにほん》沿海輿地全図《えんかいよちぜんず》』である。忠敬の死から3年後の21年に完成した。

教養レベル

西川如見（にしかわじょけん）

長崎通詞として、儒学・地理・経済に詳しかった。中国人・オランダ人から得た海外事情に基づく最初の本格的な書物『**華夷通商考**《かいつうしょうこう》』、『**町人嚢**《ちょうにんぶくろ》』『**百姓嚢**』で、町人や百姓の心得や教訓を随筆風に書いた。

山脇東洋（やまわきとうよう）

1759年に刊行された、日本最初の人体解剖記録『**蔵志**《ぞうし》』を著す。近代的実験医学の先駆者とされる。

知らなきゃやばいレベル

国学（こくがく）

古事記や**日本書紀**など日本の古典を研究して、日本独自の思想を明らかにしようとした学問。時代と共に、その思想は**復古主義**に発展し、**尊王攘夷運動の精神的支柱**となっていった。

賀茂真淵（かものまぶち）

継承

荷田春満の門。『**万葉集**』の研究を通して古道の復活を主張した人物。

本居宣長（もとおりのりなが）

伊勢国松坂の医者。**契沖**の文献考証と**賀茂真淵**の古道説を受け継ぎ、『**源氏物語**』の中に「もののあわれ（ありのままの感情）」を見出して、高く評価。儒仏思想を排した**復古思想**を**提唱**した。

さきがけ

4大国学者

継承

一般常識レベル

契沖（けいちゅう）

真言宗の僧。徳川光圀《みつくに》の依頼により、『万葉代匠記《まんようだいしょうき》』を著す。『万葉集』20巻すべての歌を、種々の引証によって精密に注解した。国学の先がけとなる。

荷田春満（かだのあずままろ）

京都伏見稲荷神社の神官。神道・古典研究で基礎を築き、復古意識を明確にした。

平田篤胤（ひらたあつたね）

本居宣長の研究思想を継承。解明した日本古来の精神を体系化し、復古神道として大成。幕末、尊王攘夷論者に影響を与えた。

教養レベル

蒲生君平（がもうくんぺい）

儒学者・尊王論者。寛政の三奇人（蒲生君平・林子平《しへい》・高山彦九郎《ひこくろう》）の一人。前方後円墳と名づけたことで有名。著書に『山陵志《さんりょうし》』がある。

国学の**尊王攘夷思想**は、
さらに過激な水戸学の**尊王論**と合わさって、
大きな時代の流れをつくっていく。

知らなきゃやばいレベル

水戸学（みとがく）

幕府の官学である朱子学に、国学・神道の尊王思想を加味したもの。**徳川斉昭**に庇護され、**藤田幽谷《ゆうこく》・東湖父子・会沢安**らが**尊王攘夷論**を展開した。

推進

徳川斉昭（とくがわなりあき）

水戸藩主。**一橋慶喜《よしのぶ》**（徳川15代将軍）の父。藩校弘道館を設立。**藤田東湖**らを登用。この頃の水戸藩では**尊王斥覇論《せきは》**を唱えていたが、のちに攘夷が追加され**尊王攘夷論**が**展開**。**安政の大獄**で、斉昭は蟄居《ちっきょ》処分（自室に軟禁状態の刑罰）となった。日本三名園の一つ、水戸の偕楽園をつくる。

家臣

一般常識レベル

藤田東湖（ふじた とうこ）

水戸藩の儒臣で、**藤田幽谷**の子。**尊王攘夷論**を説き、**藩主・徳川斉昭**の側用人として藩政改革を行う。『**弘道館記述義**』を著したが、安政の大地震のため江戸藩邸で圧死した。

会沢安（あいざわやすし）

号は正志斎《せいしさい》。**藤田幽谷**に学び、水戸の藩政改革に尽力した。『大日本史』を編纂するための修史局「彰考館《しょうこうかん》」の総裁。著書『**新論**』は、**尊王攘夷論の先駆**をなし、その運動推進の役割を果した。

教養レベル

代表的な私塾とその門下生

所在	塾	創始者	門下生
大坂	適々斎塾《てきてきさいじゅく》（適塾）	緒方洪庵《おがたこうあん》	福沢諭吉《ふくざわゆきち》・大村益次郎《おおむらますじろう》・橋本左内《はしもとさない》など
山口	松下村塾《しょうかそんじゅく》	玉木文之進《たまきぶんのしん》（吉田松陰《よしだしょういん》の叔父）	高杉晋作《たかすぎしんさく》、久坂玄瑞《くさかげんずい》、伊藤博文《いとうひろぶみ》など
大分	咸宜園《かんぎえん》	広瀬淡窓《ひろせたんそう》	大村益次郎《おおむらますじろう》、高野長英《たかのちょうえい》など
長崎	鳴滝塾《なるたきじゅく》	シーボルト	伊東玄朴《いとうげんぼく》、高野長英《たかのちょうえい》など

9章

明治時代

1867～1912年

廃藩置県で封建制が解体 近代的な中央集権国家を目指す

明治維新後、戊辰戦争、西南戦争など、数々の混乱に見舞われた明治政府だが、**1881年になり、ようやく国会開設の詔を出した。**さらに、民権運動に対抗して憲法制定の準備を開始し、ドイツ人法学者ロエスレルの指導により、君主制の強い憲法を調査研究するため、伊藤博文《ひろぶみ》をヨーロッパに派遣した。

また、政府はこれと併行して、貴族院の構成基盤となる華族制度、太政官制に代わる内閣制度、天皇の諮問機関としての枢密院《すうみついん》、市町村制など、国会開設のための準備を着々とすすめ、**89年2月11日、大日本帝国憲法を発布。90年には、貴族院が設置され、さらに衆議院選挙が実施されて、**アジアにおける最初の立憲君主国となった。

地租改正（ちそかいせい）

明治政府が行った政策には**廃藩置県《はいはんちけん》**、**徴兵制**、**殖産興業**などがあるが、1873年の**地租改正**もその一つ。土地に税を課したことで、政府は収穫量よりも安定した財源が確保できるようになったが、農民には苦しい税制だった。

地租改正でこれからは土地の
地価の3%を現金で払ってもらうぞ！
不作の年でも3%を
払うなんて無理だ！
じゃ、2.5%で！
反対一揆が起こり
税を引き下げた
それでも借金だけが増えていく。
土地を売るしかない……

知らなきゃやばいレベル

王政復古の大号令（おうせいふっこのだいごうれい）

1867年、大政奉還の後に、**明治天皇より発せられた号令。中心となったのは長州、薩摩両藩。**幕府を廃止し、天皇のもとに新たな職を置いて有力な藩が共同で政治を行うこととした。

新首都

東京（とうきょう）

1868年に江戸は東京と改められた。同年10月に天皇が東京へ入った。その後、天皇は一旦は京都に戻ったが、翌69年3月に江戸城を皇居にして天皇が移り住んだ。これによって、**東京が新しい首都になった。**

一般常識レベル

岩倉具視（いわくらともみ）

公卿出身。公武合体を唱え、和宮降嫁に尽力したが、のちに尊王討幕派と協力して王政復古のクーデターを成功させた。右大臣となり、1871年には日本の代表として欧米を視察。帰国後は征韓論《せいかんろん》に反対し、欽定《きんてい》憲法制定の基本方針を定めた。

太政官制（だじょうかんせい）

内閣制度成立以前の明治政府の職制。飛鳥時代などにも採用されていたが、明治政府によりって再び採用されることになった。太政官はその最高官庁で、この制度を採用した1868年には、太政官の下に七官が設置された（182ページ）。

尽力

基本方針制定

教養レベル

和宮降嫁（かずのみやこうか）

孝明《こうめい》天皇の妹・和宮親子《ちかこ》内親王と14代将軍・徳川家茂《いえもち》との結婚問題。江戸時代末期の1862年に実現した。皇族の女性が皇族以外の男性に嫁ぐことを降嫁といい、日本史上唯一、武家に降嫁したのが和宮である。

欽定憲法（きんていけんぽう）

君主によって制定された憲法。大日本帝国憲法がこれに該当する。

中央官制の変遷

明治維新によって政治のあり方が変わり、1885年に内閣制度が採用されるまで、明治時代の最高責任者は太政官であった。

三職制

1867年 王政復古の大号令

- 総裁
- 議定
- 参与

※三職制は、その後、1868年1月に三職七科制、1868年2月に三職八局制となった。

太政官制

七官制 1868年 政体書《せいたいしょ》

太政官

- 【行政】行政官
  - 神祇官
  - 会計官
  - 軍務官
  - 外国官
  - (民部官)
- 【司法】刑法官
- 【立法】議政官
  - 上局
  - 下局 → 公議所(1869年3月〜) → 集議院(1869年7月〜)

※1869年4月より民部官が加わり、八官制となった。

二官六省制 1869年 版籍奉還《はんせきほうかん》後

神祇官(1871年廃止)　太政官

- 大蔵省
- 兵部省
- 民部省 → 工部省(1870年)
- 外務省
- 大学校
- 開拓使
- 刑部省 → 司法省(1871年)
- 弾正台
- 宮内省

三院制 1871年 廃藩置県後

太政官

- 正院(1877年廃止)
- 左院(1875年廃止)
- 右院(1875年廃止)

- 神祇省(1871年〜) → 教部省(1872〜1877年)
- 大蔵省
- 兵部省 → 陸軍省(1872年〜)、海軍省(1872年〜)
- 外務省
- 文部省
- 工部省
- 開拓使(1882年廃止)
- 司法省
- 農商務省
- 宮内省
- 元老院(1875年〜)

内務省(1873年〜)　農商務省(1881年〜)　大審院(1875年〜)　参事院(1881年〜)

内閣制度

1885年

内閣総理大臣

- 大蔵省
- 陸軍省
- 海軍省
- 外務省
- 内務省
- 文部省
- 農商務省
- 逓信省
- 司法省

大審院法制局　宮内省(宮内大臣)　内大臣府(内大臣)　枢密院(1888年〜)　帝国議会(1890年〜)

一般常識レベル

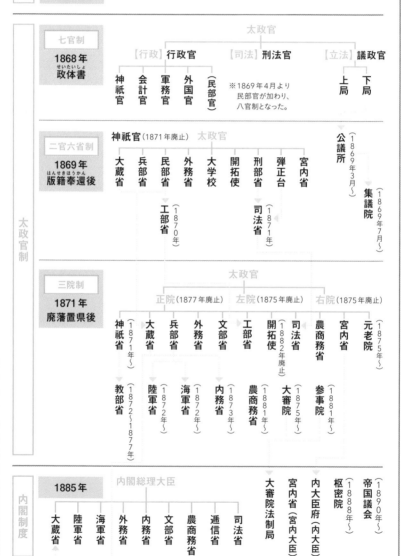

知らなきゃやばいレベル

西郷隆盛（さいごうたかもり）

1866年、**薩長同盟を成立させて討幕運動の中心となった。**維新後は参議となり、廃藩置県を遂行したが、征韓論争に敗れて下野《げや》した。郷里の鹿児島で私学校を中心とした士族層に推されて、77年に**西南戦争**を起こすが、敗れて城山で自刃を遂げた。

参加

大久保利通（おおくぼとしみち）

木戸孝允、西郷隆盛と共に明治の「維新の三傑」の1人。薩摩藩出身で西郷隆盛とは幼なじみであった。**討幕運動を指導し、薩長同盟、王政復古の実現に努力した。**明治新政府発足後、さまざまな政策に尽力したが、1878年、東京都にある紀尾井坂《きおいざか》の清水谷で不平《ふへい》士族《しぞく》に暗殺された。

維新三傑

一般常識レベル

西南戦争（せいなんせんそう）

当時の政府などに不平を持った士族による反乱。1877年、鹿児島の旧薩摩藩士族が西郷隆盛を擁して挙兵した。熊本鎮台《ちんだい》を攻撃したが、徴兵制による政府軍に鎮圧された。西郷隆盛は城山にて自刃を遂げ、保守派士族の反乱に終止符が打たれた。なお、この戦いによって、明治政府は戦費のため不換紙幣《ふかんしへい》を乱発し、物価が上がった。

木戸孝允（きどたかよし）

通称の桂小五郎《かつらこごろう》でも広く知られている。西郷隆盛や大久保利通と共に薩長連合の密約を結び、討幕勢力の結集をはかった。明治維新後は明治政府の中枢に参画した。

教養レベル

屯田兵（とんでんへい）

明治時代に北海道の警備と開拓にあたった兵士とその部隊。黒田清隆《きよたか》が意見を上申した。士族授産の一環である。

背景

士族授産（しぞくじゅさん）

明治維新によって職を失った士族（武士階級の出の者）の救済のためにとられた明治政府による一連の政策。

明治維新で多くの武士が職を失った。

知らなきゃやばいレベル

板垣退助（いたがきたいすけ）

土佐藩出身。1871年に参議となったが、73年に征韓論に敗れて下野《げや》した。**後藤象二郎《ごとうしょうじろう》と共に民撰《みんせん》議院設立建白書を左院に提出し、自由民権運動の口火を切った。**のちに第二次**伊藤博文《いとうひろぶみ》内閣、第一次大隈《おおくま》内閣の内務大臣を歴任**した。暴漢に襲われたときの「板垣死すとも自由は死せず」の真偽は別にして、有名な言葉である。

先導

自由民権運動（じゆうみんけんうんどう）

「人間は自由、平等の自然的な権利を有し、それらは天から与えられた権利である」という**天賦《てんぷ》人権論**が思想的な基礎。**自由民権運動の基本要求は、国会開設、地租軽減、条約改正であった。**

主張

一般常識レベル

征韓論（せいかんろん）

江戸時代末期から明治初期において唱えられた、**武力をもって朝鮮を開国し**ようとする主張。

韓国（朝鮮半島）は
明治政府の
あり方を問う重要な
キーワードだった。

五箇条の誓文（ごかじょうのせいもん）

維新政府の五箇条の基本方針。**公議世論の尊重、開国和親、殖産興業などを内容とし、**1868年3月に京都御所において、明治天皇が神祇《じんぎ》に誓う形式で発布した。**由利公正《ゆりきみまさ》**の原案を**福岡孝《たか》弟《ちか》**が修正し、さらに**木戸孝允**が加筆修正して最終案が成立した。

基本的な内容

教養レベル

公議世論（こうぎよろん）

幕末から明治初期にかけての政治思想。議会制度を導入して合意を形成することで国家の意思形成や統一をはかろうとするもの。

開国和親（かいこくわしん）

国を開き、外国との交流を行うという方針。

殖産興業（しょくさんこうぎょう）

明治初期に先進資本主義諸国の外圧に対抗するため、近代産業技術を移植して資本主義的生産方法を保護育成しようとした政策。

知らなきゃやばいレベル

大区小区制（だいくしょうくせい）

1871年から実施された制度。それまでの庄屋、名主などを廃止し、戸籍法に基づいて**全国を画一的に大区と小区にわけた。**住民の政治参加を排した中央集権的性格であった。

身分解放令（みぶんかいほうれい）

1871年、**旧来の賤民《せんみん》を身分、職業共に平民と同様とした**太政官の布告。しかし、旧身分による差別は事実上存続し、結婚や就職など多くの問題を残している。

一般常識レベル

神風連の乱（じんぷうれんのらん）

1876年に起こった反乱で、敬神《けいしん》党の乱ともいう。太田黒伴雄《おおたくろともお》をはじめとする国粋主義者、攘夷主義者が中心。欧化政策に反対し、廃刀令に憤慨して挙兵した。

不平士族の反乱

秩禄《ちつろく》処分などで明治政府に不満を持った士族は政府に対して反乱を起こした。その反乱は成功することがなく、士族は力を失っていった。

佐賀の乱（1874）	佐賀県。征韓論と国権回復を要求。
神風連の乱（1876）	熊本県。廃刀令に憤慨して挙兵。
秋月《あきづき》の乱（1876）	福岡県。国権拡張を主張。
萩の乱（1876）	山口県。神風連の乱、秋月の乱に呼応。
西南戦争（1877）	鹿児島県。西郷隆盛が敗北する。

教養レベル

秩禄処分（ちつろくしょぶん）

将軍や大名が幕臣や藩士に払っていた俸禄《ほうろく》（現在でいう給料）を、明治新政府は秩禄というかたちで士族に払っていた。その秩禄を廃止することを秩禄処分という。段階的に行われ、最終的には1876年に断行された。

神風連の乱の舞台となった熊本城。不平士族の反乱は九州を中心に起こった。

廃藩置県（はいはんちけん）

1871年、**藩を廃止して県を設けた政治的改革**。藩の廃絶のため、薩摩、長州、土佐の三藩の軍隊である御親兵《ごしんぺい》を背景に断行した。旧藩主は東京在住とし、新たに中央からは府知事、県令（県知事）を任命した。

府県制《ふけんせい》の流れ

1868年の政体書に始まり、段階を経て、現在の47都道府県政に近づいていった。

1868年	政体書	旧幕領を府県とする府藩県三治の制、知府事・諸侯・知県事配置
1869年	版籍奉還	諸侯（かつての大名）を知藩事に任命
1871年	戸籍法	全国に区設置（行政区画）、戸長・副戸長配置
	廃藩置県	知藩事の職を免じ、全国に3府302県を設置→年末に1使3府72県に統合
	府県官制	府県に知事・県知事（その後、県令）を置く
1878年	三新法	府県の下に郡区町村を設置など
1888年	市制・町村制	1道3府43県に

三新法（さんしんぽう）

1878年に施行された、府県会規則、郡区町村編制法、地方税規則の総称。町村を自治体と認めた。

三新法

三新法は下の三つの規則や法の総称で、現在の自治体のベースとなった。のちに1888年市制・町村制、1890年府県制・郡制施行により廃止された。

府県会《ふけんかい》規則《きそく》	民会を全国的に認めた規則。1890年の府県制の制定で廃止となった。
郡区町村編制法	地方制度を定めた法律。1871年の戸籍法で大区・小区に区分したのを改め、旧来の郡制を復活。東京、大阪、京都など市街地には区を設けた。
地方税《ちほうぜい》規則《きそく》	府県が徴収できる税金の種目（税目）とその税収によって支払われるべき費用の名目を定めた規則。

沖縄県（おきなわけん）

現在の沖縄県は、江戸時代には琉球王国で、日清両国と服属関係であった。明治政府は廃藩置県の際に琉球を鹿児島県に編入し、1872年に国王・尚泰を藩王として琉球藩を置いた。77年に政府は武力で首里城を占領し尚泰を上京させ、79年に琉球藩を廃止して沖縄県とした。

国王

尚泰（しょうたい）

最後の琉球国王。1848年に、わずか4歳で即位した。

知らなきゃやばいレベル

伊藤博文（いとうひろぶみ）

長州藩出身。1871年に岩倉使節団（193ページ）の副使に選ばれる。**大久保利通**の死後は政府最高顧問となる。**内閣制度の初代内閣総理大臣、枢密院議長、制度取調局長官などを務める**。大日本帝国憲法制定などで天皇制に尽力した。1905年初代韓国統監《とうかん》となるが、1909年ハルビン駅頭で安重根《あんじゅうこん》によって暗殺された。

初代総理大臣

内閣制度（ないかくせいど）

1885年に設けられた国の政治の仕組み。**内閣総理大臣と国務の各大臣から構成され、天皇を補佐する責任もあった**。初代総理大臣は**伊藤博文**で、各大臣には薩摩藩、長州藩の出身者が多かった。

幼なじみ

一般常識レベル

集会条例（しゅうかいじょうれい）

1880年、国会期成同盟（188ページ）を対象に出されたもので、政治集会と政治結社を取り締まることを目的とした条例。90年の集会及政社《しゅうかいおよびせいしゃ》法、1900年の治安警察法に継承された。その後の「治安を維持する目的で民衆の自由を制限する法律」の土台となった条例とされている。

井上馨（いのうえかおる）

伊藤博文と共にイギリスに留学。帰国後、木戸孝允らと薩長連合の実現に向けて奔走する。明治維新後は新政府において外交や財政を担う。のちに伊藤内閣で外務大臣などを務めた。

参加

教養レベル

熱海会議（あたみかいぎ）

1881年1月、伊藤博文、井上馨、大隈重信《おおくましげのぶ》の3人が参加した会議。自由民権運動に対応して、国会開設などの問題を話し合った。同年の10月には、国会開設の勅諭が出され、大隈重信は政界から追放された。

明治時代に活躍した人物は紙幣のモデルにもなっている。伊藤博文はかつての千円札、板垣退助は百円札のモデルであった。

知らなきゃやばいレベル

三大事件建白運動（さんだいじけんけんぱくうんどう）

建白とは政府などに自分の意見を申し立てること。1887年、**片岡健吉《けんきち》**などが**井上馨**外相の条約改正案を非難し、**外交の挽回、地租の軽減、言論の自由の三つの要求**を提出した。政府は、保安条例で鎮静化をはかった。

弾圧 →

保安条例（ほあんじょうれい）

三大事件建白運動に対する弾圧立法。当時の内務大臣・山県有朋《やまがたありとも》、警視総監・三島通庸《みちつね》は、**中江兆民《なかえちょうみん》、尾崎行雄《ゆきお》ら民権派570名を皇居から3里**（約12㎞）**以遠に追放した。**

対策 ↓

一般常識レベル

北海道官有物払い下げ事件（ほっかいどうかんゆうぶつはらいさげじけん）

1881年に起きた事件。開拓使官有物払下げ事件ともいう。北海道開拓使長官の黒田清隆が開拓使官有物を同郷である薩摩の政商・五代友厚《ともあつ》らの関西貿易商会に安値・無利子での払い下げを決定したところ、世論の厳しい批判を浴び、払い下げが中止となった。**これにより、藩閥政治打破、国会開設の要求する運動が飛躍的に高まった。**

国会期成同盟（こっかいきせいどうめい）

日本の国会開設運動で中心的な役割を果たした政治結社。**片岡健吉や河野《こうの》広《ひろ》中《なか》らを代表に活発な運動を展開した。**結成は1880年。

中心人物 ↓

教養レベル

片岡健吉（かたおかけんきち）

土佐藩出身。板垣退助などと共に立志社を創立し、自由民権運動を指導した。

設立 ←

立志社（りっししゃ）

1874年、板垣退助、片岡健吉、植木枝盛《えもり》らが高知に設立した政治結社。立志社の名称は、スマイルズ著『Self Help』の訳『西国立志編』に由来。近代的な教育を行うなど民権思想の普及に努め、83年に解散した。

知らなきゃやばいレベル

大日本帝国憲法（だいにほんていこくけんぽう）

日本国憲法制定までの国の最高法律で、**明治憲法**ともいう。君主制の強いプロシア憲法に学び、**伊藤博文**らが起草した。1889年2月11日に天皇が国民に与えるというかたちで発布された。**天皇主権のもとに、緊急勅令、統帥権など広い範囲で天皇の権利が規定された。**国民は臣民《しんみん》とされ、法律の範囲内で権利が認められた。

大日本帝国憲法後の体制

天皇の下に三権が分立されることになった。

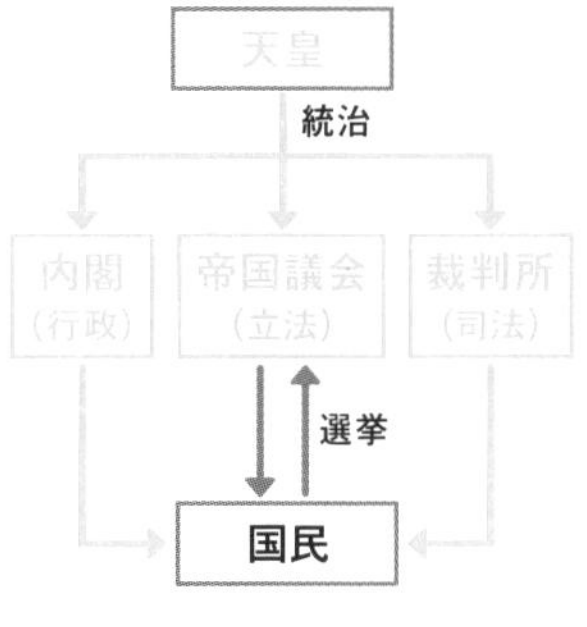

一般常識レベル

枢密院（すうみついん）

天皇の最高諮問《しもん》機関（天皇に意見を尋ね求める機関）。1888年に憲法、皇室典範の草案審議のために設置された。

衆議院（しゅうぎいん）

現在と同様、大日本帝国憲法下においても立法機関であった。国民の公選による議員からなっていた。予算を先に審議する権限があるが、他は貴族院と対等であった。

大日本帝国憲法後の体制

貴族院（きぞくいん）

大日本帝国憲法下の立法機関。公選によらない皇族・華族や勅任議員からなっていた。予算先議権がないほかには衆議院とほぼ同等な権限を持った。

教養レベル

緊急勅令（きんきゅうちょくれい）

大日本帝国憲法の第8条に規定されている、議会の審議を経ないで制定される天皇の命令。

大日本帝国憲法と日本国憲法の違い

	大日本帝国憲法	日本国憲法
公布	1889年	1946年
主権	天皇	国民
軍隊	天皇が直接率い、臣民に兵役の義務がある	軍隊を持たず、戦争を放棄する

知らなきゃやばいレベル

黒田清隆（くろだきよたか）

戊辰戦争では参謀として従軍。明治維新後は日本を代表して**日朝修好条規を締結**した。のちに**内閣総理大臣として憲法発布に携わる。**

北海道の開拓にも大きな業績を残した黒田清隆は、札幌市の大通公園に銅像が立てられている。

山県有朋（やまがたありとも）

明治維新後、ヨーロッパ諸国の軍制を視察。陸軍創設、徴兵令施行、軍人勅《ぐんじんちょく》諭《ゆ》の発布など**軍制の整備に努めた。**第3代の内閣総理大臣。

一般常識レベル

内閣発足後の総理大臣

初代の内閣総理大臣となった伊藤博文は計四度に渡って内閣総理大臣になった。

初代	伊藤博文				
第2代		黒田清隆			
第3代			山県有朋		
第4代				松方正義	
第5代	伊藤博文				
第6代				松方正義	
第7代	伊藤博文				
第8代					大隈重信
第9代			山県有朋		
第10代	伊藤博文				

大逆事件（たいぎゃくじけん）

1910年、**社会主義の弾圧事件。**幸《こう》徳秋水《とくしゅうすい》、管野《かんの》スガら12名が処刑された。これにより「冬の時代」を迎えた。

教養レベル

皇室典範（こうしつてんぱん）

大日本帝国憲法下で憲法と並んで日本の根幹をなす法典と見なされ、1889年2月11日に制定された。内容の検討は議会の関与を許さず、公布はされなかった。皇位の継承、天皇の即位式などが規定されていた。

超然主義（ちょうぜんしゅぎ）

1889年2月12日、当時の総理大臣の黒田清隆と枢密院議長の伊藤博文が、「政府は政党の動向に左右されず、超然と政策を推進する」と宣言した。この考えを超然主義という。

知らなきゃやばいレベル

大隈重信（おおくましげのぶ）

佐賀藩出身。参議、大蔵卿（大蔵大臣）などを歴任し、1882年に立憲改進党を結成した。のちに外務大臣となり、条約改正に尽力。98年には総理大臣となり**板垣退助《いたがきたいすけ》と隈板《わいはん》内閣を組織し、最初の政党内閣といわれた。**82年に東京専門学校（現在の早稲田大学）を創立した。

元老（けんろう）

明治国家の功労者、もしくはそれに準ずるもの。成文法で定められた役職ではなく、1940年最後の元老であった西園寺公望《さいおんじきんもち》の死と共に消滅した。**伊藤博文、黒田清隆、山県有朋、松方正義《まつかたまさよし》、井上馨、西郷従道《つぐみち》、大山巌《おおやまいわお》、桂太郎《かつらたろう》、西園寺公望の9人**を指す。

一般常識レベル

民法（みんぽう）

刑法などと共に、日本の主要な法律の一つ。私人（公権力を持たない人）同士の関係を規定した私法のなかで最も基本となる法律である。国内では1898年に施行された。

政党の結成

明治維新後の初の国会（帝国議会）は1890年に開かれたが、それに備えて、いくつかの政党が結成された。

	自由党	立憲改進党	立憲帝政党
中心人物	板垣退助、星 亨、後藤象二郎	大隈重信、犬養毅、尾崎行雄	福地源一郎、丸山作楽
主張	一院制、フランス流主権在民	二院制、イギリス流君民同治	二院制、国権力主義、主権在君
支持層	士族、豪農、豪商	知識人、商工業者	官僚、神官、保守層
機関誌	『自由新聞』	『郵便報知新聞』	『東京日日新聞』

論争

教養レベル

府県制（ふけんせい）

1890年制定の地方行政制度。**自治体の機能や組織が明記されているが、**政府任命知事の権限が強かった。沖縄の府県制は、1920年に施行された。

民法典論争（みんぽうてんろんそう）

フランス流の自由主義的民法と、ドイツ流の家族制度の強い民法のどちらを見習うべきかの論争。**梅謙次郎《うめけんじろう》**はフランス流、**穂積八束《ほづみやつか》**はドイツ流を支持した。最終的にはドイツ流民法が施行された。

日清戦争に勝利　列強同様、植民地経営に乗り出す

明治期の日本外交は西欧列強に対峙するべく、極東をめぐる支配権の確立を目指した時期だった。**朝鮮をめぐる日清両国の対立が深まり、ついに1894年の甲午《こうご》農民戦争をきっかけに、日清戦争が始まる。**日本は、戦争においてほぼ一方的に勝利をおさめ、翌95年に下関条約を結んで講和すると、さらに**1904年には、大国ロシアに宣戦をして日露戦争を起こし、これにも勝利する。**

次々に勝利をおさめたことで、日本は一段と積極的に大陸への進出をはかり、帝国主義列強の一員として、その戦列に加わった。韓国を併合して大陸に確固たる足場を築き、南満州の経営をすすめて、全満州・華北《かほく》をうかがうことになったのである。

日清戦争の流れ（にっしんせんそうのながれ）

朝鮮半島の支配をめぐる日本と清（中国）の戦争。日本の軍隊は下関を拠点に、海と陸から効果的に攻め入った。

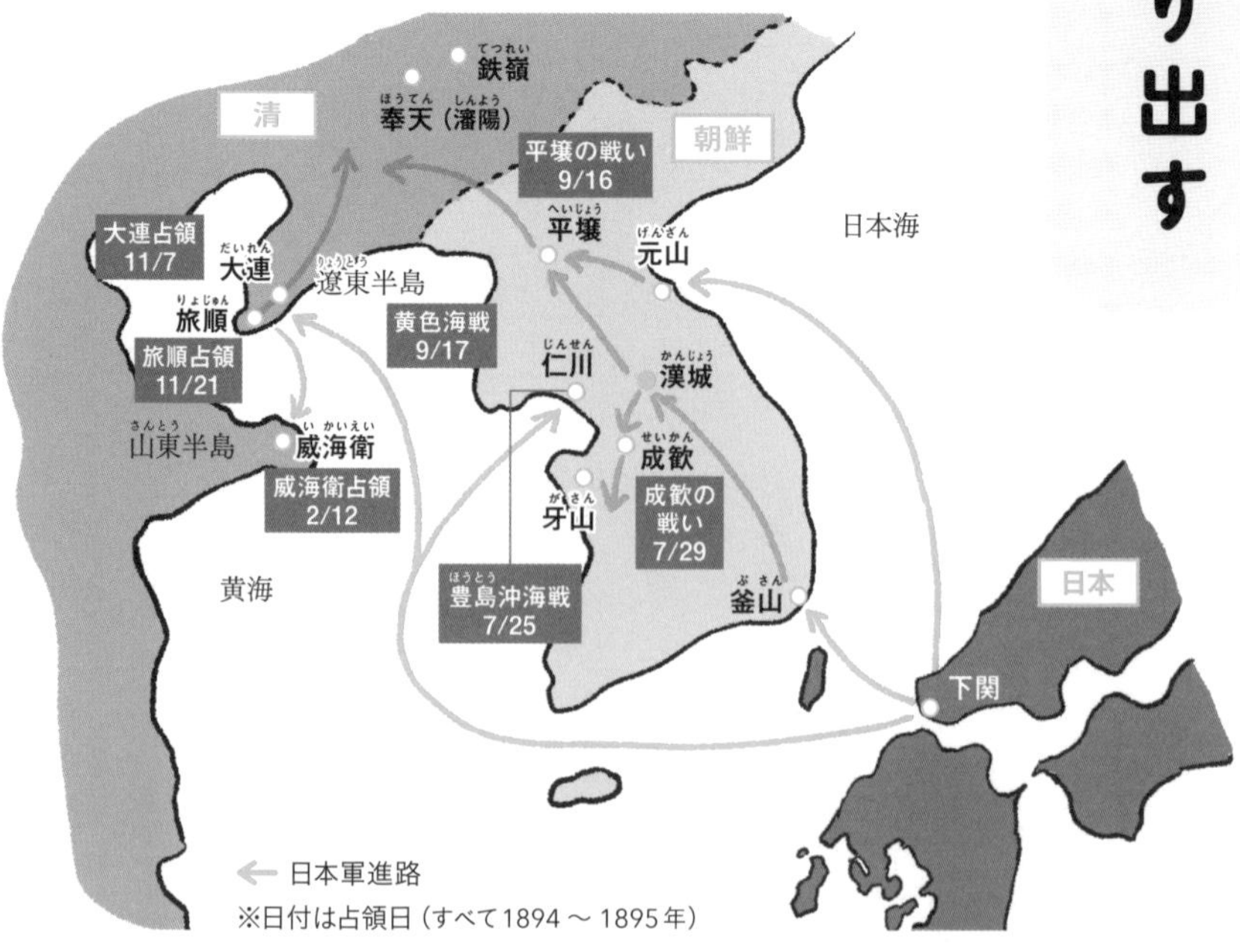
鉄嶺《てつれい》
清
奉天《ほうてん》（瀋陽《しんよう》）
朝鮮
平壌の戦い 9/16
平壌《へいじょう》
元山《げんざん》
日本海
大連占領 11/7
大連《だいれん》
遼東半島《りょうとうはんとう》
旅順《りょじゅん》
黄色海戦 9/17
旅順占領 11/21
仁川《じんせん》
漢城《かんじょう》
山東《さんとう》半島
威海衛《いかいえい》
成歓《せいかん》
威海衛占領 2/12
牙山《がさん》
成歓の戦い 7/29
黄海
豊島《ほうとう》沖海戦 7/25
釜山《ぷさん》
日本
下関
日本軍進路
※日付は占領日（すべて1894～1895年）

知らなきゃやばいレベル

岩倉使節団（いわくらしせつだん）

不平等条約の改正交渉が1872年7月4日から行われるにあたり、政府はそれに先がけて、**学問や文化、制度などを視察するため米欧を歴訪する**ことを決めた。**岩倉具視をはじめとする、その一団を岩倉使節団**という。

視察

条約改正（じょうやくかいせい）

明治時代の条約改正とは**幕末に調印した不平等条約の改正事業**のことを指す。改正交渉は、1872年7月4日から可能であった。近代国家としての諸制度を整えながら、欧米諸国と交渉を続け、1894年に領事裁判権（治外法権）の廃止、1911年には関税自主権の回復に成功した。

一般常識レベル

万国公法（ばんこくこうほう）

言葉の意味としては国際法（国家間の合意に基づいて成立し、主に国家間の関係を規律する法）の旧称。1868年に、**西周がオランダ留学で学んだ国際法を訳し、『万国公法』という名の書籍を刊行**した。

不平等条約

幕末から明治の初期にかけて外国と結んだ条約の内容は日本にとって不利なものであった。その内容を改正するため、明治政府の外交政策の最重要事項の一つであった。

問題となっていた内容

領事裁判権	日本にいる外国人が日本の法ではなく、自国の法に基づく裁判を受ける権利を認めていた。
関税自主権	日本が輸入品に対して自主的に関税を決められる権利がなかった。

翻訳

教養レベル

西周（にしあまね）

幕末には徳川慶喜《よしのぶ》に仕えたが、明治維新後は新政府軍部官僚となる。一方、明六社に加盟し啓蒙活動にも尽力。日本近代哲学の父といわれる。森鷗外《もりおうがい》とは親戚。

明治六年の政変（めいじろくねんのせいへん）

内治論（天皇の勅許を得て征韓中止）と征韓論（朝鮮の開国強硬策）をめぐる論争。西郷隆盛らの征韓論は、内治論を主張する岩倉具視や大久保利通に敗れて、下野《げや》することとなった。

知らなきゃやばいレベル

樺太・千島交換条約
（からふとちしまこうかんじょうやく）

1875年、日本とロシアとの間で国境を確定するために結ばれた条約。この条約により、**千島列島をロシアから譲り受けるかわりに、樺太全島を放棄した**。この条約には、譲り受ける千島列島としてシュムシュ島からウルップ島までの18の島の名がある一方で、歯《はぼ》舞《まい》群島、色丹《しこたん》島、国後《くなしり》島、択捉《えとろふ》島は明記されていない。これが現在のロシアとの北方領土問題にもつながっている。

樺太《からふと》・千島《ちしま》交換条約の対象

現在の北方領土は明記されていない。つまり、もともと日本固有の領土とされていたと考えられる。

カムチャツカ
オホーツク海
千島列島
樺太
北海道
北方領土
太平洋

尽力　条約締結

一般常識レベル

寺島宗則
（てらしまむねのり）

1873年、副島種臣《そえじまたねおみ》の後を受けて参議兼外務卿（外務大臣）となり、**ロシアと樺太・千島交換条約を結んだ。**

榎本武揚
（えのもとたけあき）

戊辰《ぼしん》戦争で旧幕府海軍副総裁として新政府に抵抗して戦った武人。その後は政治の世界で活躍し、**樺太・千島交換条約の締結に尽力した。**

江華島事件
（こうかとうじけん）

1875年、日本軍艦「雲揚《うんよう》」号が朝鮮の漢江《かんこう》河口の江華《こうか》島付近で砲撃された事件。**日本政府は、これを利用して朝鮮政府に日朝修好条規の締結を迫った。**

利用

教養レベル

日朝修好条規
（にっちょうしゅうこうじょうき）

1876年に日本と朝鮮で締結された日本最初の不平等条約。黒田清隆と井上馨が中心となった。「日本は朝鮮を独立国と承認」「釜山などを開港」「日本の領事裁判権の獲得」などが主な内容である。

日朝修好条規の対象

日朝修好条規では釜山、仁川、元山の開港が取り決められた。

元山《げんざん》
仁川《じんせん》
釜山《ぶさん》

知らなきゃやばいレベル

鹿鳴館外交（ろくめいかんがいこう）

ハートレー事件やヘスペリア号事件で、**法権の回復がなければ国家の威信は保てない**ということを知った明治政府は、**欧化政策をすすめる。**鹿鳴館は1883年に、その一環として建設された西洋館である。**国賓や外国の外交官を接待するため、外国との社交場として使用された。**鹿鳴館を中心にした外交政策を「鹿鳴館外交」、欧化主義が広まったこの時代を「鹿鳴館時代」と呼ぶ。

鹿鳴館は外務卿・井上馨の提唱で、
イギリス人建築家コンドルによって、
現在の東京都千代田区に
建てられた洋館。
欧化主義の象徴となった。
のちに華族会館などになり、
1941 年に取り壊された。

きっかけ

一般常識レベル

ハートレー事件（はーとれーじけん）

1877年12月に発覚したイギリス人商人ジョン・ハートレーによる日本でのアヘン密輸事件。麻薬の原料でもあるアヘンを薬用と主張するハートレーに対し、領事裁判法廷は無罪の判決を言い渡し、関連法令にも違反していないとの判断を示した。

ヘスペリア号事件（へすぺりあごうじけん）

ドイツ船ヘスペリア号について日本とドイツが起こした紛争事件。ヘスペリア号は、当時コレラが流行している清から日本に直航してきた。日本は自国の検疫停船仮規則検疫規則に従い、検疫を行おうとしたが、ドイツ側はこれを無視して独自の判断で横浜に入港した。

教養レベル

星亨（ほしとおる）

ハートレー事件があったときの横浜税関長。自由党に入党し、藩閥政治を攻撃。大同団結運動の提唱者。東京市会議長として独断専行が多く、伊庭想太郎《いばそうたろう》に刺殺された。

防穀令（ぼうこくれい）

1889年、朝鮮が出した日本への大豆、米の輸出禁止令。日清戦争の原因の一つとなった。凶作のためであったが、両国間の紛争は甲午農民戦争へと続いた。

知らなきゃやばいレベル

大津事件（おおつじけん）

湖南《こなん》事件ともいう。1891年、ロシアの皇太子ニコライ2世が、日本に来遊中に警察官・**津田三蔵**《さんぞう》に襲われて負傷した事件。政府はロシアの報復を恐れ、死刑を要求した。大審院長・**児島惟謙**《これかた》は津田に対して無期懲役の判決を下し、**政府の圧力に屈せず、司法権の独立を守った**。

日英通商航海条約（にちえいつうしょうこうかいじょうやく）

1894年7月16日に日本の駐英公使・**青木周蔵**《しゅうぞう》とイギリスの外務大臣・**キンバーレー**がロンドンで調印した条約。日本政府が取り組んでいた各国との不平等条約の条約改正交渉の結果、ようやく達成できた最初の改正条約。**治外法権の撤廃**がなされた。

代表者

一般常識レベル

主権線と利益線（しゅけんせんとりえきせん）

山県有朋の演説で有名になった言葉。一国の独立を守るには国境たる主権線だけでなく、利益線たる朝鮮半島を防御しなければならないと考えた。そのためには、軍備拡張が必要であるとした。

陸奥宗光（むつむねみつ）

歴史家・伊達《だて》千広《ちひろ》の子。神奈川県令として地租改正を推進。1894年、イギリスと交渉して治外法権の回復に成功。日英通商航海条約を成立させた。著書に『蹇々録《けんけんろく》』がある。

出身地の和歌山県の和歌山城近くにある陸奥宗光の銅像。

教養レベル

朝鮮問題

明治維新後、日本が強引に朝鮮に開国を要求し、それが日清戦争へとつながっていった。

朝鮮国内

壬午《じんご》軍乱
日本の侵略と当時の朝鮮の権力者・閔氏《びんし》一族の腐敗に対する暴動。

甲申《こうしん》政変
朝鮮に親清派政権ができる。

←

日本と清

天津《てんしん》条約
甲申政変後の朝鮮支配を取り決めた日本と清の条約。

←

朝鮮国内

甲午《こうご》農民戦争
農民の反乱の沈静を清に依頼。清の動きを知り日本も出兵。

←

日本と清

日清戦争
朝鮮の支配をめぐって日本と清が戦争に。

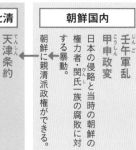

知らなきゃやばいレベル

日清戦争（にっしんせんそう）

日本と清が朝鮮の支配をめぐって争った戦争。1894年、**朝鮮で起こった甲午農民戦争**（東学党の乱）**を契機として、日本と清の両国が出兵。日本の奇襲攻撃で戦争になった。**日本軍の武器が清国よりも優れ、清の国内不統一などがあり、**日本の勝利に終わった。**1895年**下関条約が締結**され、日本の大陸支配の足がかりとなった。

← 講和条約

下関条約（しものせきじょうやく）

日清戦争の講和条約で、1895年に下関で調印された。日本の代表は伊藤博文と陸奥宗光、清国は李《り》鴻章《こうしょう》と李経《りけい》方《ほう》であった。

一般常識レベル

日清戦争

朝鮮半島の支配をめぐって日本と清（中国）が戦った戦争。日本が清から賠償金を得た。

日英通商航海条約（1894.7.16）	→	豊島沖《ほうとうおき》海戦（1894.7.25）	→	黄海《こうかい》海戦（1894.9.17）	→	下関条約（1895.4.17）
イギリスが日本の出兵を承認		日本と清が戦争に突入		日本の海軍が清の海軍に大打撃を与える		日本が賠償金を得る講話条約が結ばれた

【下関条約の主な内容】
- 清は朝鮮の独立を承認する
- 日本に遼東《りょうとう》半島、台湾、澎湖《ほうこ》諸島を割譲
- 日本に賠償金2億両（約3億1千万円）
- 沙市《さし》、重慶《じゅうけい》、蘇州《そしゅう》、杭州《こうしゅう》の開市、開港

日露戦争

朝鮮半島と満州の権益をめぐって日本とロシアが戦った戦争。日本が優位に戦局をすすめた。

仁川《じんせん》港・旅順《りょじゅん》港奇襲（1904.2.8）	→	旅順総攻撃（1905.1.1）	→	日本海海戦（1905.5.27）	→	ポーツマス条約（1905.9.5）
日本艦隊がロシア艦隊に奇襲攻撃を仕掛けた		日本は三度目の攻撃で203高地の占領に成功		日本はロシアのバルチック艦隊を全滅させる		アメリカのポーツマスで講和条約が結ばれた

【ポーツマス条約の主な内容】
- 日本の韓国（大韓帝国）に対する保護権を認める
- 日本に遼東半島南部の租借権を譲渡
- 日本の南満州の鉄道の利権を認める
- 日本に南樺太を割譲
- 日本に沿海州《えんかいしゅう》・カムチャッカ半島沿岸の漁業権を譲渡

知らなきゃやばいレベル

日露戦争（にちろせんそう）

日清戦争後、朝鮮半島と満州の権益をめぐって、日本とロシアの緊張が高まったのが背景。1904年に開戦。**日本は兵士や物資の補給が困難になり、ロシアも国内の革命運動を鎮めるほうが重大と考え、**アメリカのポーツマスで講和条約を結んだ。

講和条約

ポーツマス条約（ぽーつますじょうやく）

1905年に日本とロシアで結ばれた**日露戦争の講和条約。**ロシアは日本の朝鮮半島への指導権や旅順《りょじゅん》、大連《だいれん》の租借権を認め、ロシアの経営する東清《とうしん》鉄道の長春《ちょうしゅん》以南と付属利権を譲渡した。**日本は賠償金をとれなかった。**

遠因

一般常識レベル

三国干渉（さんごくかんしょう）

1895年の下関条約の調印の直後、ロシア、フランス、ドイツの三国が日本に干渉し、**遼東《りょうとう》半島を清国に返還させた事件。**国内の反ロシア感情が高まった。

日露戦争の流れ

日本はロシアの極東の拠点・旅順を占拠すると、奉天も占拠し、バルチック艦隊も撃破した。

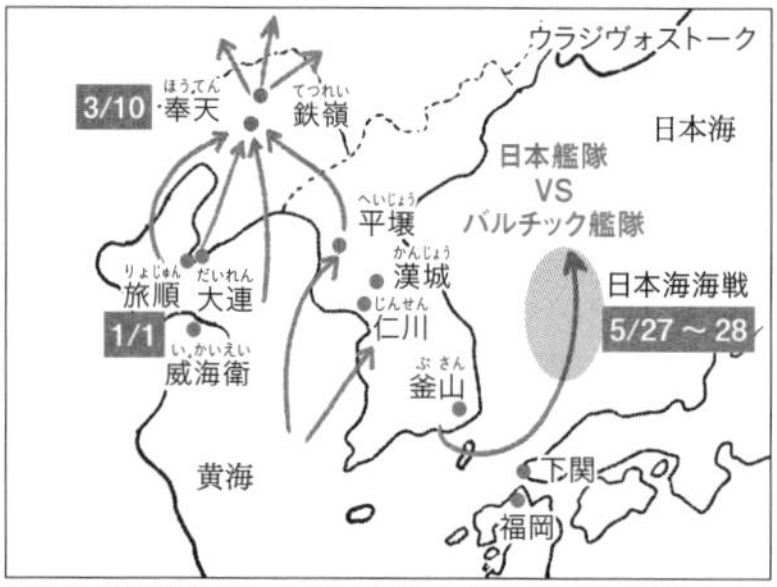
ウラジヴォストーク
3/10
奉天《ほうてん》
鉄嶺《てつれい》
日本海
日本艦隊
VS
バルチック艦隊
平壌《へいじょう》
漢城《かんじょう》
旅順《りょじゅん》
大連《だいれん》
日本海海戦
5/27 ～ 28
1/1
仁川《じんせん》
威海衛《いかいえい》
釜山《ぶさん》
黄海
下関
福岡

← 日本軍進路　※日付は占領日（すべて1905年）

教養レベル

林董（はやしただす）

アメリカのヘボン夫妻が横浜に開いた私塾・ヘボン塾で学ぶ。1902年に日英同盟締結を成功させた。1906年には第一次西園寺公望内閣の外相となり、第三次日韓協約を結んだ。日米紳士協約の日本の代表としても活躍した。

韓国併合（かんこくへいごう）

伊藤博文の暗殺を機に、1910年8月に、当時、朝鮮半島を統治していた大韓帝国を併合して統治下に置いた事実を指す。

知らなきゃやばいレベル

辛亥革命（しんがいかくめい）

当時、中国大陸の多くを支配していた清朝や外国人の支配に不満を持った人々が起こした革命。1911年、武《ぶ》昌《しょう》（武漢《ぶかん》市の地名）で革命軍が兵をあげて、**華北をのぞく3分の2の省が清朝からの独立を宣言した。**

独立

中華民国（ちゅうかみんこく）

1912年に**辛亥革命によって成立した共和国。**孫文が臨時大総統となったが、軍人の**袁世凱**が孫文を退けて初代大総統となった。袁世凱の死後、孫文が革命を続け、中国共産党と手を結ぼうと努力した。

一般常識レベル

孫文（そんぶん）

清朝の打倒を目指して、1905年、東京に中国同盟会を結成し、三民主義（民族、民権、民生）を唱えた。一時、袁世凱による革命勢力への圧迫を避けて日本に亡命。24年に第一次国共合作を行い、北伐成功の基礎をつくったが、革命の成功を見ずに死亡。

関与

袁世凱（えんせいがい）

辛亥革命後勃発後、革命派と取引して、清朝を倒し、のちに中国国民党を弾圧し、**大総統となった。**

長崎市には中国政府から長崎県に寄贈された「孫文と、孫文の支援者の梅屋《うめや》庄吉《しょうきち》・トク夫妻像」が設置されている。

教養レベル

日韓協約

日韓協約とは、日露戦争から韓国併合にいたる1904～1907年の間に、日本と大韓帝国との間で締結された三つの条約の総称である。

第一次日韓協約（1904年）

これにより韓国政府は、日本政府の推薦者を韓国政府の財政・外交の顧問に任命しなければならなくなった。

第二次日韓協約（1905年）

韓国から外交権を奪い（韓国保護条約）、漢城《かんじょう》に統監府を設置した。

第三次日韓協約（1907年）

韓国軍隊を解散させ、内政権を統監の下に置いた。この調印後に激化した韓国民衆の反日武力闘争を、義兵《ぎへい》運動という。

日清、日露戦争を経て産業革命を達成、資本主義が成立

日清戦争の勝利により**輸出は増え、1897年には輸出高が輸入高を超えるに至った。**また綿織物業では、豊田佐吉《さきち》らが開発した国産力織機が、農村の中小工場にまで普及するようになった。さらに**絹業でも、器械製糸によって生産量が飛躍的に拡大。最大の輸出産業として成長し**、貿易赤字が続く中、貴重な外貨の稼ぎ手となった。**重工業の基盤である鉄鋼業についても、官営八幡製鉄所を建設して、日本製鋼所など民間の製鋼会社も設立された。**造船業では、日清戦争前には官業払い下げを受けた三菱長崎造船所など、少数の企業があるのみで、その技術水準も低かったが、造船奨励法の保護を受け、日露戦争後には世界水準に追いつくほどの進歩を見せている。

明治日本の産業革命遺産

明治時代の日本を支えた産業に関する施設は、今も残っている。その代表的なものは「明治日本の産業革命遺産 製鉄・製鋼、造船、石炭産業」という名で、2015年にUNESCO（国際連合教育科学文化機関）の世界遺産に登録された。登録されているのは8つのエリア、全23資産で、主な施設は次の通りである。

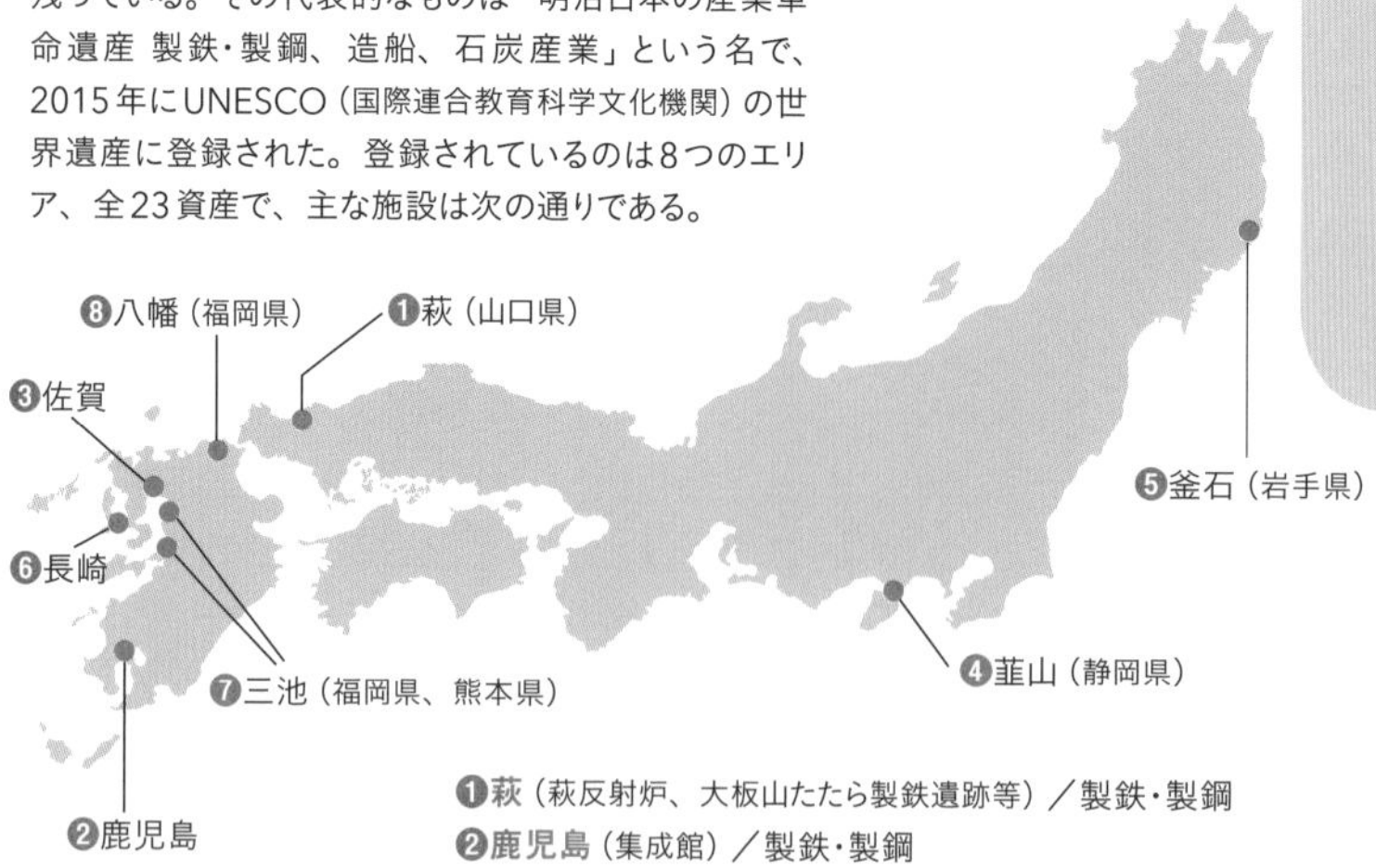

❽八幡（福岡県）
❶萩（山口県）
❸佐賀
❻長崎
❼三池（福岡県、熊本県）
❷鹿児島
❺釜石（岩手県）
❹韮山（静岡県）

❶萩（萩反射炉、大板山たたら製鉄遺跡等）／製鉄・製鋼
❷鹿児島（集成館）／製鉄・製鋼
❸佐賀（三重津海軍所跡）／造船
❹韮山（韮山反射炉）／製鉄・製鋼
❺釜石（橋野鉄鉱山、高炉跡）／製鉄・製鋼
❻長崎（小菅修船場等、長崎造船所）／造船、（高島炭鉱、端島炭鉱等）／石炭産業
❼三池（三角西（旧）港、三池炭鉱、三池港）／石炭産業
❽八幡（八幡製鐵所）／製鉄・製鋼

出典：「産業革命遺産」HPより

知らなきゃやばいレベル

日本銀行（にほんぎんこう）

日本の中央銀行（国家や特定の地域の金融機構の中核となる機関）。1882年、大蔵卿（大臣）・**松方正義**《まつかたまさよし》の建議で、日本銀行条例により設立。85年、銀本位制による**兌換銀行券**を発行した。

渋沢栄一（しぶさわえいいち）

埼玉県深谷《ふかや》市出身の実業家。**第一国立銀行**、**大阪紡績会社などを設立した。**大蔵省に出仕して、税制、貨幣制度の改革にあたり、退官後は**第一国立銀行頭取**となって実業界で活躍した。多くの功績があり、**「日本資本主義の父」**と称される。

発行

初代頭取

一般常識レベル

兌換銀行券（だかんぎんこうけん）

同額の正貨と引き換えることのできる銀行券（お金）。明治政府は同額の銀貨と交換することを保証した。

対称的

不換紙幣（ふかんしへい）

金や銀などの正貨と引き換えられない紙幣。紙幣の乱発ができるため、インフレを激化させる。現在は管理通貨制度のもと、紙幣は不換紙幣である。

第一国立銀行（だいいちこくりつぎんこう）

1873年に開業した日本で初めての銀行。初代頭取は渋沢栄一。流れをくむ第一勧業銀行は、2002年、富士銀行と日本興業銀行と分割合併し、みずほ銀行として誕生した。

教養レベル

人力車（じんりきしゃ）

人を輸送するための人力による車。1869年に和泉《いずみ》要助《ようすけ》らによって発明された。1870年に日本橋近辺で営業を開始。1873年頃までに大流行し、全国に3万4200挺《ちょう》も普及したといわれている。

人力車は明治時代に大流行した。

知らなきゃやばいレベル

富岡製糸場（とみおかせいしじょう）

群馬県富岡市の官営模範工場。殖産興業政策に基づいて1872年に建設された。フランスの技術や機械を入れ、初めは士族の子女などを集めて工女を養成した。1893年に三井家に払い下げられ、現在は片倉工業の傘下に入っている。

富岡製糸場は2014年、日本の近代化遺産で初の世界遺産リスト登録物件となった。

養成

一般常識レベル

工女（こうじょ）

広義では工場で働く女性のこと。明治初期の工女は「伝習工女」といい、当時の最先端の技術を学び、技術を地元に伝習する指導者となった。

養蚕業（ようさんぎょう）

蚕《かいこ》を飼って、その繭《まゆ》から生糸（絹）をつくる産業。明治時代に始まり、その後は日本の近代化を支えた産業の一つとなった。

野麦峠（のむぎとうげ）

岐阜県と長野県の県境に位置する峠。明治の後半には岐阜県飛騨地方の農家の娘たちが、この峠を越えて長野県の諏訪、岡谷の製糸工場へ働きに出た。

教養レベル

商法会議所（しょうほうかいぎしょ）

明治政府が実業家の意見を集約するために設立した任意の経済団体。1890年に法人格を持った商業会議所に引き継がれた。

会計検査院（かいけいけんさいん）

前身は大蔵省検査局。1880年、国家財政を検査監督する機関として設置された。ただし、政府の機密費を検査外とするなど不十分であった。

知らなきゃやばいレベル

鉄道（てつどう）

1872年、イギリスの指導と援助で**新橋（汐留貨物駅）〜横浜（桜木町）間に国内最初の鉄道が開通した。**当時は「陸蒸気《おかじょうき》」と呼ばれた。89年には東京〜神戸間に東海道が全通。私鉄は81年に**日本鉄道会社が設立**された。

設立

日本鉄道会社（にほんてつどうかいしゃ）

1881年、**華族団体が設立した日本最初の民間鉄道会社。**東北線や高崎線を建設。91年には上野〜青森間が開通した。1906年、**鉄道国有法**により政府に買収された。

一般常識レベル

郵便制度（ゆうびんせいど）

1871年、**前島密《ひそか》**により、飛脚に代わって官営の郵便事業が開始された。73年に**郵便料金が全国均一**になり、**国営の郵便制度が確立**した。77年には、**万国郵便連合に加盟**した。なお、「郵便」「切手」などの言葉も前島密が考えた。

鉄道の発展

鉄道の発展も産業の発展につながった。明治政府は鉄道の国有化をすすめ、1907年には国有鉄道が民間鉄道を大きく上回った。

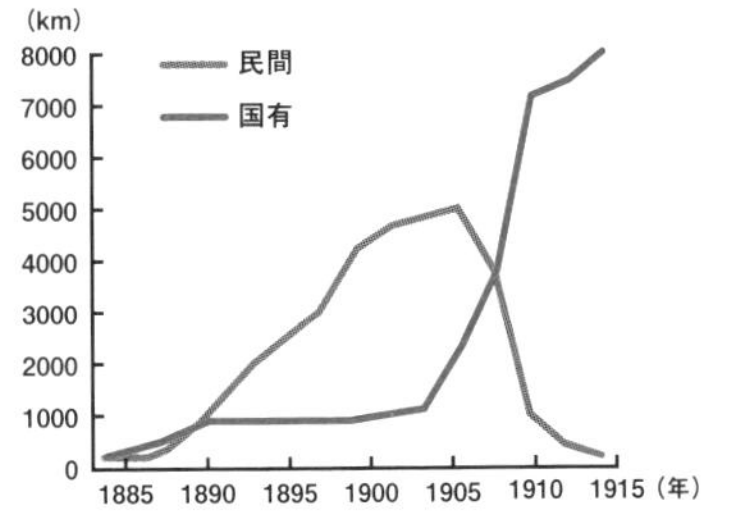
(km)
8000
7000
6000
5000
4000
3000
2000
1000
0
民間
国有
1885
1890
1895
1900
1905
1910
1915
(年)

出典:『マンガでわかる日本の近現代史』（池田書店）より

教養レベル

東京電灯会社（とうきょうでんとうかいしゃ）

1883年に設立された日本最初の電力会社。87年、火力に続いて水力による電力の供給を開始し、横浜電気会社など中小電気会社を合併した。戦後は東京電力に再編成された。

大日本紡績連合会（だいにほんぼうせきれんごうかい）

前身は1882年に結成された紡績連合会。綿糸輸出関税と綿花輸入関税の撤廃を実現した。1902年に大日本紡績連合会に改称した。

知らなきゃやばいレベル

松方デフレ政策（まつかたでふれせいさく）

西南戦争による戦費調達で生じたインフレーションを解消しようと、**大蔵卿（大臣）・松方正義《まさよし》が行ったデフレーション誘導の財政政策**のこと。

影響

秩父事件（ちちぶじけん）

1884年、埼玉県秩父で起こった**自由党員と農民が対立した事件**。松方デフレ政策の影響による生活苦のため、借金の年賦返済、租税減免などを要求して**困民党《こんみんとう》**（総理は**田代栄助《たしろえいすけ》**）が武装蜂起した。警官隊や軍隊が出動して鎮圧した。

一般常識レベル

松方デフレ政策

松方デフレ政策は資本主義の発達などのメリットもあったが、激しいデフレーションが引き起こされたため農村に深刻な不況をもたらしもした。

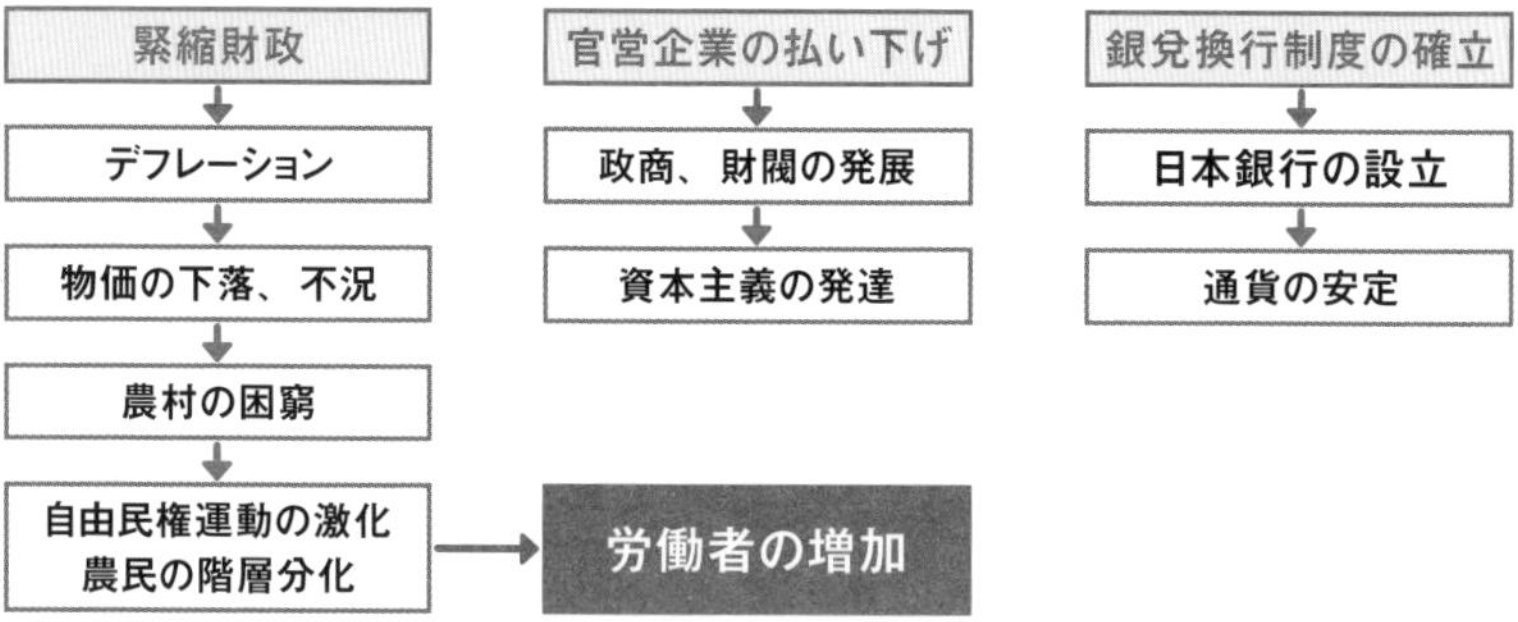

教養レベル

日本郵船会社（にほんゆうせんかいしゃ）

1885年、郵便汽船三菱会社と共同運輸会社との合併によって創設。政府の補助を受けて93年にボンベイ航路などを開拓。**世界的海運会社に成長し**、近衛師団**に編入された**。

海運事業

海運事業は明治時代前期に三菱が政府の保護を受けて発達した。共同運輸会社はそれに対抗して設立された。

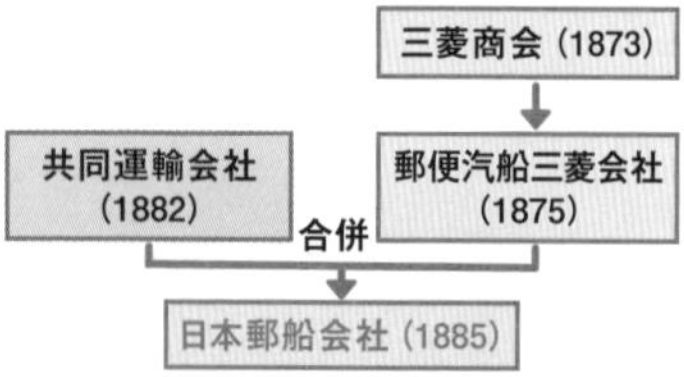

知らなきゃやばいレベル

産業革命（さんぎょうかくめい）

第一次産業革命は、**日清戦争の前後から始まり**、綿糸、紡績など、**機械による大量生産が行われた**。第二次産業革命は**日露戦争前後から始まり**、八幡製鉄所がつくられて**製鉄、機械などの重工業が発達した**。財閥が産業を支配し、資本主義が確立した。

イギリスと日本の産業革命の比較

産業革命といえばイギリスの産業革命が有名だが、イギリスと日本、どちらも産業革命によって社会が大きく変化した。

	イギリスの産業革命	日本の産業革命
開始年代	1760年頃〜	1880年頃〜
主なきっかけ	綿織物の生産過程におけるさまざまな技術革新、製鉄業の成長、蒸気機関の開発による動力源の刷新	海外からの新しい技術、機器の導入
社会への影響	工場を所持する産業資本家の勢力の増大	世界への競争力の強化

産業支配

一般常識レベル

財閥（ざいばつ）

言葉の意味としては、大きい資本や企業を支配している人々の一族や一団のことをいう。明治維新後、近代国家をつくり上げるには、銀行の存在が不可欠で、三井、三菱、住友は民間銀行として設立された。その後、**国策に応じた事業で拡大し、国内の三大財閥と呼ばれるようになった**。

日本の財閥

三大財閥に安田財閥を加えて四大財閥ということもある。明治時代には、その他にもいくつかの財閥が成立した。

三大財閥

三井、三菱、住友

四大財閥

三井、三菱、住友、安田

その他の明治時代に成立した財閥

渋沢財閥、浅野財閥、大倉財閥、古河財閥、川崎財閥、藤田財閥

教養レベル

豊田佐吉（とよたさきち）

日本初の動力織機や自動織機、独創的な環状織機などを発明し、**日本の機械産業の発展・近代化に貢献**。トヨタ自動車の創業者・豊田喜一郎は佐吉の息子である。

戦後経営（せんごけいえい）

日清戦争後、政府は清からの賠償金をもとに、軍備拡張と産業の振興を推進した。その結果、**好景気とともに著しい会社設立ブーム**となった。

知らなきゃやばいレベル

足尾鉱毒事件（あしおこうどくじけん）

栃木県の足尾銅山から出た鉱毒のために渡良瀬《わたらせ》川流域の農地などが汚染され、農作物や住民の健康が被害を受けた事件。**日本で初めての公害事件**とされている。衆議院議員だった**田中正造《しょうぞう》**らは鉱山操業停止と救済を求めたが、**政府は治水対策を名目として、谷中村《やなかむら》を強制廃村とした。**

足尾銅山は現在は「足尾銅山観光」という施設で当時の銅山の様子が分かる博物館になっている。

公害の現場　救済の訴え

一般常識レベル

田中正造（たなかしょうぞう）

1890年に衆議院議員になって以後、**足尾銅山鉱毒問題に取り組む**。のちに議員を辞して天皇に直訴。次いで谷中村の遊水池化に反対。晩年は治水事業に尽力した。

谷中村（やなかむら）

栃木県の最南部に位置し、渡良瀬川、巴波《うずま》川、思《おもい》川に囲まれていた。肥沃な土壌を洪水が運んでくるため、農地はまったく肥料を必要としないほどの肥田ともいわれた。1877年頃から、渡良瀬川上流の**足尾銅山より流出する鉱毒により、農作物や魚に被害が見られるようになり**、足尾銅山の生産が増大すると共に、その被害は深刻かつ広範囲になった。

教養レベル

貨幣法（かへいほう）

1897年に制定された、**金本位制で金の交換比率を定めた法律**。1円＝0.75g。金貨を本位貨幣、銀貨その他は補助貨幣とした。

明治時代の物価

明治時代のお金の単位は円、銭《せん》、厘《りん》であった。銭は円の1/100、厘は円の1/1000なので、1円＝100銭＝1000厘となる。卵1個の価格は2.4銭くらいだったとされている。

	白米（10kg）	砂糖（1kg）	卵（1個）	そば・うどん（1杯）
明治時代（1900年）	1.1円	16銭	2.4銭	1～2銭
現在（2020年）	4,576円	190円	22円	670円

知らなきゃやばいレベル

八幡製鉄所（やはたせいてつじょ）

1897年、福岡県八幡（現在の北九州市）に設置された、日本最初の本格的な官営製鉄所。軍部の重工業に対する強い関心により、日清戦争の賠償金などをもとに着工した。大冶鉄山の鉄鉱を原料とし、1901年創業を開始した。**重工業部門の産業革命の中心的位置を占めた。**

北海道旧土人保護法（ほっかいどうきゅうどじんほごほう）

1899年、アイヌ保護を名目に**山県《やまがた》有朋《ありとも》**内閣のとき制定された。この法で農地が支給されたが、実質的には農業の強制となった。**アイヌ固有文化と生活の破壊を助長した。**

一般常識レベル

鉄工組合（てっこうくみあい）

1897年、労働組合期成会の指導のもとに結成された職能別労働組合で、**初期の労働組合の一つ。高野房太郎《たかのふさたろう》、片山潜《かたやません》**を中心に組合員は約千人いた。

耕地整理法（こうちせいりほう）

1899年公布。**農業上の土地の利用増進を目的に**、交換、分合、区画整理、灌漑などによって土地区画の整理を行うことを定めた法律。

産業組合法（さんぎょうくみあいほう）

1900年公布。農村協同組合を中心に、**信用、販売、購買、利用の4種の事業を認めた。**農家の50%を組織し、43年農業会に改編された。

教養レベル

労働運動

産業の近代化がすすむと労働組合が組織されるようになった。

職工義友会（1897.4）

日本初の労働運動推進団体。アメリカで労働運動の影響を受けた高野房太郎らによって、1890年にサンフランシスコで設立。

→ **労働組合期成会（1897.7）**

1897年結成の労働運動推進団体。職工義友会を母体として高野房太郎、片山潜らが創立。労働組合の結成を推進し、工場法案の成立などを要求した。

→ **初期の労働組合**

鉄工組合（1897）
日本鉄道矯正会（1898）
活版工組合（1899）

知らなきゃやばいレベル

非常特別税（ひじょうとくべつぜい）

日露戦争中に、桂太郎内閣が戦費調達のために行った、**臨時の増税ならびに新税**。地租、酒造税、営業税の増税や織物消費税、通行税、相続税などを新税とし、煙草・塩などが専売化された。

日露戦後経営（にちろせんごけいえい）

日露戦争後、政府は本格的な植民地経営に着手し、**強国にふさわしい軍備拡張と鉄道国有法、さらには重工業の拡大、整備などを課題とした**。軍備拡張ではロシアに対する陸軍の増強、アメリカを仮想敵国とする海軍力充実などを目標とした。

一般常識レベル

日比谷焼打事件（ひびややきうちじけん）

1905年9月5日、頭山満《とうやまみつる》、河野広《ひろ》中《なか》らが主催した日比谷公園のポーツマス講和条約反対国民大会に集まった民衆が、警察署、国民新聞社、内相官邸などを焼き打ちした暴動事件。背景には日露戦争で多大な軍費を費やし、国内の経済が悪化していたにもかかわらず、賠償金を得られなかったことなどがある。

日比谷焼打事件は死者 17 名、
負傷者 500 名以上、
検挙者 2000 名以上という
大規模なものだった。

適用

教養レベル

戒厳令（かいげんれい）

一時的に統治権を軍隊に移行すること。通常の市民の権利も制限をうける。適用された例には、1905年の日比谷焼打ち事件、23年の関東大震災、36年の二・二六事件が挙げられる。

国策会社（こくさくかいしゃ）

日清戦争以降に設立された、政府の強い統制下にある半官半民の特殊会社。日本の国家的発展を遂行する目的があり、第二次世界大戦の終結まで設立は続いた。

知らなきゃやばいレベル

南満州鉄道株式会社（みなみまんしゅうてつどうかぶしきかいしゃ）

1906年に設立された半官半民企業。**長春《ちょうしゅん》以南の鉄道と撫順《ぶじゅん》炭鉱や鞍山《あんざん》製鉄所を経営した。**初代総裁は**後藤新平《ごとうしんぺい》**が務めた。

地方改良運動（ちほうかいりょううんどう）

日露戦争後、1909年から内務省が中心となってすすめられた地方社会再建運動。**地方自治体の財政再建と農業振興、民心向上などが目標**であった。由緒不明な神社の整理、統合を推進し、町村農会による農事改良の活発化を奨励した。

一般常識レベル

工場法（こうじょうほう）

1911年に公布されたが、資本家の反対で施行されたのは1916年のことであった。例外の規定がある、いわゆる「ザル法」であった。

問題点

工場法の問題点

労働者を保護するための法律であったが、十分な効果は上がらなかった。

公布と施行

- 1911年公布、1916年施行

規定

- 労働時間は12時間
- 月に2日の休日

例外規定

- 製糸業などは14時間労働を認める
- 女子の深夜業禁止は削除、期限付きで認める
- 15人未満の工場には適用されない

教養レベル

岡田良一郎（おかだりょういちろう）

江戸時代末期に関東から南東北の農村復興に尽力した二宮尊徳（二宮金次郎）の弟子。報徳思想（至誠を基本とし、勤労、分度《ぶんど》、推譲《すいじょう》を行うという考え方）の普及に尽力し、地域の振興に努めた。

報徳社（ほうとくしゃ）

二宮尊徳が説いた報徳思想により、農村再建を目指した組織。1924年に全国の報徳社をまとめるかたちで、大日本報徳社が設立された。

新たな教育とジャーナリズムの導入が近代文学や芸術などの発展を促した

近代文化の主な媒体となったのは、**学校教育とジャーナリズム**だ。教育では、『学問のすゝめ』を著した福沢諭吉が慶応義塾大学を創立。ジャーナリズムでは日本初の日刊新聞『横浜毎日新聞』をはじめ、『東京日日新聞』などが創刊された。**人文・社会科学では、東洋のルソーといわれた中江兆民が民権思想を展開。文学でも、二葉亭四迷《ふたばていしめい》、尾崎紅葉《おざきこうよう》などの言文一致が取り入れられ、それまでの形を一変させた。**

一方芸術面では、西洋文化の受容により一時否定されていた日本美術を、**アメリカ人のフェノロサとその弟子の岡倉天心《てんしん》が復興。東京芸大の前身になる東京美術学校を創立**した。音楽では滝廉太郎《たきれんたろう》が登場し、ヨーロッパの音楽法を導入した新たな音楽世界をつくり出した。

明治時代の銀座（めいじじだいのぎんざ）

幕末で荒廃した銀座だが、1872年（明治5年）の大火を機に、明治政府の巨額な投資により、道路拡大と欧風煉瓦建築が立ち並ぶ最先端の街が完成。鉄道ができ、モノと商人も集まり、文明開化の象徴として賑わった。

写真提供：Old Image / PIXTA(ピクスタ)

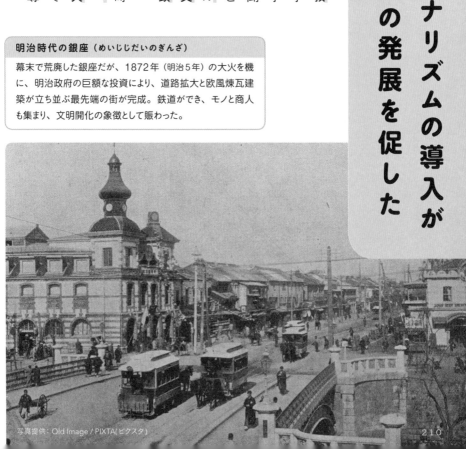

知らなきゃやばいレベル

横浜毎日新聞（よこはままいにちしんぶん）

1870年に創刊された**日本最初の日刊新聞**。**島田豊寛《とよひろ》**が横浜で創刊。西洋紙一枚刷の初の近代型新聞で、**子安《こやす》峻《たかし》**、**仮名垣魯文《かながきろぶん》**らが存社した。

神仏分離令（しんぶつぶんりれい）

奈良時代以来の神仏習合（神道と仏教の融合）を禁止し、**天皇の絶対的権威の確立**を目指した。これにより、**廃仏毀釈《はいぶつきしゃく》運動**（仏教を排斥し、寺などを壊すこと）が起こった。

一般常識レベル

印刷技術の歴史

明治になり、印刷技術は急速に高まり、文化の発展に大きく貢献した。

江戸時代

木版印刷が中心

江戸時代以前は人の手による写しが中心であったが、1枚の板に文字や絵を彫った版で印刷する木版印刷が主流となった。

←

明治時代

活版印刷が中心

海外からの技術の導入で鉛活字を組み合わせた版にインクを付け、紙にインキを転写する方法が中心になった。この印刷方法を活版印刷という。活版印刷は迅速かつ大部数の印刷物の発行を可能にした。

←

現代

デジタル技術利用の印刷が中心

一部、活版印刷は残るが、より効率のよいデジタル技術を利用した印刷が中心となっている。

教養レベル

シュタイン

オーストリアの法学者。ウィーン大学教授。グナイストと共に伊藤博文に君主制の強いドイツ流憲法を講義した。

本木昌造（もときしょうぞう）

1869年、長崎活版伝習所を開設。日本最初の日刊新聞である「横浜毎日新聞」は本木が発明した鉛でつくられた金属製の「鉛活字《なまりかつじ》」を使用した。

知らなきゃやばいレベル

福沢諭吉（ふくざわゆきち）

豊前国中津藩士。**緒方洪庵《こうあん》**の適々斎塾《てきてきさいじゅく》に学ぶ。1868年、慶応義塾を創設。1879年には『国会論』を著し民権運動に影響を与える。主な著書に『**西洋事情**』『**学問のすゝめ**』などがある。

設立

慶応義塾（けいおうぎじゅく）

1858年に**福沢諭吉**が開いた蘭学塾が起源。明治時代になり、1890年に大学部が発足し、**私立として最初の総合大学である**（のちに大学令による大学として新発足した）。

慶応義塾のキャンパスには
福沢諭吉の銅像が
立てられている。

著書

一般常識レベル

学問のすゝめ（がくもんのすすめ）

福沢諭吉の代表作。初編から17編まであり、初版は1872年に刊行された。人間平等宣言と一身独立、一国独立の主張により、ベストセラーとなった。「天は人の上に人を造らず人の下に人を造らずと言へり」という冒頭の一節は、あまりに有名。

活歴（かつれき）

歌舞伎界で、在来の時代物の荒唐無稽を排し、史実を重んじて、考証第一に写実的な演出を試みたもの。九代・市《いち》川団十郎《かわだんじゅうろう》が提唱し、河竹黙阿弥《かわたけもくあみ》、福地《ふくち》源一郎《げんいちろう》らが協力して実現した。仮名垣《かながき》魯文《ろぶん》が「生きた歴史だ、活歴だ」と評したことから、この名がついた。

教養レベル

中村正直（なかむらまさなお）

イギリス留学後、ミルの『自由之理』、スマイルスの『西国立志編』を翻訳し、近代自由思想の普及に努力した。明六《めいろく》社に参加した。

大教宣布の詔（だいきょうせんぷのみことのり）

1870年に発布。神道による国民教化、国家意識の高揚を目指す政策。「大教」とは惟神《かんながら》の道（神の摂理に従って生きる）のこと。神官らを宣教使に任じて宣伝させた。

知らなきゃやばいレベル

文部省（もんぶしょう）

太政官正院の下に置かれた7省の一つ。1871年に設置され、**教育の中央集権化と思想統制をすすめた。**

学制（がくせい）

フランスの教育制度を模範として定められた当時の教育制度。この制度は実学奨励、立身出世主義の教育理念と国民皆学の方針としていた。のちに1879年の教育令により廃止となった。

教育令（きょういくれい）

1879年制定。アメリカの教育制度を取り入れ、**小学校の設置や管理を町村に任せた。**しかし、翌年に改正。中央集権化がはかられた。

発布

一般常識レベル

被仰出書（おおせいだされしょ）

1872年8月2日に文部省によって出された『**学事奨励に関する被仰出書**』のこと。国民皆学《かいがく》、教育の機会均等などを揚げた。

郵便報知新聞（ゆうびんほうちしんぶん）

前島密《まえじまひそか》の企画で、1872年に刊行された新聞。1882年に**矢《や》野《の》竜渓《りゅうけい》**によって立憲改進党の機関紙となったが、政府から弾圧されて、「**報知新聞**」と改めた。

日新真事誌（にっしんしんじし）

1872年にイギリスのブラックが創刊した新聞。**民撰議院設立建白書の全文を公表した**ことは有名。

教養レベル

東京法学社（とうきょうほうがくしゃ）

1880年、当時の法学教育の必要に応えるため、フランス法学の流れをくむ金《かな》丸鉄《まるがね》らの法律家によって設立された学校。

私立学校

現存する大学には、明治時代を起源とするものも多い。

明治時代	現在	創設者
慶応義塾（1868）	慶應義塾大学	福沢諭吉
同志社英学校（1875）	同志社大学	新島襄
東京法学社（1880）	法政大学	金丸鉄
明治法律学校（1881）	明治大学	岸本辰雄
東京専門学校（1882）	早稲田大学	大隈重信
英吉利法律学校（1885）	中央大学	穂積陳重

知らなきゃやばいレベル

文明開化（ぶんめいかいか）

明治初年の**西洋文明摂取による近代化政策から生じた社会風潮**。政府は、富国強兵、殖産興業政策を取り、積極的に欧米の近代化を移入した。しかし、「日本橋の文明開化」といわれた都会中心のもので、表面的な模倣に終わった。

東京日日新聞（とうきょうにちにちしんぶん）

現在の「毎日新聞」の前身で、1872年、**条野伝平**《じょうのげんぺい》らによって創刊された。**東京初の日刊紙**。**岸田吟香**《ぎんこう》、**福地源一郎**《ふくちげんいちろう》が主筆となり、御用新聞となった。1911年に「大阪毎日新聞」と合併した。

新聞の歴史

一般常識レベル

五大全国紙の誕生

現在、五大全国紙と知られる各新聞のうち、4紙は明治時代に創刊された。

明治				昭和
1870年2月	1874年11月	1876年12月	1879年11月	1942年11月
毎日新聞 前身の「東京日日新聞（東京で最初の日刊紙）」が浅草で創刊。	→ **読売新聞** 1874年11月2日に創刊。	→ **日本経済新聞** 三井物産の発行する「中外物価新報」として創刊。当初は週刊。	→ **朝日新聞** 1879年1月25日に創刊。本社は大阪であった。	→ **産経新聞** 前身の「日本工業新聞」を創刊。

教養レベル

フェノロサ

アメリカの哲学者。1878年に来日して東京大学で哲学を講義した。**日本の美術を高く評価し、東京美術学校設立に尽力した**。帰国後はボストン美術館東洋部長となり、日本美術を欧米に紹介した。

モース

アメリカの動物学者。ダーウィンの進化論の紹介のために来日した。**大森貝塚の発見者として有名**。

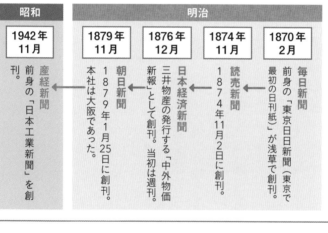

知らなきゃやばいレベル

中江兆民（なかえちょうみん）

土佐出身の思想家、政治家。**東洋のルソーと称される。**「東洋自由新聞」でフランス流民権思想を展開した。主な著書に**『民約訳解《みんやくやっかい》』『三酔人経綸問答《さんすいじんけいりんもんどう》』**がある。衆議院議員となるも、自由党土佐派一部の買収工作に「衆議院は無《う》血虫《じむし》の陳列場」として憤慨した。

岡倉天心（おかくらてんしん）

フェノロサに師事し、日本の伝統美術復興に努めた。1887年に**東京美術学校を設立**し、校長となった。英文著作**『東洋の理想』『茶の本』『日本の目覚め』**が有名。生前は「岡倉天心」と呼ばれることはほとんどなく、本人は本名の「岡倉覚三《かくぞう》」で通した。

一般常識レベル

工部美術学校（こうぶびじゅつがっこう）

日本最初の官立美術学校。1876年に工部省工学寮に付属して設置され、フォンタネージやラグーザらが教授した。

狩野芳崖（かのうほうがい）

本名は幸太郎。**フェノロサや岡倉天心と知り合い、東京美術学校設立に参加**したが、開校前に死去した。したがって、「悲母観音《ひぼかんのん》」は未完の作品である。なお、東京美術学校は東京芸術大学美術学部の前身にあたる。

東京芸術大学には、現在も明治時代に建てられた建築物が残っている。

教鞭

教養レベル

ファンタネージ

イタリアの画家。1876年の官設の工部美術学校の創立に際して明治政府に招かれ、78年まで日本で教鞭をとった。浅井忠、松岡寿らを育てた。

内村鑑三（うちむらかんぞう）

札幌農学校卒。1891年の教育勅語不敬事件で第一高等学校を辞職。万朝報の記者として非戦論を主張。著書に『代表的日本人』がある。

知らなきゃやばいレベル

言文一致（げんぶんいっち）

日常で用いられる話し言葉を用いて文章を書くこと、もしくは、そのように書かれた文章。 **二葉亭四迷《ふたばていしめい》**（「だ」調）、**山田美妙《やまだびみょう》**（「です」調）、**尾崎紅葉《おざきこうよう》**（「である」調）らが小説で試み、明治末に確立した。

与謝野晶子（よさのあきこ）

堺の商家の生まれ。東京に出て『明星』に作品を発表し、**歌集『みだれ髪』を発行**した。日露戦争時には、旅順《りょじゅん》に出征した弟に寄せた詩**『君死にたまふことなかれ』**を発表し、大きな反響を呼んだ。この弟は日本に帰還した。

一般常識レベル

津田梅子（つだうめこ）

幕臣（幕府の長である征夷大将軍を直接の主君として仕える武士）であった父は先進的な考えを持つ人物で、7歳の梅子を岩倉使節団に随行する女子留学生として渡米させた。帰国後、英語教師を務め、その後に再度留学した。**1900年に女子英学塾**（現在の津田塾大学）を創設し、**英語教育に尽力**した。

樋口一葉（ひぐちいちよう）

明治時代の作家で、**『たけくらべ』『にごりえ』『十三夜』など**が代表作。東京の下町の庶民生活や貧しさの中で人間らしい生き方を求めた女性の姿を描いた。わずか1年半でこれらの作品を書いたが、24歳6カ月月で肺結核により夭折《ようせつ》した。

教養レベル

明治時代のベストセラー

出版技術の発展などにより、明治時代には多くの文学作品が出版された。上で紹介している作家以外にも多くの作品（作家）が人気となった。

五重塔《ごじゅうのとう》（1892年）
幸田露伴《こうだろはん》。新聞『国会』で連載が始まった。

金色夜叉《こんじきやしゃ》（1897年）
尾崎紅葉《おざきこうよう》。新聞に連載された長編小説。

高野聖《こうやひじり》（1900年）
泉鏡花《いずみきょうか》。発表当時の泉の年齢は28歳。幻想小説の名作。

破戒《はかい》（1906年）
島崎藤村《しまざきとうそん》。部落差別に関連した長編小説。

一握《いちあく》の砂（1910年）
石川啄木《いしかわたくぼく》。石川が初めて出した歌集。

知らなきゃやばいレベル

滝廉太郎（たきれんたろう）

作曲家で、東京音楽学校の助教授。1901年に文部省派遣でドイツのライプツィヒ音楽学校に留学するが、帰国後に結核のため、23歳で没す。結核に冒されていたことから死後多数の作品が焼却されたという。主な歌曲に『**荒《こう》城《じょう》の月**』『**箱根八里**』などがある。

夏目漱石（なつめそうせき）

本名は金之助《きんのすけ》。初めは浪漫的傾向の作品を発表。**正岡子規《まさおかしき》**と交わり、**世俗を風刺、批判した小説『吾輩は猫である』で一躍文名を上げた**。以後『**三四郎**』『**坊っちゃん**』など多くの小説、随筆、評論を発表した。深い学識と近代的個人主義思想に支えられた倫理観による独自の文学をうち立てた。

一般常識レベル

島地黙雷（しまじもくらい）

浄土真宗本願寺派の僧。神道の国教化に反対し、信仰の自由を主張した。

出口王仁三郎（でぐちおにさぶろう）

新教団・大本教の創始者の一人。出口《でぐち》なおの娘婿。王仁三郎の読みについては、「わにさぶろう」とされることがあるが、「おにさぶろう」が正しい。

自然主義（しぜんしゅぎ）

19世紀末に文壇の主流となった文芸思潮。ゾラ、モーパッサンらの影響を受け、現実をありのままに描き出そうとする一派。島崎藤村や田山花袋《たやまかたい》などが中心的存在。

教養レベル

出版法（しゅっぱんほう）

それまでの出版条例に代わる法律で、1893年に制定された。出版物に関する取締りを規定した。

出版に関する法

出版物が増えるにともない、内容を取り締まる法律も制定された。

1869年	出版条例	言論弾圧
1893年	出版法	言論弾圧
1934年	出版法の改訂	言論弾圧
1949年	出版法の廃止	太平洋戦争の敗戦により政府の言論統制を廃止

知らなきゃやばいレベル

森鷗外（もりおうがい）

この時代を代表する作家の一人で、本名は林太郎。作風は西洋のロマン主義の影響を強く受けていて、**浪漫主義風潮の先がけ**となった。自然主義文学には距離を置き、知性派と呼ばれた。大正時代に入り、『**高瀬舟**』『**山椒《さんしょう》大夫《だゆう》**』『**阿部一族**』などを書いた。

野口英世（のぐちひでよ）

北里柴三郎に細菌学を学び、アメリカのロックフェラー研究所員となった。**毒蛇、狂犬病、小児まひ、梅毒などの研究で多くの業績を残した**。アフリカで黄熱病の研究中、感染してガーナで命を落とした。2004年の新紙幣から肖像画が千円札の図柄に用いられている。

↓ 師事

一般常識レベル

結核（けっかく）

明治時代、産業革命により結核が大流行。昭和20年代まで「国民病」や「亡国病」と恐れられていた。

海老名弾正（えびなだんじょう）

熊本洋学校でジェーンズに学んでキリスト教に入信。1920年、同志社総長となり、**新島襄《にいじまじょう》**と並び称される。**吉野作造《さくぞう》や鈴木文治《ぶんじ》を育てた**。

北里柴三郎（きたざとしばさぶろう）

ドイツ留学でコッホに師事し、**破傷風菌の純粋培養に成功**した。帰国後、伝染病研究所長を経て、1915年に北里研究所を設立。「**日本の細菌学の父**」として知られている。

教養レベル

ベルツ（べるつ）

日本国内にドイツの医学を紹介した医師。『**ベルツの日記**』は医学のみならず、日本人のもつ特質を鋭く示していた。

ベルツは無条件に
西洋の文化を受け入れようとする
日本人を批判した。

10章

デモクラシーと退廃文化の時代

大正時代

1912～1926年

普通選挙が実施され、議会政治が浸透した大正デモクラシー

政治・社会・文化の諸方面における**民主主義的潮流は、第一次世界大戦前までは都市を中心に展開し、その後は農村にまで広く浸透した**。第一次世界大戦による好景気は、一方で物価の上昇を招いて生活を苦しくした上、米屋の売り惜しみや、買占めなどで、食糧不足は深刻となった。そんな中、富山県の一漁村の主婦らの米安売り要求に端を発した民衆運動は、たちまち全国に波及（1918年米騒動）。寺内正《まさ》毅《たけ》内閣は、軍隊を出動させてこれを鎮圧した。さらに、23年には関東大震災が東京を襲い、政治や経済に大きな打撃をもたらした。**そのような数々の変遷を経て、普通選挙が実施され、衆議院の多数党の総裁が政党内閣を組織することが、「憲政の常道」として慣行化した。**

大正デモクラシーの指導理念となる2人の理論

吉野作造《さくぞう》【民本《みんぽん》主義】
政治の目的を民衆の福利に置き、政策決定は**一般民衆の意向による**とする、という考え。

美濃部達吉《みのべたつきち》【天皇機関説】
統治権は法人としての国家にあり。**天皇は国家の最高機関として統治権を施行する**、という考え。

↓

国民は平等であり、誰もが主張する権利を持っている

↓

民衆の政治意識が拡大

↓

普通選挙、自由、権利を求める民衆が運動を起こす

↓

大正デモクラシー

知らなきゃやばいレベル

大正デモクラシー（たいしょうでもくらしー）

大正時代の民主主義の実現を求める動きをいう。具体的には、1912年の**第一次護憲《ごけん》運動**から25年の**普通選挙制**までを指す。産業の発達や市民社会の成立を背景に、民衆が参加して護憲運動や普通選挙運動を展開した。

立憲政友会（りっけんせいゆうかい）

1900年に、**伊藤博文《いとうひろぶみ》を初代総裁として結成された政党**。のちに昭和の2大政党（立憲政友会と立憲民政党）の一つとなった。旧自由党系の憲政党が解党して、これに参加した。幹部には、**西園寺公望**、**星亨《ほしとおる》**、**原敬《はらたかし》**、**尾崎行雄《ゆきお》**などがいた。

一般常識レベル

鈴木文治（すずきぶんじ）

1912年、労働者の相互扶助、修養機関として、労資協調主義の友愛会を設立した。28年の普通選挙法による第1回衆議院選挙で、社会民衆党から当選。キリスト教徒として社会事業にも尽くした。

新渡戸稲造（にとべいなぞう）

国際連盟の事務次長。札幌農学校を卒業後、海外で農業や経済を学び、東京大学教授、東京女子大初代学長などを務めた。

新渡戸稲造は
2004年の新紙幣に
変わるまで、
五千円札に
用いられていた。

教養レベル

上原勇作（うえはらゆうさく）

第二次西園寺内閣の陸軍大臣。自身が要求した陸軍2個師団増設が拒否されると、単独で辞表を提出した。西園寺内閣総辞職の原因となった。

西園寺公望（さいおんじきんもち）

1903年、伊藤博文の後を継いで立憲政友会総裁に就任。第12代と第14代の内閣総理大臣である。

知らなきゃやばいレベル

第一次護憲運動（だいいちじごけんうんどう）

特権的な官僚政治に対して立憲的な政党政治を実現しようとした国民的政治運動。「護憲運動」とは、「憲政擁護運動」の略称である。1912年、長州閥で陸軍の長老・桂太郎《かつらたろう》の第三次内閣組閣に対して立憲政友会の尾崎行雄、立憲国民党の犬養毅《いぬかいつよし》、新聞記者団、交《こう》詢《じゅん》社系の実業家などが中心となって「門閥打破《もんばつだは》」「憲政擁護《けんせいようご》」を主張した。**この運動は群衆の国会議事堂包囲にまで発展。**結局、桂内閣は53日で総辞職した。

一般常識レベル

桂内閣総辞職への流れ

第一次護憲運動によって、その対象であった当時の第三次桂内閣は総辞職に追い込められた。

西園寺内閣
陸軍大臣・上原勇作《ゆうさく》の辞任を引き金に総辞職

内大臣だった桂を内閣総理大臣に推薦

山県有朋
松方正義
大山巌
井上馨

↓

第三次桂太郎内閣
藩閥官僚政府

閥族打破、憲政擁護をスローガンに政府を攻撃

尾崎行雄（立憲政友会）
犬養毅（立憲国民党）
ジャーナリスト
実業家
都市の民衆

↓

内閣総辞職 わずか53日

対抗して桂は新党旗揚げを宣言するも議員が集まらず

教養レベル

小日本主義（しょうにほんしゅぎ）

三浦銕太郎《てつたろう》、石橋湛山《たんざん》が展開した**反帝国主義的理論。**植民地放棄や軍備縮小を主張した。

徳川家達（とくがわいえさと）

徳川（田安《たやす》）慶頼《よしのり》の3男。徳川慶喜《よしのぶ》の跡をついで徳川宗家16代となる。版籍奉還《はんせきほうかん》により静岡藩知事、貴族院議長、ワシントン軍縮会議全権、日本赤十字社社長をはじめ**各種団体の名誉職に推される。**

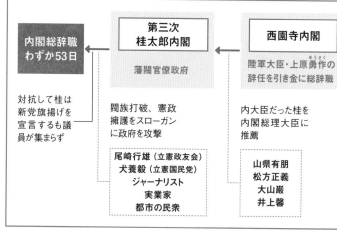

知らなきゃやばいレベル

原敬（はらたかし）

1918年に内閣総理大臣となり、**初めて本格的な政党内閣をつくった。**初期には平民宰相と呼ばれ人気を博したが、度重なる疑獄事件の発生や、民衆の大望である普通選挙法の施行に否定的であったことなどから不人気となり、21年に東京駅で鉄道員・中岡艮一《こんいち》によって殺害された。

米騒動（こめそうどう）

1918年7月米価騰貴を原因として、**富山県の漁村の主婦らが起こした民衆運動で軍隊が出動して鎮圧した。**この結果、寺内正毅《まさたけ》内閣は倒れ、**原敬**内閣が成立した。大正デモクラシー期の護憲運動や普通選挙運動などにも多大な影響を与えた。

一般常識レベル

政策

原敬内閣の四大政綱（はらたかしないかくのよんだいせいこう）

原内閣が掲げた積極政策。①**教育の奨励**、②**交通機関整備**、③**産業貿易振興**、④**国防充実**の4点を指す。

背景

第一次世界大戦前後の物価と賃金の動き

第一次世界大戦以降、国内の**物価は高騰するも、賃金が上がらず**、それが米騒動につながったと見られている。

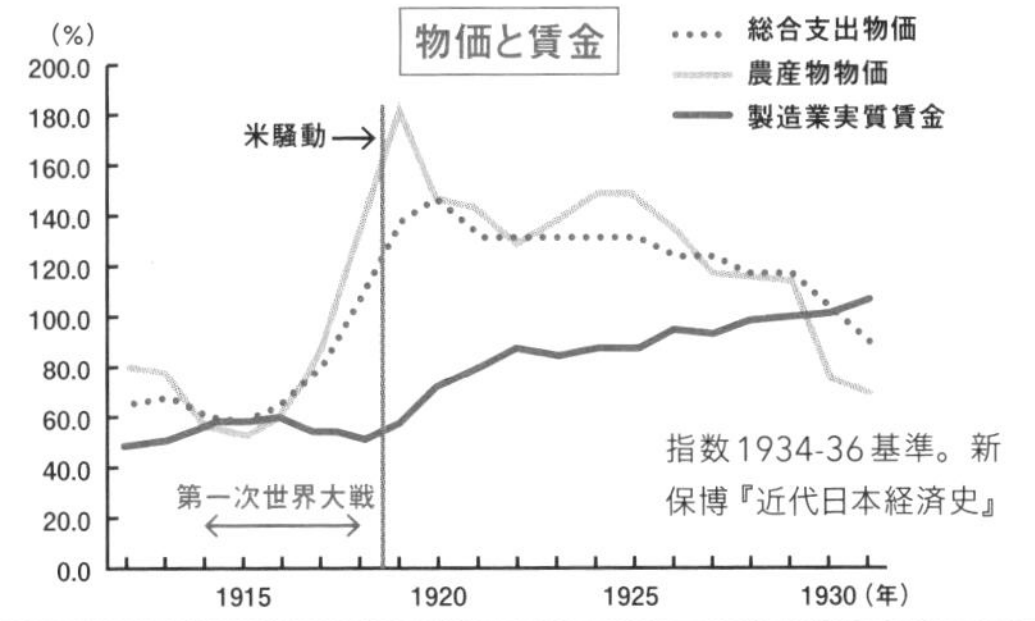
物価と賃金
総合支出物価
農産物物価
製造業実質賃金
(%)
200.0
180.0
160.0
140.0
120.0
100.0
80.0
60.0
40.0
20.0
0.0
米騒動→
第一次世界大戦
1915
1920
1925
1930（年）
指数1934-36基準。新保博『近代日本経済史』

出典：「米騒動100年」（宇部炭鉱・山口県の米騒動の研究と教育の総合サイト）より作成

メーデー

毎年5月1日に行われる労働者の祭典。日本では1905年に平民社が5月1日に茶話会を開催。1920年5月2日には最初のメーデーが東京の上野で行われた。1936年以降は弾圧によって中断となったが、第二次世界大戦後の1946年に復活した。

現在もメーデーにはデモが行われている。

知らなきゃやばいレベル

全国水平社（ぜんこくすいへいしゃ）

1922年創立の**被差別部落民による差別撤廃運動組織**。創立者は西光万吉《さいこうまんきち》。42年に消滅するも、46年に部落解放全国委員会として復活。55年には**部落解放同盟**と改称した。なお、差別問題は69年に同和対策事業特別措置法で同和地区の生活環境改善などがはかられ、82年の**地域改善対策特別措置法**に引き継がれた。

差別問題解決への動き

差別問題を解決するために大正時代に創立された全国水平社の意義は大きい。

江戸時代 身分制の中で被差別階級が形成される。

1871年 太政官布告。身分制の撤廃が宣言されるも差別は残る。

1918年 米騒動。全国に広がった騒動の中で、被差別民衆が中心的な役割を担った都市もあった。

1922年 全国水平社結成。

一般常識レベル

赤瀾会（せきらんかい）

日本最初の社会主義婦人団体。山川菊栄《きくえ》、伊藤野枝《のえ》、堺真柄《まがら》らが1921年結成。女性の解放を求め、第2回メーデーに参加したが、まもなく解散した。

加藤友三郎（かとうともさぶろう）

ワシントン会議（第一次世界大戦後にアメリカで開かれた軍縮会議）**における日本の代表者**。のちに総理大臣として、シベリア撤兵《てっぺい》、陸海軍の軍備縮小、山東《さんとう》還付《かんぷ》などを行った。

大杉栄（おおすぎさかえ）

幸徳秋水《こうとくしゅうすい》の影響を受けて無政府主義へと転じ、**直接行動**（アナルコ・サンジカリズム）**を主張**した。

教養レベル

国家法人説（こっかほうじんせつ）

国家は単一の団体であって法律関係の主体になる法人であるとする説。19世紀ドイツで説かれ、**美濃部達吉の天皇機関説**の基礎となった。

森戸事件（もりとじけん）

森戸辰男《たつお》**の筆禍**《ひっか》**事件**。筆禍とは、発表した著書や記事などが原因で受ける制裁・処罰のこと。森戸事件は東京帝国大学の助教授であった森戸の論文が、無政府主義的な危険思想と非難され、**1920年に東大を休職処分となった事件**である。

知らなきゃやばいレベル

関東大震災（かんとうだいしんさい）

1923年9月1日11時58分、**関東地方を襲った地震と火災による大災害**で、死者・行方不明者約10万5000人。混乱の中で**社会主義者の弾圧**（**甘粕事件・亀戸事件**）や**朝鮮人殺傷事件**などが起こった。被害総額55億6800万円で経済的な打撃も大きく、その影響はさまざまな分野におよんだ。

直後

甘粕事件（あまかすじけん）

関東大震災直後に起きた虐殺事件。憲兵隊に連行された無政府主義者・**大杉《おおすぎ》栄《さかえ》**、**伊藤野枝《のえ》**夫妻と甥の**橘宗一《たちばなむねかず》**を憲兵大尉・**甘粕正彦《まさひこ》**が殺害した。甘粕は軍法会議で懲役10年となったが、3年で出所したのち、満州に渡り建国に関与した。

被害

一般常識レベル

関東大震災の被害		
発生年月日	1923年9月1日 午前11時58分	現在、9月1日は「防災の日」とされている
地震の大きさ	推定マグニチュード 7.9	2011年3月11日の東日本大震災の地震の規模はマグニチュード9.0
死者・ 行方不明者	約10万5千人	国内の自然災害史上、最悪といわれている
地変と津波	発生	神奈川県小田原市根府川では土石流により埋没64戸、死者406人という被害が発生した
火災被害	甚大な被害	昼食時に起こったこともあり竈《かまど》、七輪から同時多発的に火災が発生。水道の断水やおりからの強風で延焼し、消防能力を超えた

※「内閣府」のHPをもとに編集部が作成

教養レベル

虎ノ門事件（とらのもんじけん）

1923年、議会開院式に向かう**摂政宮《せっしょうのみや》・裕仁《ひろひと》殿下**を**難波大助《なんばだいすけ》が狙撃した事件**。難波は関東大震災後に起こった虐殺や迫害、労働運動の弾圧事件に憤慨してテロを行ったという。

きっかけ

治安維持法（ちあんいじほう）

日ソ国交の樹立、虎の門事件、日本共産党再建などの動きに対して成立した**弾圧立法**。1925年に成立した。のちに改定され「国体の変革を目的とする者」への最高刑を死刑とした。

第一次世界大戦を契機に中国への進出を本格化

19 世紀から20世紀にかけて**欧米列強は帝国主義政策をすすめた**。**アフリカ・アジアから太平洋の島々までを植民地として支配下におさめ**、新たな植民地を求めることは不可能なほどとなった。ドイツは植民地の再分割を要求し、オーストリア、イタリアと三国同盟を結び、イギリスを中心とするロシア・フランスの三国協商と鋭く対立した。そして両勢力のバルカン半島をめぐる争いから大戦が勃発した。これが第一次世界大戦である。大戦勃発を「大正新時代の天佑《てんゆう》」とした日本政府は、植民地拡大をねらい積極的に連合国として参戦。さらに**列強がアジアをかえりみる余裕のないのを機会に、二十一箇条の要求にみられる中国への政治的・経済的進出を本格化させていった。**

第一次世界大戦時の世界の状況

日本は日英同盟のよしみでドイツに宣戦布告した。

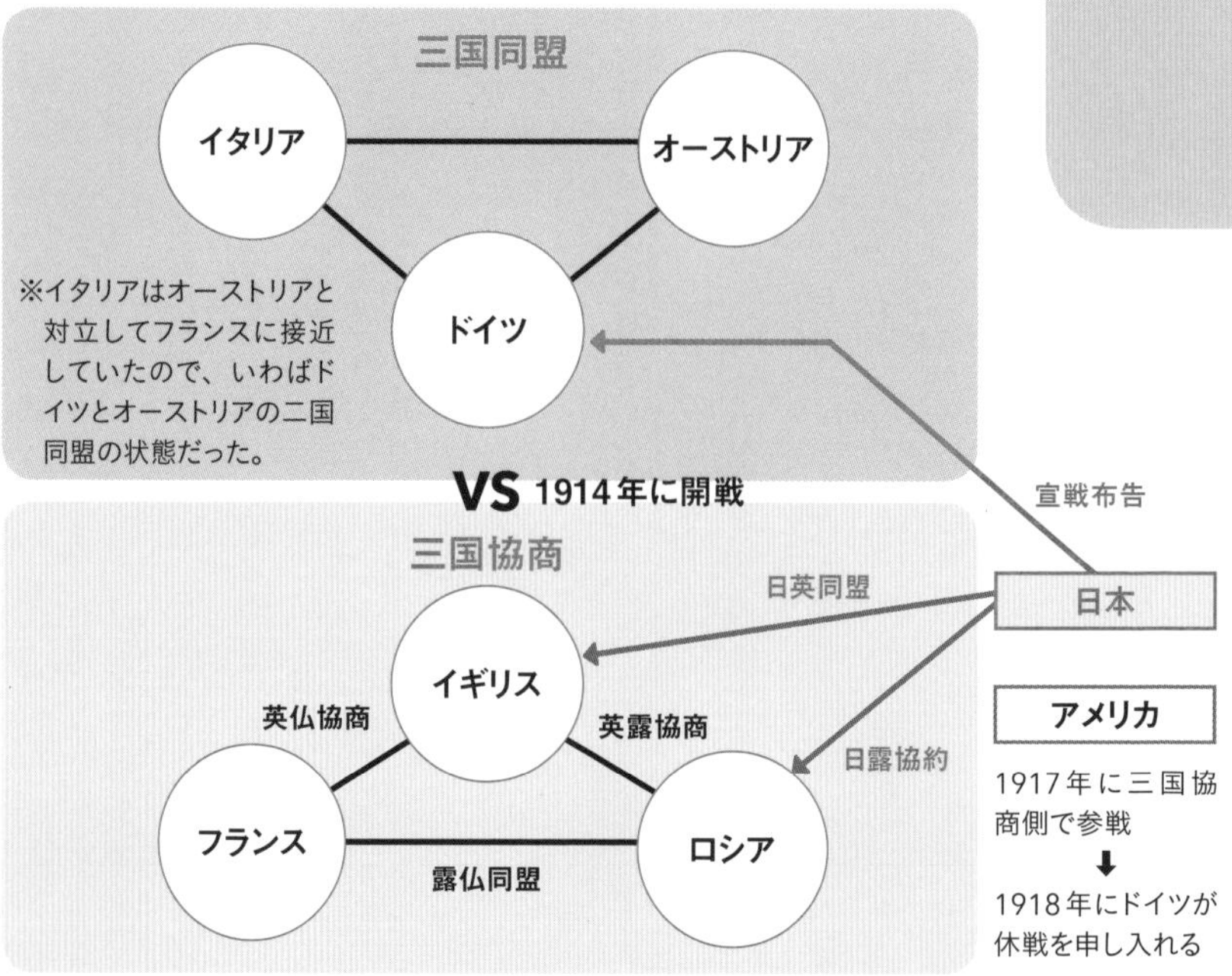

三国同盟
イタリア
オーストリア
ドイツ
※イタリアはオーストリアと対立してフランスに接近していたので、いわばドイツとオーストリアの二国同盟の状態だった。
VS 1914年に開戦
宣戦布告
三国協商
日英同盟
日本
イギリス
英仏協商
英露協商
日露協約
フランス
ロシア
露仏同盟
アメリカ
1917年に三国協商側で参戦
↓
1918年にドイツが休戦を申し入れる

知らなきゃやばいレベル

第一次世界大戦（だいいちじせかいたいせん）

1914〜1918年。**帝国主義列強の対立によって起こった最初の戦争。**14年の**サラエボ事件**を契機に大戦が勃発し、最終的にはドイツ、オーストリア、イタリアなどの**同盟国**とイギリス、フランス、ロシア、アメリカなどの**連合国との戦争**に拡大した。**日本も日英同盟を口実に連合国側に参戦し、中国や太平洋でのドイツ領を攻撃した。**

ボスニア・ヘルツェゴビナの首都サラエボの中心市街にあるラテン橋。ここでオーストリア皇太子夫妻が暗殺され、第一次世界大戦の契機となった。

一般常識レベル

大戦中

二十一箇条要求（にじゅういっかじょうようきゅう）

第一次世界大戦中の1915年、権益拡大を狙う日本が中国に突きつけた要求。大隈重信《おおくましげのぶ》内閣が袁世凱《えんせいがい》政府に5号21箇条の最後通牒を発し、中国政府の財政軍事顧問として日本人の採用など、一部を除いて受諾させた。

戦争後に集結

ベルサイユ条約（べるさいゆじょうやく）

1919年6月、パリ講和会議で締結された、第一次世界大戦における連合国とドイツの間で締結された講和条約の通称。日本は山東《さんとう》省のドイツ領と南洋諸島の委任統治権を獲得した。委任統治領とは、国際連盟により統治を委任された領土で、実質的な植民地と同じであった。

教養レベル

中国国内では

国恥記念日（こくちきねんび）

中国の袁世凱政権が日本の21箇条要求を受諾した1915年5月9日を指す。以後、中国国内での抗日運動が活発化した。

尼港事件（にこうじけん）

1920年、シベリア出兵中の日本軍と、ロシアの遊撃隊パルチザンとが衝突した事件。これにより、日本は北樺太を占領した。

大戦景気に支えられて各産業が発展するも世界恐慌が

第一次世界大戦により、日本経済は空前の好況を迎えた。**貿易の好調で国際収支は黒字となり、日本は債務国から一転し、1920年には27億の債権国となった。**鉄鋼・造船・車両工業など重工業の発達はめざましく、化学工業においても、染料・薬品などの国産化が進んだ。また、電力も猪苗代湖と東京間の送電が完成し、電灯が普及した。海運業もイギリス、アメリカについで世界第3位に上昇。三井・三菱・安田・住友・第一の財閥系五大銀行が、戦争成金の貯金を吸収することにより、金融独占資本としての基礎を確立し、コンツェルンの体制を固めた。しかし、**この反動として、1920年の株式相場の暴落をきっかけに戦後恐慌が起こり、倒産する企業が続出した。**

好景気と恐慌

大正時代はわずか15年だが、その間に日本には好景気と恐慌の両方が訪れた。

大戦景気

大戦とは**第一次世界大戦**のこと。日本は参戦国でありながら本土が圏外にあったため、工場などが被害を受けずに生産力が落ちず、輸出が急増。そのために好景気になった。

恐慌

大正時代には二つの恐慌が訪れる。一つは、ヨーロッパ諸国の復調にともなう**「戦後恐慌」**と、もう一つは関東大震災が原因の**「震災恐慌」**だ。なお、昭和に入ってからは「金融恐慌」と「昭和恐慌」も体験することになる。

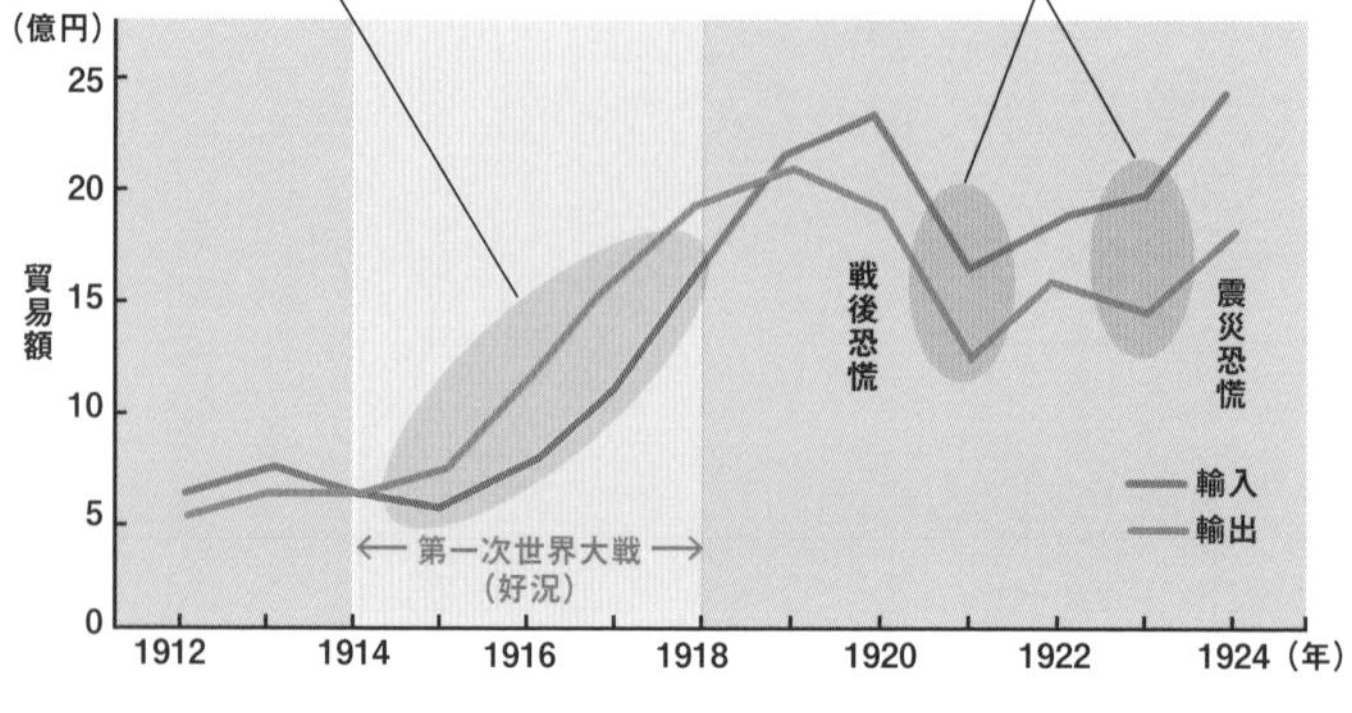

出典:『数字で見る日本の100年』(矢野恒太記念会)より作成

知らなきゃやばいレベル

友愛会（ゆうあいかい）

1912年8月1日、**鈴木文治《すずきぶんじ》を中心に結成された労働者の共済団体。**初めはキリスト教的人道主義に基づく修養的な組織であったが、労働運動の高まりと共に労働組合化し、闘争的傾向を強めて全国的組織に成長した。19年に大日本労働総同盟友愛会と改称し、21年には**日本労働総同盟**に発展した。

日本農民組合（にほんのうみんくみあい）

日本最初の農民組合全国組織。1922年、**賀川豊彦《かがわとよひこ》**や**杉山元治郎《もとじろう》**らが神戸で結成した。**地主層と対立し、小作争議を指導した。**

創設　幹部

一般常識レベル

所得税（しょとくぜい）

日本において、所得税は1887年の所得税法により導入された。1910年には地租収入は減少したが、その一方で、所得税、酒税が増加した。

賀川豊彦（かがわとよひこ）

神戸のスラム街で伝道し、友愛会幹部として川崎・三菱造船所の争議を指導した。1922年、日本農民組合を創設し海外伝道も行った。

小作調停法（こさくちょうていほう）

1924年制定。当事者の申し立てで、裁判所で争議の調停ができることに。ただし、調停委員には地主、自作農が多く、小作人には不利であった。

教養レベル

大正時代の税制

大正時代から昭和初期にかけての税制は公平性を模索しつつ、大局では戦争の費用を調達するために増税が続いた。

1918年

戦時利得税の導入

前第一次世界大戦で多額の所得を得た者に、戦時利得税が課税された。

1920年

所得税の改正

扶養家族控除の新設など、少額所得者の負担軽減がはかられた。

廃税運動（はいぜいうんどう）

山本権兵衛《ごんべえ》内閣の海軍予算拡大に反対し、営業税、織物消費税、通行税の三税の廃止を求めた運動。

近代的な都市中心の文化形成とメディアの勃興が庶民生活を変えた

自由主義・個人主義の思想を持った知識階級が生まれ、**都市中心の小市民社会が形成されていった。生活様式や意識も近代化し、近代的市民文化が発達**。その象徴は、「モボ」「モガ」と呼ばれる存在に象徴され、最先端のファッションに身を包み、若い男女が銀座を闊歩した。さらに大衆文化では、**1925年にラジオ放送が開始され、新聞と並んでマスコミの主流となった**。ラジオの受信契約者は、満州事変を経て100万人を突破したという。

文学では、明治末期の自然主義に抗した、白樺派の同人が文壇の中心となり、労働階級の立場に立ったプロレタリア文学では、『種蒔く人』を出発点として、『文芸戦線』『戦旗』などの機関紙を発行し活動した。

大正ロマン（たいしょうろまん）

大正ロマンとは和洋折衷の文化を背景とした華やかなイメージで、「太平洋戦争前の日本の最後の平和な全盛期」を象徴する言葉でもある。

和洋折衷の文化は女子生徒のファッションにも影響を与え、それまでの和装から、袴に編み上げブーツの組み合わせが主流となった。

知らなきゃやばいレベル

平塚雷鳥（らいてう）
（ひらつからいちょう）

本名は平塚明《はる》。1911年に青鞜社を創設。雑誌『青鞜《せいとう》』を発行して**婦人解放運動を展開**した。20年には新婦人協会を結成し、**女性の権利の拡張、消費者運動を推進した**。「女性よりも年下の恋人」を「つばめ」と呼ぶのは、5歳年下の洋画家・奥村博史《ひろし》が、平塚雷鳥と別れることを決意した際の手紙の一節から生まれた言葉である。

中里介山
（なかざとかいざん）

大衆文学の創始。キリスト教、社会主義思想、仏教思想にふれ、『平民新聞』『都新聞』に作品を掲載した。著書に『**大菩薩峠**』『**夢殿**』がある。

↓ 結成

一般常識レベル

青鞜社
（せいとうしゃ）

「青鞜」は18世紀のイギリスのロンドンのサロン「Blue Stocking」の訳語。1911年、平塚雷鳥、岡本かの子らが中心となって結成した進歩的女性グループ。女性の権利の拡張を訴える機関誌『青鞜』を発行し、「新しい女」として世間の注目を集めた。

野村胡堂
（のむらこどう）

報知新聞社に勤務するかたわら、大衆文学を書き、『銭形平次捕物控』で多くの読者を集めた。

沢田正二郎
（さわだしょうじろう）

新国劇の創始者。『月形半平太』『国定忠治』などの剣劇で大衆の人気を得る。

教養レベル

女性解放運動の歩み

大正時代の平塚雷鳥が女性解放運動に大きな役割を果たしたが、男女雇用機会均等法が制定されたのは、その半世紀後の1985年だった。

明治時代
- 1886年 → **雨宮製糸場のストライキ**
  国内初のストライキは女性によるものだった。

大正時代
- 1911年 → **青鞜社結成**
  平塚雷鳥が結成。女性の権利の拡張を主張。

市川房枝《ふさえ》（参加 → 青鞜社結成／尽力 → 女性の国政参加の実現）

昭和時代
- 1945年 → **女性の国政参加の実現**
  太平洋戦争の終戦年に女性の国政参加が認められる。
- 1985年 → **男女雇用機会均等法制定**
  女性の雇用条件が大幅に改善された。

知らなきゃやばいレベル

芥川竜之介（あくたがわりゅうのすけ）

友人の**久米正雄**《くめまさお》、**菊池寛**《かん》らと共に第三次『新思潮』を創刊した。新理知派と呼ばれる新鮮な着想と表現力で、歴史や伝説に素材を求め、**気品ある作品を著した**。しかし、合理主義の限界と未来への不安のため、1927年7月24日、致死量の睡眠薬を飲んで服毒自殺したという。36歳であった。

芥川竜之介の主な作品

芥川竜之介は36歳で夭逝《ようせい》したが、多くの作品を残し、現在も愛好者は多い。

『羅生門』（1915年）
『鼻』（1916年）
『蜘蛛の糸』（1918年）
『地獄変』（1918年）
『杜子春』（1920年）
『藪の中』（1922年）
『侏儒の言葉』（1923年）
『河童』（1927年）
『歯車』（1927年）
『或阿呆の一生』（1927年）

一般常識レベル

河上肇（かわかみはじめ）

京都帝国大学教授であった1916年、大阪朝日新聞に『**貧乏物語**』を**連載して注目を集めた**。19年には個人雑誌『社会問題研究』を発表して青年層に大きな影響を与えた。戦後、栄養失調で死去したという。福田徳三とは終生のライバルであった。

理化学研究所（りかがくけんきゅうじょ）

1917年、大隈重信の提言、高峰譲吉《たかみねじょうきち》らの尽力で創設された民間の物理、化学研究機関。27年、理化学興業株式会社を設立し軍事産業部門と直結、理研コンツェルンに発達し新興財閥となった。現在は国立研究開発法人となっている。

教養レベル

ライバル

福田徳三（ふくだとくぞう）

東京出身の経済学者。東京商科大学（現在の一橋大学の前身）の教授。マルクス主義を批判して独自の厚生経済学の体系を構想した。

赤い鳥（あかいとり）

夏目漱石《なつめそうせき》門下の鈴木三重吉《すずきみえきち》が1918年に発刊した児童文学雑誌。『赤い鳥』の創刊号には、芥川竜之介、有島武郎、泉鏡花《いずみきょうか》、北原白秋《きたはらはくしゅう》、高浜虚子《きょし》、徳田秋声《しゅうせい》らが賛同の意を表明した。

白樺派（しらかばは）

日本近代文学の一派。**雑誌『白樺』によった文学者、美術家の集団**のこと。自然主義に抗し、大正期の文壇の中心的な存在となった。

モガ

モダンガールの略称。文化の近代化を皮肉った言葉。ハイヒールでキネマ（映画／キネマトグラフの略）、ダンスを好む**開放的、享楽的な女性**をいう。男性は**モボ**といった。

大きめのゆったりとしたワンピースと、クローシェ帽（釣り鐘型の帽子）がモガの代表的ファッション。

知らなきゃやばいレベル

一員

有島武郎（ありしまたけお）

白樺派の一員であり、人道主義の立場をとる。開拓農民の破滅を描いた『カインの末裔《まつえい》』、長編『或《あ》る女』などは近代文学の傑作である。

大学令（だいがくれい）

原敬内閣が1918年に公布。公立大や単科大の設置や専門学校の大学を許可。これにより20年に早稲田大学、慶応義塾大学は大学として正式に許可された。しかし、女子専門学校の大学昇格は認められなかった。大学令で修業年限は3年（医学部は4年）と定められた。47年に廃止され、学校教育法がこれにかわると新制大学が誕生した。

一般常識レベル

職業婦人（しょくぎょうふじん）

第一次世界大戦を契機に、職業に就く女性が増えた。大正期の平均月収は事務員で30円程度だった。

新中間層（しんちゅうかんそう）

都市部の人口急増や都市化にともない出現した、比較的高学歴を有する階層。具体的には弁護士などを指す。

文化住宅（ぶんかじゅうたく）

洋風の応接間を持った日本式の一般向け住宅。

教養レベル

知らなきゃやばいレベル

プロレタリア文学（ぷろれたりあぶんがく）

プロレタリアート（労働者、農民）の立場から、その思想や生活を描いて現実を発展させようとする**文学運動**。

南方熊楠（みなかたくまぐす）

和歌山県生まれ。**博物学者、生物学者、民族学者。さまざまな分野で知識を示した**。史跡と古伝を破却するなどを理由として神社合祀《ごうし》政策には反対した。

梅原竜三郎（うめはらりゅうざぶろう）

フランスの**ルノアールに師事**。豊麗な色彩の独自な画境を築き、**日本洋画の一つの形を完成させた**。**安井曽太郎《そうたろう》**とともに、洋画界の頂点を極め、「日本洋画壇の双璧」と謳われた。

展開

一般常識レベル

プロレタリア文学の展開

『種蒔く人』に始まり、『文芸戦線』『戦旗』などを中心に展開した。

はじまり

『**種蒔く人**』（1921年）／小牧近江《こまきおうみ》らを中心とした雑誌。

展開

『**文芸戦線**』（1924年）／プロレタリア文学の雑誌で、葉山嘉樹《よしき》が『**海に生くる人々**』、黒島伝治《でんじ》が『**渦巻ける鳥の群**』を発表。

『**伸子**』（1924年）／宮本百合子の小説。雑誌『**改造**』に掲載された連作をまとめたもの。

『**戦旗**』（1928年）／全日本無産者芸術連盟の機関誌で、小林多喜二《たきじ》が『**蟹工船《かにこうせん》**』、徳永直が『**太陽のない街**』を発表。

大正時代以降

1934年頃に弾圧されて組織は解体。第二次世界大戦後、民主主義文学として復活。

教養レベル

直木三十五（なおきさんじゅうご）

小説家、大衆文学者。薩摩藩のお由羅《ゆら》騒動を題材とした『南国太平記』は著名。文芸春秋の社長・菊池寛《きくちかん》が友人の直木三十五《さんじゅうご》を記念して、1935年に芥川賞とともに創設したのが直木賞である。

ラジオ放送（らじおほうそう）

1925年に放送開始。翌26年日本放送協会（NHK）が創設された。当初の受信契約は36万人で、満州事変を経て百万人を突破した。民間のラジオ放送は51年開始。

11章

無謀な戦争と世界恐慌の時代

昭和時代（終戦まで）

1926～1945年

日中戦争が長期化の中、太平洋戦争へと突き進む

1931年、**柳条湖《りゅうじょうこ》の満鉄爆破事件をきっかけに関東軍が満州各地を占領**。**満州事変が勃発**する。さらに西安《せいあん》事件で、第二次国共合作により抗日の気運が高まると、**37年の盧溝《ろこう》橋《きょう》事件を契機に日中戦争が始まった**。当初、日本軍は南京《なんきん》を占領し、漢口《かんこう》・広東《かんとん》にまで進出したが、中国が米・英の援助のもとに抗戦を続けたため、日中戦争は持久戦の様相を強めていった。

一方国内では、32年に海軍青年将校を中心とした五・一五事件、36年には陸軍皇道派将校が起こした二・二六事件のクーデターで、軍部の政治的発言力が強化され、社会混乱の中、軍部政権が樹立。戦争への体制が整えられていく。そして**41年12月8日、日本がハワイの真珠湾を奇襲攻撃し、太平洋戦争が勃発した**。

第二次世界大戦（だいにじせかいたいせん）

1939年ドイツのポーランド侵攻に始まり、1945年の日本降伏で終わる。日本・ドイツ・イタリアなどのファシズム諸国（枢軸国）とイギリス・アメリカ・フランスなどの反ファシズム諸国（連合国）との戦争であった。

大戦時の日本の領土と占領地

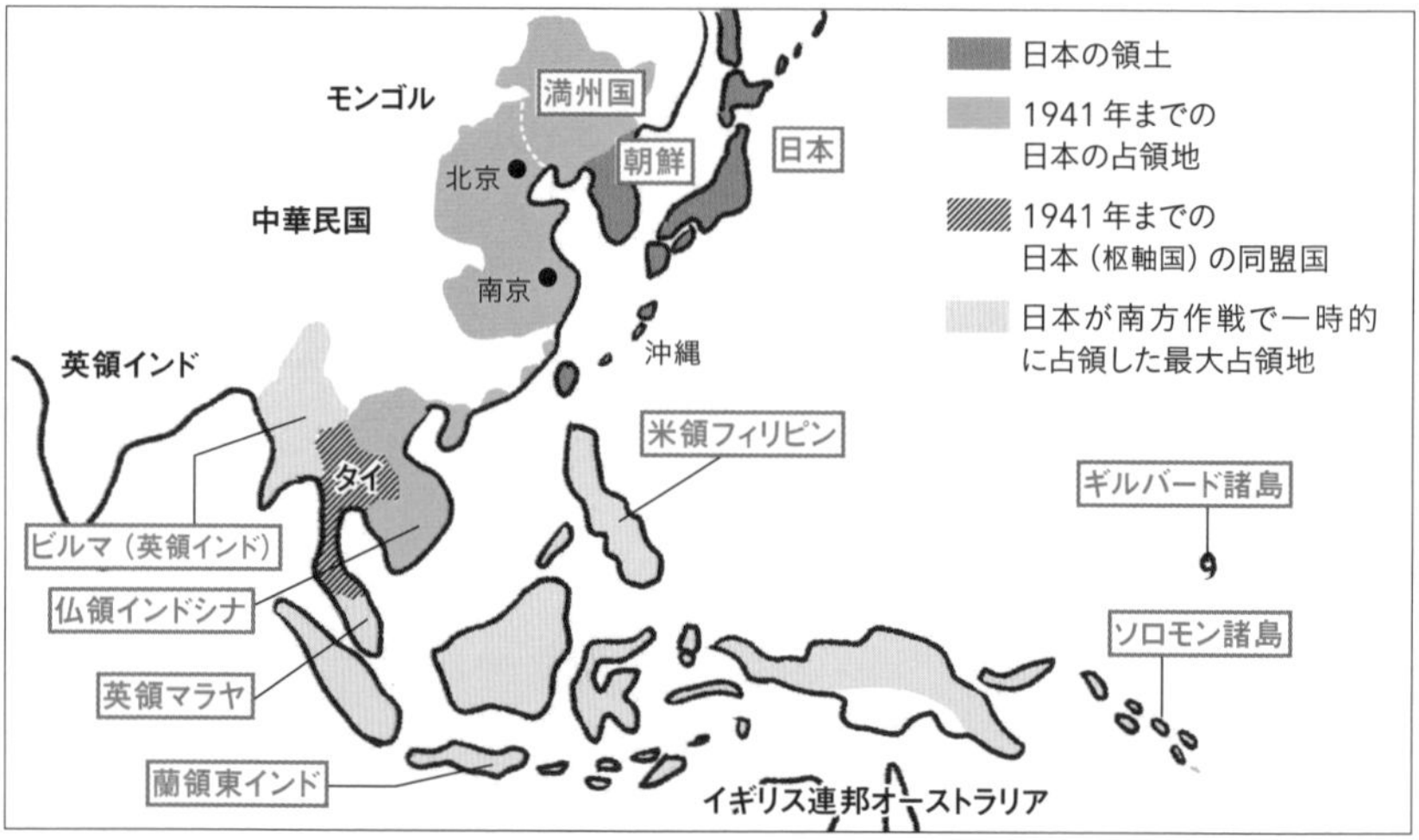
日本の領土
1941年までの日本の占領地
1941年までの日本（枢軸国）の同盟国
日本が南方作戦で一時的に占領した最大占領地
モンゴル
満州国
朝鮮
日本
北京
中華民国
南京
沖縄
英領インド
タイ
米領フィリピン
ギルバード諸島
ビルマ（英領インド）
仏領インドシナ
ソロモン諸島
英領マラヤ
蘭領東インド
イギリス連邦オーストラリア

知らなきゃやばいレベル

張作霖爆殺事件（ちょうさくりんばくさつじけん）

1928年6月4日、**張作霖**が北京から奉天《ほうてん》に帰る途中、**汽車ごと爆殺された事件**。以前は、**満州某重《ぼうじゅう》大事件**といった。関東軍参謀・**河本大作《こうもとだいさく》**大佐らの陰謀という。

関連

満州事変（まんしゅうじへん）

1931年9月18日の奉天郊外で起こった**柳条湖《りゅうじょうこ》事件**に始まる、日本の満州に対する軍事行動。日本にとって**満州は重要な輸出市場であり、農産資源や鉄・石炭・アルミ原料の供給地**でもあった。第二次**若槻礼次郎《わかつきれいじろう》**内閣の不拡大方針に反し、関東軍は東三省（奉《ほう》天《てん》・吉林《きつりん》・黒竜江《こくりゅうこう》）を武力で占領。満州国として独立させた。

終結

一般常識レベル

済南事件（さいなんじけん）

1928年、**国民革命軍**（中国の軍事組織）が再び、北伐を再開して済南《さいなん》に入ったため、**日本軍が在留邦人保護の名目**で出兵。済南を占領した事件。

第一次上海事変（だいいちじしゃんはいじへん）

1932年、上海で日蓮宗僧侶の殺害事件を口実に、日本軍が上海占領を狙って中国軍を攻撃したが、中国軍の抵抗と、国際批判を受け撤退。33年5月、**塘沽停戦協定《たんくーていせんきょうてい》**が結ばれ、満州事変は終結した。

教養レベル

田中義一内閣時の国際条約		
1927年	**ジュネーブ会議**	アメリカ大統領クーリッジの提案により開催。米・英・日間の補助艦制限を目的としたが、不成立に終わる。日本全権**斎藤実《まこと》・石井菊次郎**。米は少数大艦主義、英は多数小艦主義をとり対立した。
1928年	**パリ不戦条約** **（ブリアン・ケロッグ条約）**	戦争放棄に関する国際条約に15カ国が参加・調印した。日本全権は**内田康哉《こうさい》**。制裁事項を欠き実効なし。「人民の名において」の語句をとらえ、立憲民政党が田中義一内閣を攻撃、不戦条約批准問題が起こった。

軍部台頭による事件

知らなきゃやばいレベル

三月事件・十月事件

（さんがつじけん・じゅうがつじけん）

1931年、陸軍中佐の橋本欣五郎《きんごろう》（桜会）らによる**軍部政権樹立のクーデター事件**。共に未遂で終わる。

五・一五事件

（ごいちごうじけん）

1932年5月15日、海軍青年将校を中心としたクーデター。**血盟団**《けつめいだん》に続いて軍部政権樹立と国家改造をはかった。**犬養毅首相**は暗殺。内閣は断絶した。

暗殺

関連

一般常識レベル

北一輝

（きたいっき）

国家主義運動の指導者。1919年の著『**日本改造法案大綱**』は、陸軍青年将校の革命のバイブルとなった。クーデターによる国家改造を主張して西田税《みつぎ》などに影響を与えた。**二・二六事件**に連座して死刑となる。

犬養毅

（いぬかいつよし）

立憲改進党や立憲国民党を経て、1922年、**革新倶楽部**《かくしんくらぶ》を結成。護憲運動の中心として活躍した。29年立憲政友会総裁、31年総理大臣となり満州事変収拾に努力したが、**五・一五事件**で**海軍青年将校らに暗殺**される。

教養レベル

井上日召

（いのうえにっしょう）

日蓮宗に帰依し、日召と号す。国家革新のために暗殺集団の**血盟団**《けつめいだん》を結成。一人一殺《いちにんいっさつ》主義を唱え、**井上準之助**、**団琢磨**《だんたくま》を暗殺した。裁判で無期懲役となったが、恩赦で出獄した。

結成

血盟団事件

（けつめいだんじけん）

政財界の要人20数名を暗殺する計画の**連続テロ事件**のこと。**五・一五事件**の発生に影響を与え，軍部台頭の契機となった。

知らなきゃやばいレベル

二・二六事件（ににろくじけん）

１９３６年2月26日、皇道派将校が兵約１４００人を率いて起こしたクーデター。**斎藤実《まこと》**内大臣・**高橋是清《これきよ》**蔵相・**渡辺錠太郎《じょうたろう》**教育総監を殺害し、国会・首相官邸などを占領した。軍主流は戒厳令を施行し反乱を鎮圧。これにより、皇道派が一掃され、**統制派に一本化**され軍部支配が強化された。

二・二六事件以降、
軍部の政治的発言力が強まり、
日本の軍国主義（ファシズム）はすすんだ。

解説

陸軍の内部対立

皇道派

北一輝の思想に影響され、天皇親政の国家革新を目指す一派。**荒木貞夫**・**真崎甚三郎《まざきじんざぶろう》**らが中心。

↕ 対立

統制派

軍部の経済統制のもとで、軍事政権の樹立を目指す一派。**永田鉄山《てつざん》**・**東条英機**ら参謀本部や陸軍省の中堅将校が中心となり形成。

一般常識レベル

岡田啓介（おかだけいすけ）

ワシントン海軍軍縮条約を廃棄し、国体明徴問題で軍部・右翼に譲歩した。１９３６年の二・二六事件時には首相で、首相官邸を襲撃されたが、難を逃れた。事件後に内閣は総辞職した。

関連

教養レベル

真崎甚三郎（まさきじんざぶろう）

陸軍皇道派の中心人物。もと教育総監。皇道派の一掃をはかる岡田啓介《けいすけ》内閣の陸相・林銑十郎《せんじゅうろう》に罷免される。これが二・二六事件の一因ともなった。

国体明徴声明（こくたいめいちょうせいめい）

天皇機関説問題に対し、岡田内閣は2回に渡って声明を発し、天皇機関説が国体に反することを明示した。

知らなきゃやばいレベル

広義国防国家（こうぎこくぼうこっか）

二・二六事件後の**広田弘毅《こうき》内閣のスローガン**。この国家建設を政綱として莫大な軍事予算を計上。総力戦の準備のために軍備を増強し、軍が官僚や経済界との結びつきを強めて、西欧列強に対抗できる軍備や産業の育成を国全体で実行した。

西安事件（せいあんじけん）

1936年、**張学良《ちょうがくりょう》**らが西安で**蒋介石《しょうかいせき》**を監禁し、内戦の停止と抗日団結を要求した事件。**周恩来《しゅうおんらい》**の仲介と蒋の屈服で国共停戦が成り、**抗日民族統一戦線が結成**された。

関連

一般常識レベル

国策の基準（こくさくのきじゅん）

広田弘毅内閣が、首相・陸相・海相・外相・蔵相の五相《ごしょう》会議で決定したもの。従来の対ソ戦略の上にさらに対英米の南進路線を強化。中国大陸と南方進出をブロック化する国策を打ち出した。

国民精神総動員運動（こくみんせいしんそうどういんうんどう）

国民を戦争に協力させるための強化運動。1937年、近衛内閣が「挙国一致《きょこくいっち》・尽忠報国《じんちゅうほうこく》・堅忍持久《けんにんじきゅう》」をスローガンに開始。精神運動から国民生活を規制する運動へ変化し、40年に新体制運動に吸収された。

教養レベル

国防の本義と其強化の提唱（こくぼうのほんぎとそのきょうかのていしょう）

1934年、陸軍省新聞班が発行したパンフレット。**陸軍が公然と政治経済に関与することを示唆**した。これをめぐる事件は「陸軍パンフレット事件」といわれている。

軍事ファシズム体制を主張した内容で60万部を刊行。

知らなきゃやばいレベル

盧溝橋事件（ろこうきょうじけん）

1937年7月7日、北京郊外盧溝橋で日中両軍が衝突。一時停戦したが戦火は拡大し、**日中戦争が勃発**した。

契機

日中戦争（にっちゅうせんそう）

1931年の満州事変以後、中国の抗日の気運は強く、日本の軍部は武力をもって華北分離工作をすすめた。37年7月7日、盧溝橋事件が起こると、**近衛文麿内閣**は、北支事変（のちに支那事件と改称）と呼称し、不拡大方針を声明したが、宣戦布告のないまま日本軍は北京から上海・南京・広東へと戦線を拡大し、全面戦争へと突入した。45年8月14日、ポツダム宣言を受諾した**日本軍は国民政府に降伏**した。

一般常識レベル

国家総動員法（こっかそうどういんほう）

1938年、近衛文麿内閣が発布。資本・労力・物資・出版など議会の承認なしに勅令で行うことができるようにした法律。議会の形骸化をもたらした。

具現化

国民徴用令（こくみんちょうようれい）

1939年7月、国家総動員法に基づき公布。国民を軍需工場などへ強制的に就労させた。徴兵の赤紙召集に対して、白紙召集という。

張鼓峰事件（ちょうこほうじけん）

1938年7月、東部満ソ国境で日本軍とソ連が衝突、日本軍の敗北に終わった。

教養レベル

近衛文麿（このえふみまろ）

近衛篤麿《あつまろ》の長男。東亜新秩序の建設や新体制運動を推進した。敗戦後、ＧＨＱからＡ級戦犯として逮捕状が発せられたが、出頭期日の朝、自決した。

近衛内閣が3回に渡って発表した「**近衛声明**」。中でもドイツ大使を通じて中国との和平交渉が行われていたときに「**国民政府を対手とせず**」と、第一次声明を出し、和平交渉の道を閉ざした話は有名。

知らなきゃやばいレベル

ノモンハン事件（のもんはんじけん）

モンゴルでは、**ハルハ河戦争**という。1939年5月、満州国とモンゴル人民共和国との国境紛争から起こった**日ソの戦闘**。空軍・機械化部隊による近代戦で**日本軍は壊滅的打撃**を受けた。

日米通商航海条約廃棄（にちべいつうしょうこうかいじょうやくはいき）

アメリカは日本の中国拡大・南方の進出に反発し、1939年7月に日米通商航海条約廃棄を通告してきた。6カ月後の40年1月に失効し、**軍需資材の入手が困難**となった。

一般常識レベル

独ソ不可侵条約（どくそふかしんじょうやく）

ポーランド侵攻をもくろむ**ヒトラーとスターリン間で結ばれた条約**。ノモンハンでソ連と紛争中の日本政府は衝撃を受ける。「欧州の情勢は複雑怪奇なり」と、**平沼騏《き》一郎《いちろう》**内閣は総辞職した。

関連

日ソ中立条約（にっそちゅうりつじょうやく）

1941年4月、**松岡洋右《ようすけ》**外相とモロトフ外相との間でモスクワにて調印された条約。**相互の不可侵と第三国との戦いの際の中立を定めた**。日本は、南進政策のためを意図し、ソ連は日独の両面攻撃を避ける意図があった。ソ連は45年4月条約不延長を通告、8月8日、日本に宣戦した。

教養レベル

来栖三郎（くるすさぶろう）

外交官。駐独大使時代日独伊三国同盟の日本全権として、締結交渉に尽力した。日米交渉の行きづまりにあたり、野村吉三郎《きちさぶろう》米大使支援のためアメリカに派遣されたが、日米開戦となった。

杉原千畝（すぎはらちうね）

1940年、ナチス迫害を逃れたユダヤ難民約6000人に対して、日本通過のビザを発給して彼らを救った。「イスラエル建国の恩人」として表彰された。

知らなきゃやばいレベル

日独伊三国同盟（にちどくいさんごくどうめい）

1940年9月、ベルリンで調印。**日独伊防共協定を強化した軍事同盟。**ヨーロッパ戦のドイツの勝利を背景に、英・米を抑制して南方進出を狙ったもの。**陸軍と外相松岡洋右が推進し、日米対立を決定づけた。**日本全権は**来栖三郎。**

大政翼賛会（たいせいよくさんかい）

1940年、**近衛文麿**らによってつくられた国民組織。国民を統制して戦争に協力させる役割を果たした。**「一国一党」**を唱え、**陸軍支援のもと新体制運動を推進。**すべての政党が解散し、**大政翼賛会**という一つの党にまとめ、近衛文麿首相が総裁になる。

反対

4日後

一般常識レベル

米内光政（よないみつまさ）

海軍大将。日独伊三国同盟では**親英米的立場から陸軍の強硬派と対立。**海相として戦争終結に努力した。

北部仏印進駐（ほくぶふついんしんちゅう）

1940年9月、日本は北ベトナムに武力進駐を強行し、**援蔣《えんしょう》ルートの遮断や南進基地の獲得**をはかった。

南部仏印進駐（なんぶふついんしんちゅう）

1941年7月、日本は石油・ゴム・アルミ資源など**戦略物資の開発・調達**のために、南ベトナム・ラオス・カンボジアに進駐した。**米・英・蘭は日本人資産を凍結、アメリカは対日石油輸出の全面禁止で対抗**した。

教養レベル

翼賛選挙（よくさんせんきょ）

1942年4月、東条英機《とうじょうひでき》内閣のもとで実施された第21回衆議院総選挙。臨時資金を選挙資金に流用し、当選者は翼賛政治体制協議会の推薦者が381名、非推薦者が85名。議会は無力化した。

東条英機内閣のときに太平洋戦争が起こる。
東条英機は敗戦後、
拳銃自殺をはかり一命を取り留めるも
その後、A級戦犯として死刑になる。

東条英機内閣発足（1941年10月）から終戦までの主な動き

1941.11.5	帝国国策遂行要領再検討	武力発動の時期を12月上旬とすることを確認
1941.11.26	ハルノート（日米協定基礎概要案）	日独伊三国同盟の破棄。中国・アジアからの軍撤退。汪兆銘《おうちょうめい》政権の拒否を要求
1941.12.8	真珠湾奇襲	連合艦隊による奇襲攻撃。太平洋戦争開始
1942.4.30	翼賛選挙	翼賛政治会が結成され、議会を完全に掌握
1942.6	ミッドウエー海戦	日本の主力空母4隻が撃沈。日本が劣勢に
1942.8	ガダルカナル島戦	攻守起点の飛行場をめぐり多くの犠牲者を出す
1943. 11	大東亜会議（大東亜共同宣言発表）	東条英機ら日本政府が東京で主催したアジア諸国の会議
1943. 11	カイロ会談	米、英、中の会議。日本の無条件降伏を要求
1943. 12	学徒出陣	学生の徴兵適齢を20歳から19歳に引き下げ、多くの学徒兵が出征し戦死した
1944. 6	サイパン陥落	サイパンに米軍上陸。日本軍は玉砕
1944. 7	小磯国昭内閣誕生	敗戦濃厚の中、小磯国昭内閣発足。小磯は戦後、A級戦犯として終身刑服役中、病死
1945. 2.4	ヤルタ会談（対日秘密協定）	米英ソによる戦後処理の会談。ソ連の参戦で千島、南樺太の領有を了承
1945. 3.10	東京大空襲	死者約10万人
1945. 4.1	沖縄戦	米軍が上陸。沖縄県民約10万人が死亡
1945. 4.7	鈴木貫太郎内閣誕生	陸軍の反対を押し切り、ポツダム宣言を受諾して終戦に導いた
1945. 7.26	ポツダム宣言	米英中の名で無条件降伏を勧告
1945. 8.6	広島原爆投下	死者約20万人
1945. 8.8	ソ連対日参戦	満州・朝鮮、千島侵入
1945. 8.9	長崎原爆投下	死者約10万人

↓

1945. 8.15	終戦の詔勅	戦争が終わる。鈴木内閣総辞職

一般常識レベル

主な戦争のきっかけとその内容

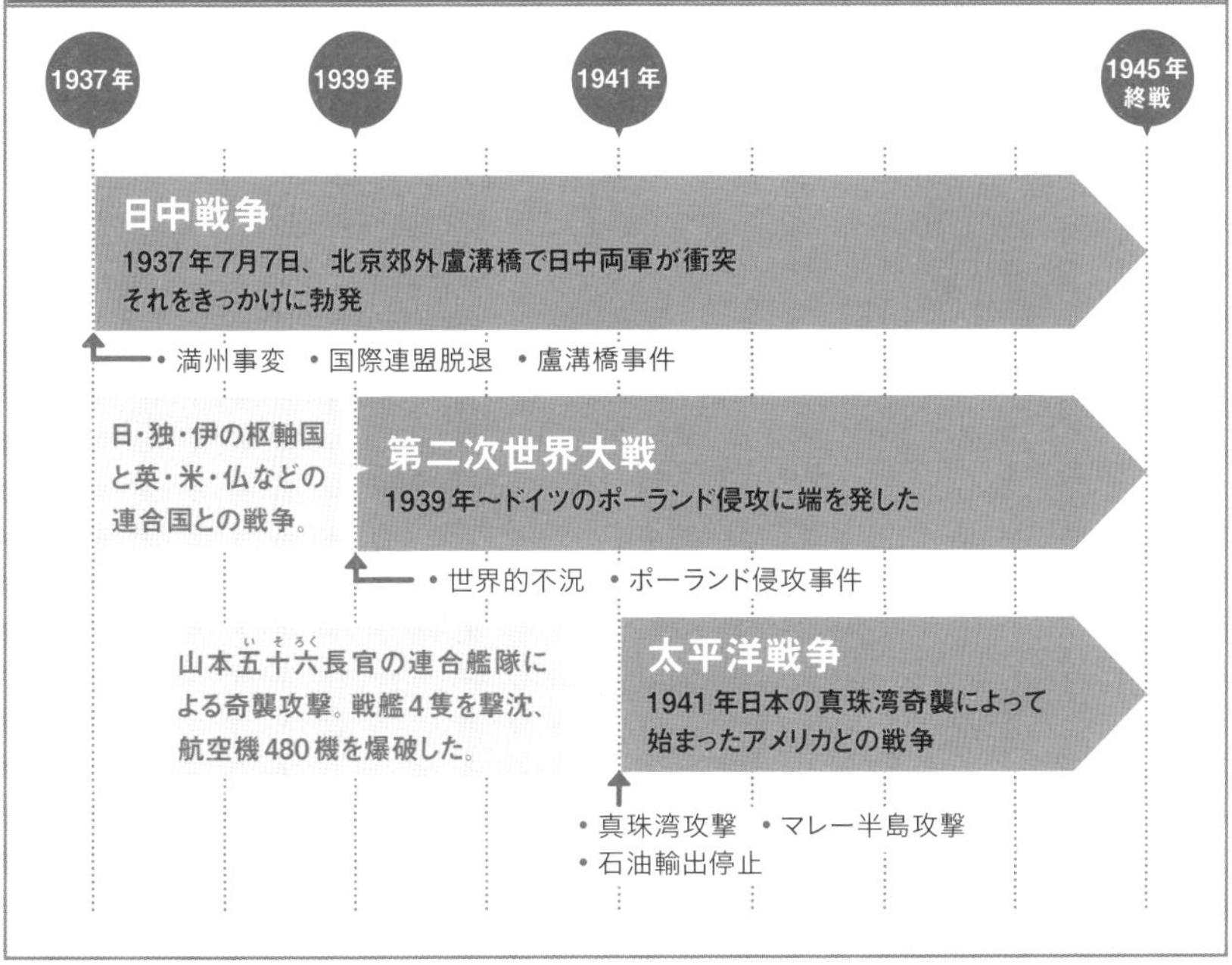

第二次世界大戦開戦時の国際関係

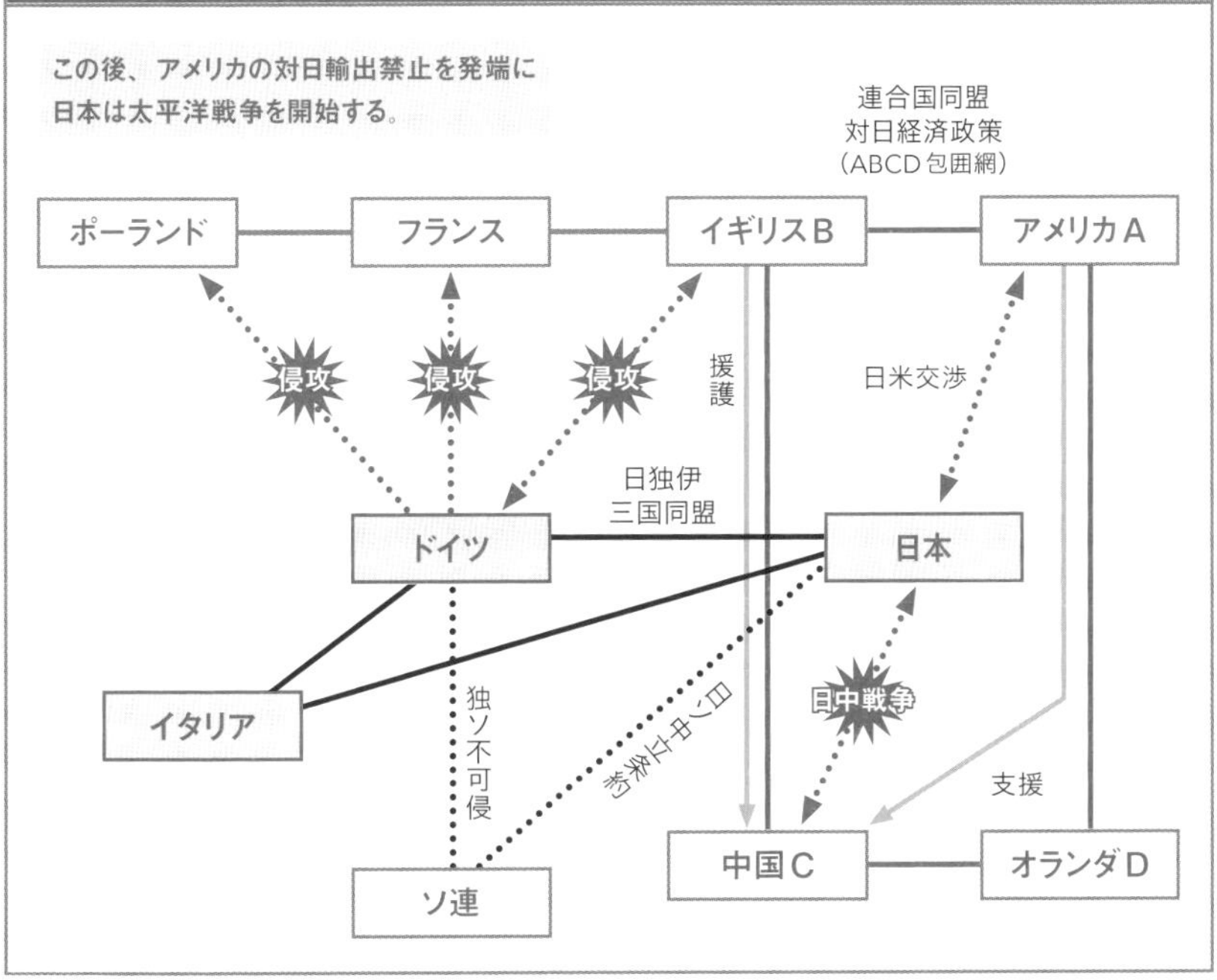

世界恐慌の波がマヒ状態の日本経済を襲う

暗い戦争の時代への歩みの前触れは、世界的な恐慌にあった。1929年、国際金融の中心であるアメリカに始まった恐慌は、世界的な金融収縮と工業生産激減の連鎖反応を引き起こし、世界恐慌に発展した。それ以前、**日本では23年の関東大震災により、首都東京は大打撃を受け、経済はマヒ状態に陥っていた。そこに追い打ちをかけるように世界恐慌の波が押し寄せ**、企業の倒産、失業者の増加など、大きな社会不安を引き起こすこととなった。いわゆる昭和恐慌である。

やがて日中戦争に突入するに至ると、経済は統制経済へと変わり、国家総動員法による価格統制、食糧管理法、切符制度など、諸品の国家管理へと進んだ。

世界恐慌（せかいきょうこう）

1929年秋、アメリカに始まり、数年間続いた世界的な不景気と経済の混乱。商品は売れなくなり、多くの銀行や会社が倒産して失業者が増えた。対策としてアメリカは**ニューディール政策**、**イギリス・フランスはブロック経済**を実施。**ドイツ・イタリア・日本は軍国主義による独裁政治**をすすめた。

昭和初期の日本の4つの恐慌

戦後恐慌	第一次世界大戦後にヨーロッパ諸国が市場復帰したことで市場飽和が起き、輸出用生糸・綿糸価格が暴落した。
震災恐慌	1923年の関東大震災により、経済が麻痺状態に陥り、銀行の手形が決済不良となった。
金融恐慌	震災手形処理法案の審議中、片岡直温《なおはる》蔵相が東京渡辺銀行の破綻を報告したことで鈴木商店が倒産。不良債権を抱えた台湾銀行が破綻の危機に。
昭和恐慌	世界恐慌の時期に日本で起こった恐慌。1930年の金解禁で金が大量流出し、企業の倒産、失業者の増大、賃金の引下げなどで深刻な不況となった。

恐慌による不景気の解決策として、軍は「大陸進出（侵略）を行えば脱出できる」と考えていた。

知らなきゃやばいレベル

モラトリアム

支払猶予令。債務の履行を一定期間猶予させること。1927年、金融恐慌時に**田中義一**内閣で**3週間のモラトリアムが施行され、危機を切り抜けた。**23年の関東大震災後にも試行。

鈴木商店（すずきしょうてん）

鈴木岩治郎が神戸で創設した商社。**台湾銀行**と提携していたが、1927年の金融恐慌で倒産した。

積極財政（せっきょくざいせい）

財政規模を拡大し、経済活動の活性化を目指す政策のこと。歳入不足を公債発行で補うこともある。**高橋インフレ財政などが代表例。**

一般常識レベル

金解禁（きんかいきん）

1917年以来の金輸出禁止を解き、金本位制が復帰すること（30年施行）。政府は緊縮財政と産業合理化によって価格を下げ、金解禁を実施して輸出増大をねらったが、世界恐慌で正貨の金が流出したため、31年に犬養毅内閣が再禁止した。

翌年

金輸出再禁止（きんゆしゅつさいきんし）

1931年、犬養内閣の蔵相・高橋是《これ》清《きよ》が、金輸出の禁止を断行。結果、日本経済は、金本位制から政府発行の管理通貨制度に移行した。

関連

教養レベル

高橋財政（たかはしざいせい）

田中・犬養・斎藤・岡田内閣の蔵相を務めた、高橋是清のインフレ政策。金輸出再禁止後、円為替が下落し輸出が拡大。赤字国債を財源とする軍拡中心の積極財政の結果、重化学工業が躍進し、恐慌から脱出した。

ソーシャル・ダンピング

劣悪な労働条件による低価格製品の国際市場への投げ売りのこと。日本は金輸出再禁止以後、これにより輸出増加をはかった。英・仏はブロック経済で対抗した。

知らなきゃやばいレベル

重要産業統制法（じゅうようさんぎょうとうせいほう）

1931年、**浜口雄幸**《おさち》内閣が産業合理化の一環として公布。政府が指定する産業にカルテルを結成させ、**生産・価格の制限を規定して、政府による産業統制を強化**したが、41年失効。

日産コンツェルン（にっさんこんつぇるん）

鮎川義介《よしすけ》**の日本産業会社**を中心とする最大の新興財閥。1937年、満州重工業開発会社に改組。日産は日本鉱業・日立製作所・日産自動車・日本油脂・日本水産などを傘下におさめ、三井・三菱に次ぐ第3位の財閥に成長した。また、**野口遵**《したがう》の**日窒**《にっちつ》**コンツェルン**も、朝鮮の水力発電開発を行い、総合的化学工業の発展をはかった。

一般常識レベル

時局匡救費（じきょくきょうきゅうひ）

1932年、農村救済するための**救農土木事業**。公共土木事業に農民を就労させて、現金収入を得させるのが目的。

鐘淵紡績争議（かねがふちぼうせきそうぎ）

1930年、**鐘淵紡績**の工場で発生した**昭和恐慌期の争議**。恐慌下、人員整理、賃金値下げが相次ぎ、大規模な争議へと発展した。この恐慌下の争議として、22年の**野田醤油争議**、**東京市電争議**、30年の**東洋モスリン争議**がある。

教養レベル

価格等統制令（かかくとうとうせいれい）

1939年10月、値上げを禁止して公定価格を定めた。商品の価格を強制的に39年9月18日の水準にストップさせたが、需給の不均衡から闇価格が生まれた。国家総動員法に基づく勅令。

花岡事件（はなおかじけん）

1945年6月30日、秋田県花岡鉱山で中国人労働者が反抗決起した事件。中国人多数が虐殺された。戦後、90年に鹿島建設は謝罪を表明した。

知らなきゃやばいレベル

農山漁村経済更生運動（のうさんぎょそんけいざいこうせいうんどう）

1932年、**斎藤実**内閣の時に内務省と農林省が推進した**地域振興策**。自力更生と隣保共助による農村救済を提唱し、**産業組合の拡大で農民の結束をはかった**。これにより、総力戦体制の即応した農村機構が形成された。

臨時資金調整法（りんじしきんちょうせいほう）

1937年、**近衛文麿**内閣が公布。軍需産業へ資金確保を目的に、**不要産業への資金流出を抑えた**。

軍需優先

輸出入品等臨時措置法（ゆしゅつにゅうひんとうりんじそちほう）

1937年公布。不要・不急品の輸入禁止や戦時必要物資の輸出禁止などの**権限を商工大臣に付与**した。

一般常識レベル

七・七禁令（しち・しちきんれい）

1940年7月7日に施行された**奢侈《しゃし》品等《ひんとう》製造販売制限規則**の通称。戦争遂行や軍需生産の拡大には直接貢献しない貴金属・高級織物などの製造や販売をすべて禁止した。

食糧管理法（しょくりょうかんりほう）

1942年に**東条英機**内閣が制定。太平洋戦争開戦以降の食糧不足に対処するため施行。**主食は流通・価格の面で国家管理となった**。食糧事情の悪かった戦後は供給の過不足、価格の乱高下防止の役割を果たしたが、食糧管理会計の赤字増大、米過剰と減反《げんたん》政策などのため、95年に**新食糧法**が制定された。

関連

関連

教養レベル

切符制（きっぷせい）

配布された切符と引き換えに物資を購入する制度。1938年、綿糸が最初の切符制となり、40年以降は砂糖・マッチ・衣料・米・野菜・魚なども切符制・配給になる。だが「ヤミ」が横行し公定価格は守られなかった。

七・七禁令の後、
国民精神総動員運動の強化として、
興亜奉公日《こうあほうこうび》には「**ぜいたくは敵だ**」
の立看板をかかげて街頭に進出。
耐乏生活をうえつけた。

知らなきゃやばいレベル

戦時下の文化（せんじかのぶんか）

昭和初期の文学界の二大潮流は、**プロレタリア文学**と**新感覚派**だが、日中戦争が始まると**戦争文学**が隆盛した。

火野葦平（ひのあしへい）

戦闘渦中に兵隊の生々しい人間性を描き、戦地から送った従軍記『**麦と兵隊**』を著して、戦争文学の地位を高めた。

生きてゐる兵隊（いきているへいたい）

1938年発表の**石川達三**の著書。日本軍の残虐行為の描写で発禁。モデルになったのは、第16師団33連隊。

弾圧

一般常識レベル

矢内原忠雄（やないはらただお）

キリスト教的立場から、政府の植民地政策を批判した。著作に『**帝国主義下の台湾**』や論文『**国家の理想**』など。

神代史の研究（しんだいしのけんきゅう）

歴史学者・津田左右吉《つだそうきち》の著書。記紀の文献的研究をすすめ、神代説話の史実でないことを論証した。著書『**古事記及日本書紀の研究**』などがある。

昭和初期の文学の中で、
横光利一《よこみつりいち》の『日輪』や
川端康成の『伊豆の踊子』などは
新感覚派の代表作といわれている。

思想と弾圧

教養レベル

人民戦線事件（じんみんせんせんじけん）

日中戦争期の**左翼弾圧事件**。1937年に400名、38年には45名が検挙された。

転向（てんこう）

社会主義・共産主義の思想を放棄すること。1933年、**佐野学**が獄中から『**共同被告同志に告ぐる書**』を公表して転向を声明した。

滝川事件（たきがわじけん）

1933年、京大教授・**滝川幸辰**《ゆきとき》が共産主義的であるとして、著書『**刑法読本**』などが発禁となった事件。

12章

平和憲法下に続く平和時代

昭和時代戦後（現在まで）

1945年～現在

それまでと180度変わった日本政治の根幹をなす憲法

1945年8月、日本はポツダム宣言の受託により終戦を迎え、新しい憲法のもとで再出発することになった。**憲法の骨子は主権在民。つまり最大の権利は天皇ではなく、国民にあるということ**。同時に、戦前には規制されていた基本的人権の確立も認められた。さらにもう一つの大きなポイントが、戦争放棄である。戦争につながる、あらゆる武力を持たないとされた。

しかし、戦後わずか数年で警察予備隊が創設され、自衛隊へと進化していき、これと憲法との整合性は、現在にいたるまで論議が続けられている。その後、**日米安全保障条約をめぐる国民間の激しい対立など、いくつもの荒波を乗り超えながらも、日本は敗戦から見事な立ち上がりを見せたのである**。

連合国軍最高司令官総司令部（GHQ）
（れんごうこくぐんさいこうしれいかんそうしれいぶ・じー　えいち　きゅう）

ポツダム宣言に基づき、日本占領のために設置された中央管理機構。GHQが出す指令や勧告に基づいて日本政府が占領政策を実施する**間接統治方式**がとられた。

ダグラス・マッカーサー
アメリカ軍人。**連合国軍最高司令官**として日本の民主化を推進した。1951年の退任演説「老兵は死なず、ただ消え去るのみ」は有名。

知らなきゃやばいレベル

ポツダム宣言（ぽつだむせんげん）

ヨーロッパ戦後処理と対日戦争終結方策を討議。1945年7月26日に米・英・中3国の名で日本に降伏勧告をした。内容は**軍国主義の除去・日本の領土の範囲・日本軍の武装解除・戦争犯罪人の処罰・民主化促進**など。日本は8月14日、スイスを通じて受諾した。

ポツダム宣言後の領土

1. 中国に返還（直接統治）
日本の植民地だった台湾は国民政府（中国）に返還

2. 米軍の支配下（直接統治）
朝鮮半島南部、奄美大島・琉球諸島を含む南西諸島、小笠原諸島

3. ソ連の支配下（直接統治）
朝鮮半島北部・南樺太・千島列島

↓

4. 連合軍に占領（事実上米の間接統治）
残された日本全土

一般常識レベル

極東委員会（きょくとういいんかい）

1946年、ワシントンに設置された**連合国の日本占領最高機関**。米英など**11カ国で構成され**、のちパキスタン・ビルマが加わる。インドは参加しているが、インドネシアは参加していない。

↔ 日本統治

対日理事会（たいにちりじかい）

連合国軍最高司令官総司令部の諮問機関。1946年に開設され、**米・英・ソ・**中国の代表で構成された。米ソ冷戦のため、あまり機能しなかった。

敗戦国の日本は連合軍の占領下とされていたが、事実上は、アメリカ軍の単独占領となる。

教養レベル

重光葵（しげみつまもる）

降伏文書調印の日本全権。東京裁判で7年の禁固刑となりA級戦犯となって服役した。のち政界に復帰し、改進党の総裁を務めた。鳩《はと》山一郎《やまいちろう》内閣の副総理・外相として、日ソ国交回復、国連加盟を実現した。

東久邇宮稔彦（ひがしくにのみやなるひこ）

敗戦直後、軍部の不満を抑えるため皇室の権威が必要との理由で組閣。国体（天皇制）護持にこだわったが、GHQの人権指令に対応できずに総辞職した。その後、新興宗教教祖となる。

知らなきゃやばいレベル

極東国際軍事裁判
（きょくとうこくさいぐんじさいばん）

東京裁判ともいう。ポツダム宣言に基づき、1946～1948年まで、A級（平和に対する罪）戦犯28名の裁判。**東条英機《とうじょうひでき》・広田弘毅《こうき》・土肥原賢二《どひはらけんじ》・板垣征四郎《いたがきせいしろう》ら7名が絞首刑**となったが、そのうち広田は軍人ではなく文官出身であった。

新日本建設に関する詔書
（しんにっぽんけんせつにかんするしょうしょ）

1946年1月1日に出された**天皇の人間宣言の正式名称**。天皇の神格を否定して天皇制を存続させることを示したもの。五箇条の誓文を挿入し、**天皇制の枠内で民主主義の方向を示す**。

一般常識レベル

五大改革指令
（ごだいかいかくしれい）

1945年、マッカーサーが幣原《しではら》喜《き》重《じゅう》郎《ろう》首相に口頭でいった政治改革の指令。①婦人の解放、②労働組合の助長、③教育の自由主義化、④経済の民主化、⑤圧政的諸制度の撤廃を指した。

公職追放
（こうしょくついほう）

1946年1月、GHQは、戦争指導者や協力者約21万人を追放した。

部落解放全国委員会
（ぶらくかいほうぜんこくいいんかい）

部落解放運動をすすめるため、1946年に結成された組織。22年結成の全国水平社の運動を受け継ぎ、差別がなくなることを目指した。55年には部落解放同盟に発展した。

解説

教養レベル

五大改革指令の内容

❶婦人の解放
婦人の選挙権の確立。1946年、日本自由党などから39名が当選。婦人代議士が誕生。

❷労働組合の助長
労働組合法、労働関係調整法・労働基準法の**労働三法を制定**。

❸教育の自由主義化
教育基本法の理念に基づき六・三・三・四制（**学校教育法**）を採用。

❹経済の民主化
農地改革、**財閥解体**を行う。

❺圧政的諸制度の撤廃
治安維持法および**治安警察法**の撤廃、**特別高等警察**の廃止など。

知らなきゃやばいレベル

日本国憲法（にほんこくけんぽう）

全文103条。1946年11月3日に公布、47年5月3日から施行された。この憲法は大日本帝国憲法の改正という形をとったが、天皇主権から国民主権に変わるなど多くの点で根本的に異なっている。日本国憲法の柱は、**国民主権**と**象徴天皇制**、**戦争の放棄**、**基本的人権の尊重**である。

日本国憲法の３原則
①主権在民
②平和主義（第２章９条）
③基本的人権の尊重

一般常識レベル

日本進歩党（にほんしんぽとう）

1945年12月、旧立憲民政党の流れをくむ**町田忠治**《ちゅうじ》が総裁に。47年に解党し、日本自由党の反吉田派と国民協同党が合流して日本民主党を結成した。

二・一ゼネスト中止指令（に・いちぜねすとちゅうしれい）

1947年2月1日、官公庁労働者の一斉ストライキが計画されたが、前日にGHQの指令で中止となった。これは**占領政策**を示すものである。

政令201号（せいれい201ごう）

占領軍の戦後民主化政策の転換に対応して、1948年**芦田均**《あしだひとし》内閣は国家公務員の団結権のみ残し、**団体交渉権と争議権を奪った**。

教養レベル

三鷹事件（みたかじけん）

1949年7月15日、中央線三鷹駅で無人電車が暴走し多数の死傷者を出した事件。**国鉄労組員**の犯行とされた。

警察予備隊（けいさつよびたい）

1950年、朝鮮戦争の直後、**マッカーサー**により創設された。7万5000人を公募し、日本再軍備の第一歩となった。のち**保安隊**、**自衛隊**へと流れ、現在に至っている。

知らなきゃやばいレベル

サンフランシスコ平和条約
（さんふらんしすこへいわじょうやく）

日本と連合国48カ国との間で、1951年9月8日に締結した。翌52年4月28日に発効し、**日本は主権を回復して独立を達成**した。第2条で**千島列島**、**樺太の南部**、**朝鮮**・**台湾**などに対する権利放棄、第3条で**沖縄**・**小笠原諸島**を国連の信託統治制度に基づいて、アメリカの施政権下に置くことを認めた。日本主席全権は**吉田茂《しげる》首相**。

ほぼ同時調印

日米安全保障条約
（にちべいあんぜんほしょうじょうやく）

1951年9月8日、サンフランシスコ平和条約と同日に調印された。**米軍の駐留権**・**日本への防衛義務なし**・**内乱時の米軍出動**などを規定した。

細目協定

一般常識レベル

日米行政協定
（にちべいぎょうせいきょうてい）

1952年、国務大臣・**岡崎勝男《かつお》**と米国国務次官補・**ラスク**との間で調印。日本政府は**無償で米軍の軍事施設および防衛分担金を提供**する、**関税入港料の免除**などを内容とした。

サンフランシスコ平和条約（1951）

選択

単独講和		全面講和
吉田茂	VS	大内兵衛
小泉信三		安倍能成
		南原繁

日本社会党左派は、ソ連・中国を含む全面講和を主張したが、第三次**吉田茂内閣**は、米軍の駐留を許容。**単独講和を決意**した。

教養レベル

破壊活動防止法
（はかいかつどうぼうしほう）

団体等規正令に代わる**治安法規**として1952年に成立。5月1日、皇居前広場のメーデー事件がきっかけ。

MSA協定
（えむえすえーきょうてい）

日米相互防衛援助協定。1954年、アメリカの相互安全保障法によって、日本はアメリカから軍事・**経済援助**を受ける代わりに、**防衛力増強**を義務づけられた。

MSA協定で
自衛隊が発足した。

知らなきゃやばいレベル

内灘事件（うちなだじけん）

1952年に起こった、石川県内灘村の米軍試射場に対する、地元住民や労働組合員による反対闘争。のちの**基地反対闘争の契機**となる。

第5福竜丸（だいごふくりゅうまる）

1954年3月、ビキニ環礁でのアメリカの水爆実験で放射能灰を浴びた。ミクロネシア住民も被爆して、**原水爆禁止運動が全国化**した。

四大公害裁判（よんだいこうがいさいばん）

日本の高度経済成長期に、重化学工業化による産業公害が拡大。四つの公害に対して、被害者住民が起こした裁判。

解説

四大公害訴訟

公害	企業
四日市ぜんそく（三重県）	四日市石油化学コンビナート
新潟水俣病（新潟県・阿賀野川）	昭和電工
水俣病（熊本県）	新日本窒素肥料
イタイイタイ病（富山県・神通川）	三井金属鉱業

すべて患者側の全面勝利

一般常識レベル

日米相互協力及び安全保障条約（にちべいそうごきょうりょくおよびあんぜんほしょうじょうやく）

1960年、**岸信介**《きしのぶすけ》首相とアイゼンハワー大統領がワシントンで調印。在日米軍が日本や「極東」で軍事行動を起こすときの事前協議が定められ、**アメリカの日本防衛義務が明文化**された。条約の改定期間は10年間とされた。

教養レベル

原子力基本法（げんしりょくきほんほう）

1955年、鳩山一郎内閣が制定。日本の原子力の研究、開発、利用は平和目的のみに限られること、それも民主・自主・公開の3つの原則に基づいてすすめられることを明記した法律。

国防会議（こくぼうかいぎ）

1956年、国防に関する重要事項の審議をはかるのが目的。57年、岸信介内閣の時代に防衛力整備計画を定める。86年安全保障会議に改組された。

非核三原則（ひかくさんげんそく）

沖縄返還交渉の中で形成された日本政府の核政策の基本原則。1967年の**佐藤栄作《えいさく》**首相の国会答弁から、**日本は核兵器を「持たず、つくらず、持ち込ませず」**とした。

これで佐藤栄作は
1974年
ノーベル平和賞を
受賞した。

沖縄返還協定（おきなわへんかんきょうてい）

1971年、沖縄をアメリカ統治から日本の施政下に復帰させた協定。嘉手納基地をはじめとする米軍基地の継続使用などの問題点を残す。**沖縄返還実現は72年5月15日。**

日本列島改造論（にほんれっとうかいぞうろん）

1972年、**田中角栄《かくえい》**が発表した開発計画。全国新幹線や高速道路網の建設によって地域開発を提案。その結果、**土地投機とインフレを誘発**した。

ロッキード事件（ろっきーどじけん）

アメリカロッキード社の飛行機売り込み工作。**児玉誉士夫《こだまよしお》**らを通じて**日本の政官財界に賄賂を贈った汚職事件**。**田中角栄前首相**をはじめ、全日空・丸紅幹部らが逮捕・起訴。田中は一・二審有罪のまま死去した。なお、ロッキード事件が表面化したのは、1976年の**三木武夫《たけお》**内閣のときである。

前首相の逮捕

減量経営（げんりょうけいえい）

高度成長期の拡大経営を変更し、人員整理、新規採用の縮小、不採算部門の見直し、余分な不動産の売却、経費節減などを行い借入金を返済して、**自己資本比率を高める経営**。

新自由主義（しんじゆうしゅぎ）

政府が資金を民間にまわす、**規制緩和**や**公企業の民営化**を目指す。**中曽根康弘《なかそねやすひろ》**政権が電電公社（NTT）、専売公社（JT）、国鉄（JR）の民主化を断行。**小泉純一郎《じゅんいちろう》**政権は郵政民営化を断行。

知らなきゃやばいレベル

防衛費1%枠
（ぼうえいひ1ぱーせんとわく）

防衛計画の大綱のもとで、防衛政策を推進する毎年度の予算枠として、1976年11月、**三木武夫**内閣によって日本の防衛費をGNP（国民総生産）の**1%以下に抑制する、と閣議決定**された。

男女雇用機会均等法
（だんじょこようきかいきんとうほう）

1985年、**中曽根康弘**内閣制定、翌年施行した。男女の**雇用差別を禁止**する法律。性別を理由にして差別を禁止することが定められ、看護婦が看護師に、スチュワーデスが客室乗務員に名称変更された。また、母性保護のために、企業が女性労働者の通院を妨げないという規定もあった。

一般常識レベル

環境基本法
（かんきょうきほんほう）

1993年、**環境政策全体に関する基本方針を示すための法律**。国や地方公共団体、事業者などの責務を明示した。

アベノミクス

2012年、第二次**安倍晋三**《しんぞう》内閣の政策。「大胆な金融政策」「機動的な財政政策」「民間投資を喚起する成長戦略」をもって**「三本の矢」**と呼ばれた。

三本の矢の内容

1. 金融緩和
紙幣を大量発行して積極的に融資をすることで景気を回復。

2. 財政政策
「公共事業」を国が発注することで賃金がアップ。景気が回復。

3. 成長戦略
将来有望な新しい産業を育てて、利益を上げやすい環境を整える。

教養レベル

リクルート事件
（リクルートじけん）

1988年に発覚した疑獄事件。リクルート社が子会社リクルートコスモス社の**未公開株を多くの政官財界関係者に譲渡**した事件。89年**竹下登**《のぼる》内閣は退陣した。

平和安全法制
（へいわあんぜんほうせい）

日本と国際社会の平和と安全のため、自衛隊法など10本の法律を一括改正した**平和安全法制整備法と国際平和支援法の総称**。2016年3月29日に施行、集団的自衛権の行使を容認する内容だと、批判的な立場からは「戦争法」と呼ばれる。

関係国との戦後精算から全方位外交へ

戦**後すぐに日米安全保障条約を結び、新しい国際関係の基本路線を設定**した日本は、続いてソ連（当時）との共同宣言、さらには台湾との日華平和条約を結び、戦後の国際平和へと歩みをすすめた。**中国との関係はスムーズにはすすまなかったが、1972年、田中角栄首相が北京を訪問。日中国交正常化を果たし**、その6年後には日中平和友好条約が締結。次いで、韓国との日韓基本条約も締結され、2002年には、当時の小泉純一郎首相が北朝鮮の平壌《ぴょんやん》を電撃訪問して、国交正常化交渉に着手した。

しかし、日米間ではTPP（環太平洋パートナーシップ協定）などをめぐる厳しい対立があり、湾岸戦争をめぐっては日本の協力が強く求められ、世界との関係を変化させる必要に迫られた。

核兵器拡散防止条約（かくへいきかくさんぼうしじょうやく）

1970年、**佐藤栄作**内閣のときに調印・発効した。非核保有国が新たに核兵器を保有することや、核保有国が非保有国に核兵器を渡すことを禁止した条約。日本は1976年批准したが、中国・フランスは調印しなかった。

核兵器拡散状況

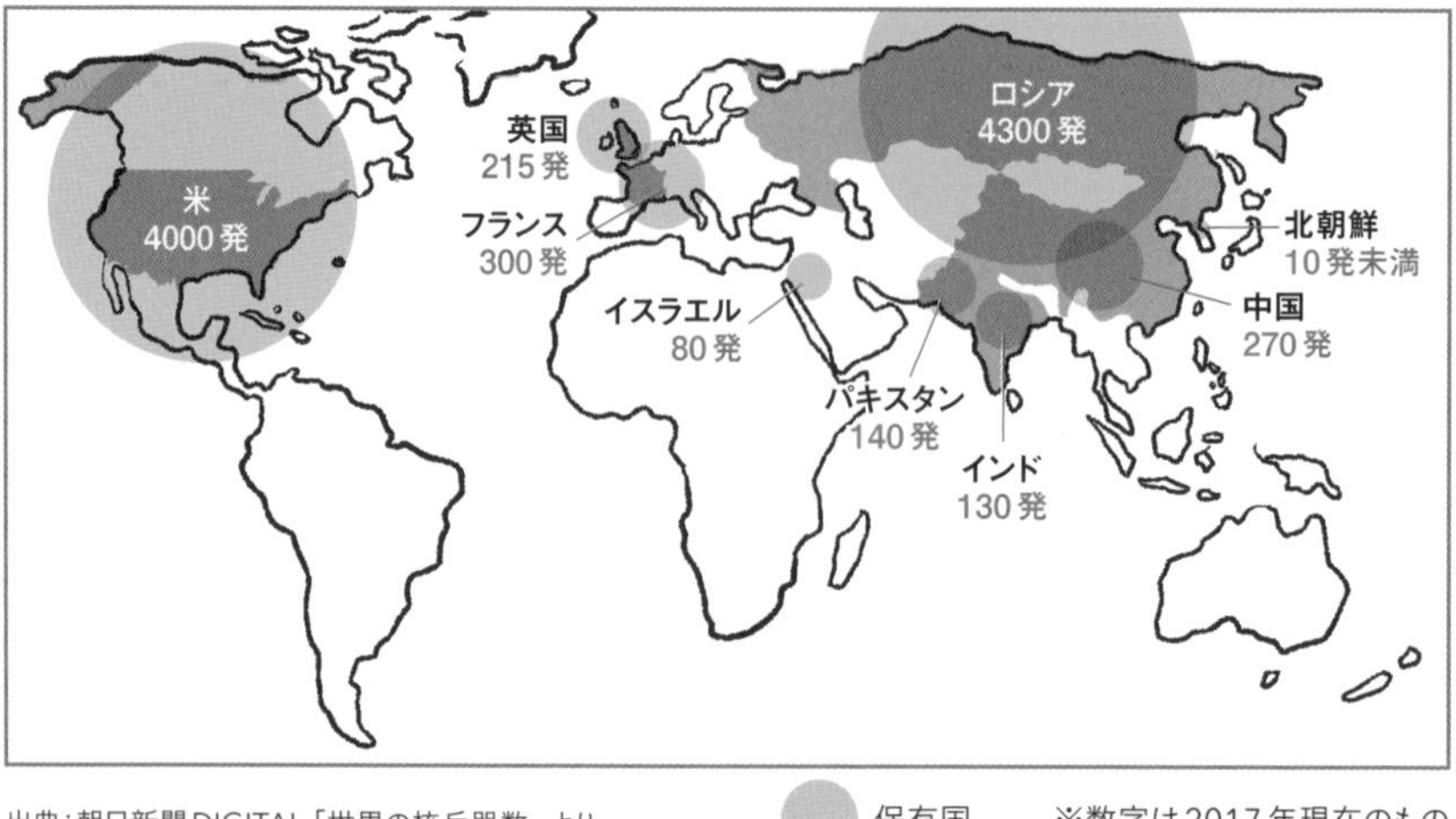
ロシア
4300発
英国
215発
米
4000発
フランス
300発
北朝鮮
10発未満
イスラエル
80発
中国
270発
パキスタン
140発
インド
130発
保有国
※数字は2017年現在のもの

出典：朝日新聞DIGITAL「世界の核兵器数」より

知らなきゃやばいレベル

朝鮮戦争（ちょうせんせんそう）

1950年6月、北緯38度線での**大韓民国と朝鮮民主主義人民共和国との戦争**。米・ソ陣営がそれぞれ援助介入した。53年に板門店《はんもんてん》で休戦協定が調印された。

日ソ共同宣言（にっそきょうどうせんげん）

1956年、ソ連の**ブルガーニン**首相と**鳩山一郎**首相がモスクワで調印した。戦争状態の終結、日本の国際連合加盟の支持などを規定した。

日華平和条約（にっかへいわじょうやく）

1952年、台湾の**国民政府と調印**。72年、日中国交正常化により無効となった。

一般常識レベル

北大西洋条約機構（きたたいせいようじょうやくきこう）

略称**NATO**。ソ連を中心とする社会主義勢力への対抗のため、1949年に成立した**アメリカや西欧諸国の軍事同盟**。ソ連側は55年に、東欧8カ国の**ワルシャワ条約機構を結成**した。

アジア・アフリカ会議（あじあ・あふりかかいぎ）

略称A・A会議。1955年インドネシアのバンドンで開催。史上初のA・A首脳による国際会議で29カ国参加。**反植民地主義・反帝国主義・平和共存などの平和十原則を採択**した。米ソ対立の中で中立主義の第三勢力として発言力を強化した。

教養レベル

LT貿易（えるてぃーぼうえき）

日中総合貿易に関する覚書。政経分離の方針のもと、貿易の拡大をはかった。Lは**廖承志**《りょうしょうし》、Tは**高碕達之助**の頭文字。

安全保障理事会（あんぜんほしょうりじかい）

国際連合の中心的機関。米・英・ソ・中・仏の常任理事国と10の非常任理事国計15カ国で構成。

知らなきゃやばいレベル

日韓基本条約

（にっかんきほんじょうやく）

1953年の朝鮮戦争休戦から12年後の65年、**日本と大韓民国との国交樹立を定めた条約**。**「朝鮮における唯一の合法政府」として韓国を認めた**。外交関係の開設、1910年以前の条約無効確認などを定めている。ただし、両国間には竹島の領有権問題がある。

日中平和友好条約

（にっちゅうへいわゆうこうじょうやく）

1978年、**福田赳夫**内閣調印。覇権条項（第三国の他国への侵略）をめぐって交渉が長びく。批准書交換のため**鄧小《とうしょう》平《へい》**副首相が来日した。①**日中両国関係発展の指針**、②**覇権反対の表明**、③**経済・文化関係の発展と国民交流の促進**などが規定された。

一般常識レベル

天安門事件

（てんあんもんじけん）

1989年、民主化を求めて北京の天安門広場に集まっていた学生や市民が、人民解放軍によって鎮圧され、多数の死傷者を出した事件。世界中が批判した。

ベルリンの壁

（べるりんのかべ）

第二次世界大戦後の1961年、ソ連はドイツを東西に分けてベルリンの壁を築き、自由な交通を禁止した。しかし、89年11月に壁が崩壊し、翌90年に東西ドイツの統一が実現した。

1989年の12月、
米ソ首脳が地中海の
マルタ島で会談し、
東西冷戦終結を宣言。
91年には
ソ連が崩壊した。

教養レベル

OECD

（おーいーしーでぃー）

経済協力開発機構。先進国クラブとも呼ばれる。日本は1964年に加盟。加盟国の経済、雇用安定・貿易拡大・発展途上国援助などをはかり、外国からの投資制限撤廃と貿易の自由化が義務づけられた。

協調介入

（きょうちょうかいにゅう）

1985年の先進5カ国蔵相・中央銀行総裁会議（G5）で、為替市場への協調介入（ドル売り）に合意。1ドル240円台から150円台へと円が高騰し、円高不況にみまわれた。

知らなきゃやばいレベル

京都議定書（きょうとぎていしょ）

地球温暖化防止に関して、1997年の国連気候変動枠組条約の第3回締約国会議で採択。**先進国の温暖効果ガスの排出削減目標が定められた**。日本は2002年に批准し05年発効した。

環太平洋経済連携協定（かんたいへいようけいざいれんけいきょうてい）

TPP。太平洋を囲む国々が、**関税などをなくして自由な経済圏をつくる**取り組み。関税撤廃による国内農林水産業への影響などを懸念して、農協や漁協などの生産者団体を中心に参加に反対する意見もある。

一般常識レベル

湾岸戦争（わんがんせんそう）

1990年8月、イラクによるクウェート侵攻をきっかけに起きた国際紛争。アメリカを中心とする多国籍軍が91年1月、イラクに攻撃を開始し、クウェート全土を解放。日本は130億ドルを負担し、**自衛隊の掃海艇《そうかいてい》を派遣**した。

日朝平壌宣言（にっちょうぴょんやんせんげん）

2002年、**小泉純一郎**首相が北朝鮮を訪問。当時の**金正日《きむじょんいる》**総書記と会談して**日朝平壌宣言に署名**し、**国交正常化交渉を再開**した。しかし、日本人の拉致問題や北朝鮮の核兵器開発問題など、交渉は難航している。

教養レベル

PKO協力法（ぴーけーおーきょうりょくほう）

国連平和維持活動協力法。1992年成立。国連が行う平和維持活動に協力し、人道的な国際救護活動に日本が参加するための根拠法。これによりカンボジアに自衛隊が派遣された。

G20サミット

2019年、大阪サミットで世界共通のビジョンとして、2050年までに海洋プラスチックごみをゼロにすることを目指す「大阪ブルー・オーシャン・ビジョン」を共有。

戦争による壊滅的な打撃から大復興をとげた驚異の経済力

朝鮮戦争による特需をきっかけに、**大きく成長した戦後の日本経済**。**それは池田勇《はや》人《と》内閣の所得倍増計画、田中角栄内閣の日本列島改造論などによって加速された**。経済の大きな発展は、神武景気、岩戸景気と称され、日本始まって以来の活況を呈したのである。戦後10年が経つと、「もはや戦後ではない」と経済白書が宣言。さらに1964年に開催された東京オリンピックをステップボードにして、世界の経済大国へと上りつめたのである。

しかし、その後は決して平たんな道のりではなかった。**73年の第一次石油危機やバブル崩壊、さらには2008年のリーマン・ショックなどの障害**という大きな危機を乗り越え、現在に至っているのである。

高度経済成長（こうどけいざいせいちょう）

1955年の神武景気から1973年の第一次石油危機まで、**日本経済は毎年10%以上の経済成長率を達成**した。そのため、1968年には**国民総生産**（GNP）は資本主義国では、西ドイツを抜いてアメリカに次ぐ**世界第2位**となった。

高度経済成長をもたらした昭和の三大景気と朝鮮特需

特需《とくじゅ》 (1950～53)	**「特殊需要」**の略。朝鮮特需のこと。朝鮮戦争で国連軍が行った軍需資材の買い付けや運輸・修繕により需要が高まった。
神武《じんむ》景気 (1955～57)	設備投資と外国技術導入で生産激増。1956年の経済白書で**「もはや戦後ではない」**と謳われた。
岩戸《いわと》景気 (1958～61)	エネルギーを石油へ転換。工業地帯の開発がすすみ、農村人口が都市に急速に吸収された。
いざなぎ景気 (1965～70)	自動車や家電製品など耐久消費財の需要が拡大し、設備投資が増大。「昭和元禄」とも呼ばれた。

高度成長は日本の経済を発展させたが、一方で公害問題など社会問題も発生させた。

知らなきゃやばいレベル

金融緊急措置令
（きんゆうきんきゅうそちれい）

大蔵大臣・**渋沢敬三**《しぶさわけいぞう》がラジオ放送で伝えた宣言。1946年2月、敗戦後の急激なインフレ抑制のために行われた**預金の封鎖・日銀券の流通停止・新円への切りかえ・財産税の新設などの措置**。これによって、当時600億円にものぼった日銀券発行高は急速に縮小し、インフレ進行は一時的に小康を保った。しかし、抜け道が多く、抑制効果は乏しかった。

公正取引委員会
（こうせいとりひきいいんかい）

独占禁止法の違反行為を監視するために、1947年に設置された機関。一般消費者にとって不利益になるような競争を実質的に制限することとなる**企業結合を禁止**することができる。

監視

一般常識レベル

独占禁止法
（どくせんきんしほう）

正式名は「私的独占の禁止及び公正取引の確保に関する法律」。1947年成立のカルテル・トラストなど独占的**企業結合や不公平な取引を禁止する法律**。執行機関として公正取引委員会が設立され、違反事件の監視・審判などにあたった。77年に独占禁止法は改正され、石油危機により、カルテルや買い占めによる不正をなくすべく課徴金制度の導入が盛り込まれた。

GHQは戦前の
経済基盤＝軍事基盤と考え、
三井、三菱、住友、安田などの
15財閥の資産凍結と
解体を命じて、
経済を集中させないようにした。

教養レベル

傾斜生産方式
（けいしゃせいさんほうしき）

1947年、日本経済復興のため、**復興金融金庫**を設立して鉄鋼・石炭など基礎産業に資金資材を投入した政策。生産は上昇し始めたが、赤字財政の中での巨額の資金投入により、インフレが進行した。

関連

昭和電工事件
（しょうわでんこうじけん）

1948年、昭和電工社長・日野原節三《ひのはらせつぞう》らによる復興金融金庫からの融資をめぐる政官界の贈賄事件。

知らなきゃやばいレベル

農地改革（のうちかいかく）

GHQの指令により1946年から2回に渡り実施された**農業の民主化改革**。地主と小作の関係を変革し、自作農の創設を目指した。寄生地主はほぼ一掃され農村の民主化がはかられたが、山林の解放は行われず、山林地主は残存した。

← 2次

自作農創設特別措置法（じさくのうそうせつとくべつそちほう）

1946年10月に成立した第二次農地改革を定めた法律。**寄生地主の否定**、**小作料の金納化**などを内容とした。

農業協同組合（のうぎょうきょうどうくみあい）

1947年、農地改革で誕生した**自作農保護**のためにつくられた組織。

解説

一般常識レベル

農地改革（第一次）	→	農地改革（第二次）
地主の小作地保有限度を5町歩とする	→	地主の小作地保有限度を1町歩とする（北海道4町歩）
土地は地主と小作人の協議で売却される	→	土地は国家が強制的に買い上げて小作人に安く売る
小作料は金納化（物納も可）	→	小作料金納は田25%、畑15%（最高限度）
農地委員会は地主5人：自作5人：小作5人：の割合で選出	→	農地委員会は地主3人：自作2人：小作5人：の割合で選出

→ **自作農 87.0%　小作農 13.0%**　農地改革により自作農が増え農業経済が健全化した

※数字は1949年時点のもの

教養レベル

経済安定九原則（けいざいあんていきゅうげんそく）

1948年、日本経済の自立による**アメリカの対日援助軽減**を目的に発せられた。徴税強化・賃金安定・予算均衡・融資制限・価格統制・貿易管理改善・輸出振興・原料増産・食糧供出がある。

自作農とは自己の所有する土地を耕作するか、借地している部分を含んでいる場合でもその耕作土地の90%以上が自己の所有地である農家のこと。

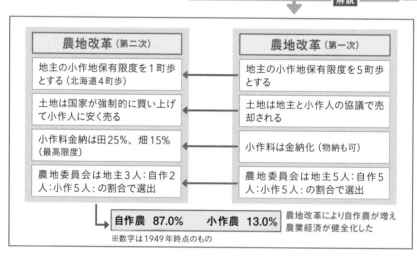

知らなきゃやばいレベル

ドッジ・ライン

GHQ経済顧問・ドッジが1949年の経済安定九原則を具体化した政策。①1ドル＝360円の単一為替レート、②価格差補給金の廃止、③復興金融金庫の融資停止などの内容で、インフレ克服のために赤字を許さない予算編成とした。**集中生産方式・集中金融を強行**し、**見返資金特別会計を設置**して輸出の増進をはかった。

シャウプ勧告（しゃうぷかんこく）

1949年に来日したコロンビア大学教授・シャウプの租税改革案。①**所得税中心主義の徹底**、②**平衡交付金制度**、③**地方税の独立**、④**資本蓄積減税措置**などを主な内容とした。

↑ 不況解消

↕ 関連

一般常識レベル

特需（とくじゅ）

「特殊需要」の略。この時代では朝鮮特需を指すことが多い。1950年、朝鮮戦争のために国連軍が行った軍需資材の買付けや運輸・修繕に対する注文で、ドル支払いが行われ、**50～53年の間で9.8億ドルにも達した**。この景気によって、ドッジ・ラインによる不況は解消され、鉱工業生産も戦前の水準に回復した。

地方税の独立（ちほうぜいのどくりつ）

シャウプ勧告に基づく第二次世界大戦後の地方税制は、**地方自治強化のため**に、**原則として独立税**がとられた。付加税主義を原則とした戦前の地方税とは異なる。

教養レベル

年率10％前後の経済成長（ねんりつ10ぱーせんとぜんごのけいざいせいちょう）

技術革新と設備投資に基づく持続的な経済成長。1955年から73年秋の石油危機が起こるまで続く。

ガリオア資金（がりおあしきん）

食糧・医薬品・肥料・石油類・塩など**生活必需物資を供給するための資金**。1949～1951年まで、21億4000万ドルにおよぶ物資供給を受けた。

知らなきゃやばいレベル

所得倍増計画（しょとくばいぞうけいかく）

1960年、**池田勇人**内閣のスローガン。10年以内に国民所得を2倍にする計画。実際には7年で目標達成した。

経済白書の言葉

もはや戦後ではない

1956年の『経済白書』より。戦後の経済復興が一段落し、近代化と技術革新による成長が今後の課題だと判断した。

消費革命

1959年の『経済白書』より。高度経済成長にともない所得水準が上昇、大量生産・大量消費が日常化して消費の拡大がみられた。

投資が投資を呼ぶ

1960・61年の『経済白書』より。設備投資は限界があるとするのが常識だが、昭和30年代前半はさらに設備投資を誘発し続けた。

一般常識レベル

開放経済体制（かいほうけいざいたいせい）

モノ・カネ・ヒトの移動が、自由化された経済体制。自由貿易を前提とする。日本でも、**IMF8条国への移行、輸入制限品目の減少、原則100％資本の自由化**などにより、自由化された。

IMF8条国（あいえむえふはちじょうこく）

1964年、IMF（国際通貨基金）協定第8条の規定を受諾した国。**経常取引の為替制限の廃止、貿易自由化、差別的通貨措置の撤廃**などが求められた。

⇔ 自由化

GATT（がっと）

「関税及び貿易に関する一般協定」の略称。1963年に**GATT11条国へ移行**し、貿易制限ができなくなった。

教養レベル

六大企業集団（ろくだいきぎょうしゅうだん）

開放経済体制下で国際競争激化に対応し、**六大都市銀行が形成**された。六大企業集団は次の6行を指す。

- 三井（現・三井住友）
- 三菱（現・三菱ＵＦＪ）
- 住友（現・三井住友）
- 富士（現・みずほ）
- 三和（現・三菱ＵＦＪ）
- 第一（現・みずほ）

国民に中流意識が広がる。
1953年頃の国民の三種の神器
・白黒テレビ・冷蔵庫・洗濯機
1960年代後半頃の新三種の神器
・カラーテレビ・クーラー・自動車

知らなきゃやばいレベル

第一次石油危機（だいいちじせきゆきき）

1973年10月、第四次中東戦争で、**アラブ諸国が石油輸出価格を4倍に引き上げ**て起こった石油価格の上昇。

↕ 関連

狂乱物価（きょうらんぶっか）

物価が急騰し、経済の混乱を招くこと。1973年と79年の**2度に渡る石油危機が代表**。石油に関連のない製品まで値上げされ、物価は異常に上昇した。

貿易摩擦（ぼうえきまさつ）

1980年代、日本の貿易黒字の拡大は**欧米との間に摩擦**を生み、繊維・テレビ・自動車などの輸出を抑え、輸入を増やせという要求が激しくなった。

バブル経済（ばぶるけいざい）

1980年代後半～1990年代初めまで。**株**・**債権**・**土地**・**建物**などの資産価値や評価益が異常に高騰すること。その後、株の大暴落でバブルは崩壊、日本列島総不況の時代に。

一般常識レベル

超低金利政策（ちょうていきんりせいさく）

低金利にして資金量を増大し、経済活動を刺激することがねらい。2001年の秋から史上最低の0・1%となった。2006年ゼロ金利政策を解除。

リーマン・ショック

2008年9月15日、米の投資銀行リーマン・ブラザーズ・ホールディングスが経営破綻したことに端を発して、**世界規模の金融危機が発生**。

教養レベル

東日本大震災復興基本法（ひがしにほんだいしんさいふっこうきほんほう）

東日本大震災からの**復興に関する基本理念などを定める法律**。2011年3月11日に起きたM9.0の東日本大震災は、死者・行方不明者1万8428人（2020・3・7現在）近くの大きな被害を出した。

2020年3月、中国湖北省《こほくしょう》を発端に
全世界に広がった**新型コロナウイルス**。
世界保健機関（WHO）は
「**パンデミック**」と表明、
世界的経済危機に。

占領下の統制された文化から自由文化、そしてデジタル文化へ

1949年、湯川秀樹が日本人初のノーベル物理学賞を受賞。以後2019年まで、28名の日本人がノーベル賞を受賞して、日本文化の発展に寄与した。大衆文化では、1964年の東京オリンピックを契機にテレビ時代が到来。**2000年代に入ると、パソコンに続き、携帯電話、スマートフォンが普及して、デジタル文化時代へと突入した。**文学では、純文学で大江健三郎や安部公房《こうぼう》などがすぐれた作品を発表。新しい文学の流れとして中間小説が生まれ、松本清張《せいちょう》の社会派推理小説、司馬遼太郎《しばりょうたろう》の歴史小説、有吉佐和子や山崎豊子の社会派小説など、多くのベストセラーが生み出された。この流れは、浅田次郎、宮部みゆき、東野圭吾など、現代の人気作家へとつながっている。

日本万国博覧会（にっぽんばんこくはくらんかい）

1970年3～9月、大阪府吹田市千里丘陵で開催された。統一テーマは「人類の進歩と調和」。中央広場の「**太陽の塔**」がシンボルであった。2005年には**愛知万博**が開催。

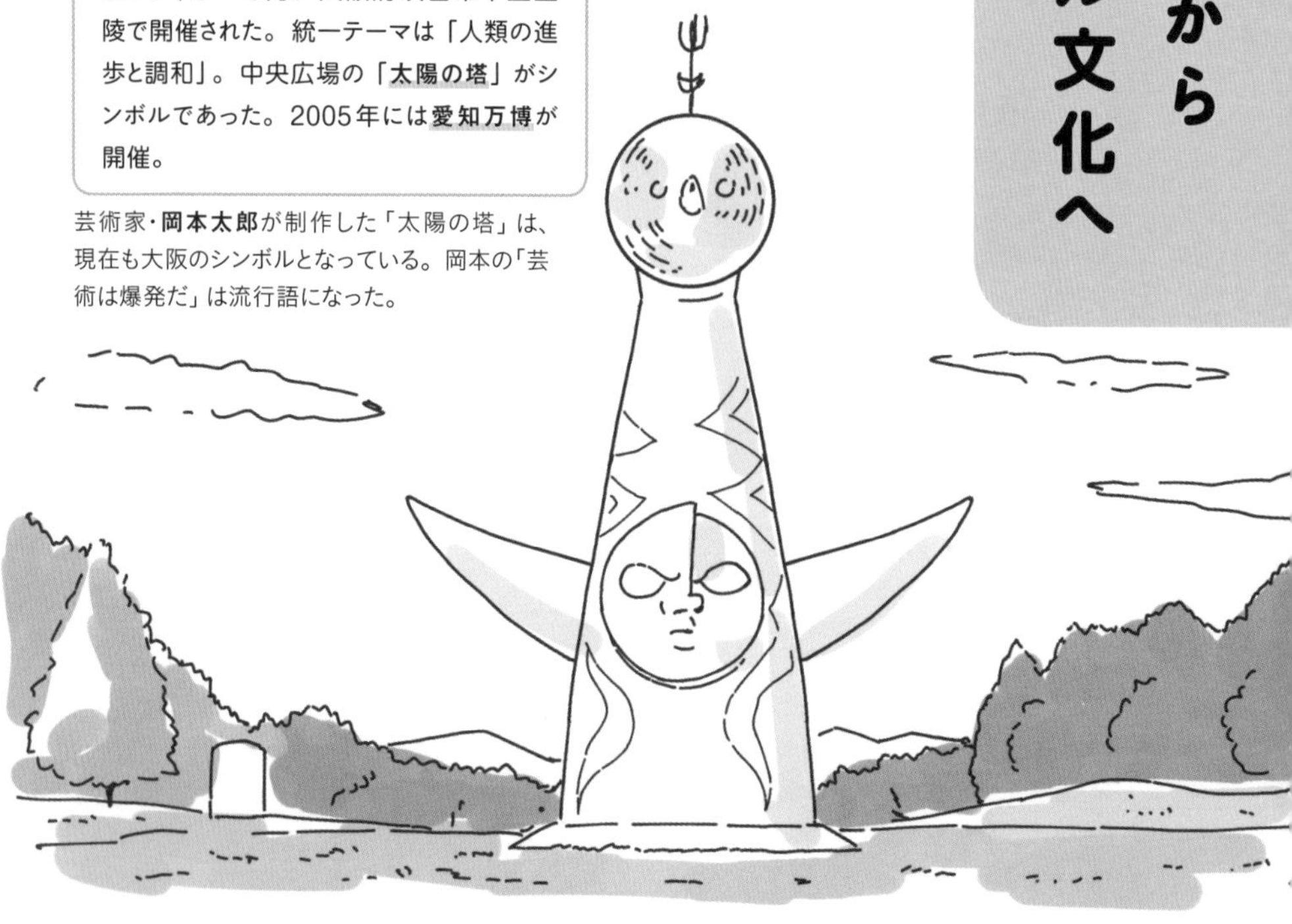

芸術家・**岡本太郎**が制作した「太陽の塔」は、現在も大阪のシンボルとなっている。岡本の「芸術は爆発だ」は流行語になった。

知らなきゃやばいレベル

教育基本法（きょういくきほんほう）

1947年制定。**教育の機会均等・義務教育9年制・男女共学**などを規定した。

学校教育法（がっこうきょういくほう）

1947年3月、教育基本法の理念に基づき制定された。**六・三・三・四制を採用**した。

教育委員会（きょういくいいんかい）

1948年、教育行政の地方分権化をはかるため、**各都道府県市区町村に教育委員会を設置**。当初は公選制だったが、56年から自治体首長の任命制に変わった。

提案

一般常識レベル

アメリカ教育使節団（あめりかきょういくしせつだん）

1946年、来日したストッダード団長を中心とした27名の教育使節団。六・三・三・四制・男女共学などを提案した。

文化勲章（ぶんかくんしょう）

1937年の文化勲章令で制定。科学技術や芸術など功績のある者に、**天皇から授与される日本の勲章**。49年に復活した。

湯川秀樹（ゆかわひでき）

受賞

1949年、京都大学理学部教授（受賞時）で理論物理学者の湯川秀樹が、原子核の陽子と中性子を結びつける粒子中間子の実在を理論的に予言して**日本人初のノーベル物理学賞**を受賞。

教養レベル

日本学術会議（にほんがくじゅつかいぎ）

1946年に設置された科学学界の最高代表機関。科学の向上発展をはかり、行政・産業・国民生活に科学を反映・浸透させることを目的とした。

宗教法人法（しゅうきょうほうじんほう）

1951年、国家と神道の分離指令のもと、神社神道は民間宗教として再出発した。

知らなきゃやばいレベル

川端康成（かわばたやすなり）

1968年、ノーベル文学賞を受賞。**横光利一**《よこみつりいち》らと共に新感覚派として活躍した。戦後は**『千羽鶴』『山の音』**など優れた作品を世に出した。代表作は**『伊豆の踊子』『雪国』**など。72年、神奈川県の逗子でガス自殺した。

野間宏（のまひろし）

第一次戦後派。軍隊経験を素材にした**『真空地帯』**、第二次世界大戦前の革命運動とエゴイズムを描いた**『暗い絵』**で、戦後文学の代表作家となった。

戦後登場の
文学者を、

「第一次戦後派」

「第二次戦後派」

「第三の新人」

などと呼んだ。

雑誌

一般常識レベル

思想の科学（しそうのかがく）

1946年5月、**鶴見俊輔**《つるみしゅんすけ》、**丸山真男**《まさお》らが創刊した雑誌。

世界（せかい）

1946年1月、岩波書店が創刊した総合雑誌。**安倍能成**《よししげ》**・志賀直哉**《なおや》の協力。

展望（てんぼう）

1946年1月、筑摩書房が創刊した総合雑誌。

中間小説（ちゅうかんしょうせつ）

純文学と大衆文学の要素を持つ。**司馬**《しば》**遼太郎**《りょうたろう》『坂の上の雲』、**有吉佐和子**『恍惚の人』、**松本清張**《せいちょう》『点と線』など。

教養レベル

戦後の文学

第一次戦後派	野間宏 『真空地帯』	椎名麟三 『深夜の酒宴』	梅崎春生 『桜島』
第二次戦後派	大岡昇平 『武蔵野夫人』	三島由紀夫 『仮面の告白』	安部公房 『砂の女』
第三の新人	吉行淳之介 『驟雨』	安岡章太郎 『悪い仲間』	遠藤周作 『沈黙』

ノーベル賞受賞者一覧			
1949	**湯川秀樹**	物理学賞	中間子の実在を理論的に予言
1965	**朝永振一郎**	物理学賞	量子電磁力の発見に貢献
1968	**川端康成**	文学賞	『伊豆の踊子』『雪国』などの繊細な叙述表現
1973	**江崎玲於奈**	物理学賞	半導体におけるトンネル現象の実験的発見
1974	**佐藤栄作**	平和賞	非核三原則の提唱と太平洋地域平和に貢献
1981	**福井謙一**	化学賞	フロンティア電子理論の樹立
1987	**利根川進**	医学生理学賞	抗体の多様性生成の遺伝的原理」の発見・解明
1994	**大江健三郎**	文学賞	現実と神話が密接に凝縮された想像世界の作品
2000	**白川英樹**	化学賞	導電性高分子のポリアセチレンの発見
2001	**野依良治**	化学賞	キラル媒体触媒による不斉合成反応の研究
2002	**田中耕一**	化学賞	生体高分子の同定および構造解析を可能にした
2002	**小柴昌俊**	物理学賞	超新星からの宇宙ニュートリノの検出
2008	**益川敏英** **小林誠** **南部陽一郎***	物理学賞	「自発的対称性の破れ」発見と「CP対称性の破れ」の起源発見
2008	**下村脩**	化学賞	緑色蛍光タンパク質（GFP）発見・開発
2010	**根岸英一** **鈴木章**	化学賞	パラジウム触媒によるクロスカップリング開発
2012	**山中伸弥**	医学生理学賞	iPS細胞を開発
2014	**赤崎勇** **天野浩** **中村修二***	物理学賞	青色発光ダイオード（LED）の発明
2015	**梶田隆章**	物理学賞	素粒子ニュートリノの質量の観測・発見
2015	**大村智**	医学生理学賞	寄生虫による感染症の治療法を発見
2016	**大隅良典**	医学生理学賞	タンパク質分解の仕組みオートファジーの解明
2017	**カズオ・イシグロ***	文学賞	『日の名残り』など感情に強く訴える小説群
2018	**本庶佑**	医学生理学賞	がんの免疫療法（PD-1）の発見
2019	**吉野彰**	化学賞	リチウムイオン電池の発明

＊は多国籍

知らなきゃやばいレベル

美空ひばり（みそらひばり）

歌手。12歳でレコードデビュー。「柔」「川の流れのように」などヒット曲も多数あり、自他共に「歌謡界の女王」と認める存在。女性初の国民栄誉賞受賞。

黒澤明（くろさわあきら）

映画監督。1951年、イタリア・ヴェネチア映画祭で「羅生門《らしょうもん》」がグランプリを受賞。他に「七人の侍」「影武者」などがある。

手塚治虫（てづかおさむ）

漫画家。1947年、『新宝島』で注目される。ストーリー漫画の第一人者。『ジャングル大帝』『鉄腕アトム』『リボンの騎士』『火の鳥』などある。

一般常識レベル

テレビ放送（てれびほうそう）

白黒テレビ放送開始は1953年、カラーテレビ放送は60年。59年、皇太子結婚パレードで爆発的なテレビ・ブームが起こった。民間ラジオは51年に開始。

東京オリンピック（とうきょうおりんぴっく）

1964年10月10日、東京で開催された第18回オリンピック大会。アジアで最初の大会となり、94カ国が参加。金メダル16個、銀メダル5個、銅メダル8個獲得した。

1964年の国立競技場での開会式。実は1940年に東京でオリンピックが開催される予定だったが、戦争により中止となった。

教養レベル

新幹線（しんかんせん）

1964年10月1日、東京〜新大阪間で開業した東海道新幹線に始まり、国鉄時代には山陽・東北・上越の各新幹線が開業した。

名神高速道路（めいしんこうそくどうろ）

1965年に開通。その4年後の69年に東名高速道路が開通。モータリゼーションがすすんだ。

国際科学技術博覧会（こくさいかがくぎじゅつはくらんかい）

1985年3〜9月に茨城県筑波郡（現つくば市）で開催された。通称「つくば博」。

知らなきゃやばいレベル

人工衛星「おおすみ」
（じんこうえいせい「おおすみ」）

1970年、鹿児島県東大宇宙航空研究所で打ち上げた国産初の人工衛星。

東京ディズニーランド
（とうきょうでぃずにーらんど）

1983年4月、千葉県浦安市舞浜にディズニーリゾートを形成する日本のディズニーパークがオープンした。

青函トンネル・瀬戸大橋開通
（せいかんとんねる・せとおおはしかいつう）

1988年3月13日に北海道と青森県を結ぶ世界最長の海底トンネルが完成。海底部は23・3㎞。翌4月に岡山県（倉敷）～香川県（坂出）を結ぶ上方を道路、下方を鉄道が走る橋が完成。

一般常識レベル

インターネット社会
（いんたーねっとしゃかい）

2000年代に普及した携帯電話。さらに2010年代から通信機能付きのスマートフォンが登場して、時代は一気にデジタル化した。情報は新聞、テレビだけではなく、インターネットで収集するようになり、SNSを用いたコミュニティも盛んになった。

今後はAI（人工知能）の
普及が時代を、
文化を変えていくかも!?

教養レベル

平成からのスポーツ史

1989年
・世界フィギアスケート選手権で**伊藤みどり**が初優勝

1993年
・ハワイ出身の**曙**《あけぼの》が外国人力士初の横綱昇進

1998年
・**長野冬季オリンピック**開催

2000年
・シドニーオリンピックで**高橋尚子**が陸上初の金メダル

2002年
・サッカーW杯。アジア初、**日韓2カ国同時開催**

2011年
・女子サッカー「**なでしこジャパン**」W杯で初優勝

2016年
・アメリカ大リーグで**イチロー**が3000本安打

2018年
・全米オープンテニスで**大坂なおみ**が日本人初優勝

2019年
・**ラグビーワールドカップ**が日本で開催、初のベスト8

日本史用語・人名さくいん

五十音順

【け】

【こ】

【さ】

【し】

【た】

【ち】

前田秀幸（まえたひでゆき）

日本史講師。鳥取県生まれ。島根県立松江北高卒、早稲田大学第一文学部を経て、横浜市立大学商学部経済学科（日本経済史専攻）卒業。代々木ゼミナールの実力派講師。「東大の日本史」・「早稲田大の日本史」を担当し直接教えた受験生は30万人を超える。図解を駆使したひと目でわかる講義が大好評。歴史の意義を重視した講義は、論述の苦手な受験生にも理解しやすいと評価が高く、毎年、東大・早慶大など難関大学へ、多くの合格者を送り出している。さらに、リソー教育・トーマスのマルチライブ放送予備校で“ハイレベル日本史”を担当。その講義は全国の高校などへ配信されている。著書に『東大合格への日本史』（データハウス）、『早稲田への日本史』（聖文新社）、『日本文化史一問一答』（学研プラス）、『日本史要点図解整理ハンドブック』（旺文社）ほか多数。

編集協力　引田光江、舎人栄一、齋藤那菜（グループONES）、小林英史（編集工房水夢）、田中潤、土屋文乃
イラスト　どいせな、岡本倫幸
デザイン　三森健太（JUNGLE）
DTP　高八重子
校正　聚珍社

歴史の流れが一気にわかる　日本史単語帳

著　者　前田秀幸
発行者　池田士文
印刷所　三共グラフィック株式会社
製本所　三共グラフィック株式会社
発行所　株式会社池田書店　〒162-0851 東京都新宿区弁天町43番地
電話　03-3267-6821（代）　振替 00120-9-60072
落丁、乱丁はお取り替えいたします。

ISBN978-4-262-15552-4

20000007